知识产权卓越人才培养系列教材

丛书主编：于杨曜

日本专利法研究

李　龙　著

華東理工大學出版社
EAST CHINA UNIVERSITY OF SCIENCE AND TECHNOLOGY PRESS
·上海·

图书在版编目(CIP)数据

日本专利法研究 / 李龙著.—上海:华东理工大学出版社,2018.9
知识产权卓越人才培养系列教材
ISBN 978-7-5628-5557-6

Ⅰ.①日… Ⅱ.①李… Ⅲ.①专利法—研究—日本
Ⅳ.①D931.33

中国版本图书馆 CIP 数据核字(2018)第 177180 号

项目统筹 / 韩　婷
责任编辑 / 韩　婷　赵子艳
装帧设计 / 徐　蓉
出版发行 / 华东理工大学出版社有限公司
地址:上海市梅陇路 130 号,200237
电话:021-64250306
网址:www.ecustpress.cn
邮箱:zongbianban@ecustpress.cn
印　刷 / 杭州日报报业集团盛元印务有限公司
开　本 / 710 mm×1000 mm　1/16
印　张 / 15
字　数 / 221 千字
版　次 / 2018 年 9 月第 1 版
印　次 / 2018 年 9 月第 1 次
定　价 / 78.00 元

丛书前言

series preface

随着科技的飞速发展和全球经济一体化的快速推进，世界各国在经济领域的竞争手段发生了巨大变化，知识产权越来越显示出其作为商业竞争工具的重要特性。自2006年我国政府提出向创新型国家转型以来，我国在知识产权领域的理论研究、司法实践、企业运用、高校技术转化等方面均取得了较大的进步；在陆续对专利法、著作权法、商标法进行修订之后，新一轮的著作权法、专利法、反不正当竞争法修订工作正在展开；公众认知方面也逐渐营造出了尊重知识产权的氛围。在“大众创业、万众创新”的新环境下，各领域对知识产权的重视站上了新高度。

在这一大环境下，我们期望能以自己的微薄之力助力创新型国家的建设。作为高校的知识产权相关专业教师，在法学院知识产权专业人才的培养和理工科学生的知识产权实务教育中有所作为，播下创新保护的种子，帮助学生与国际规则接轨，是我们的职责所在。

华东理工大学知识产权研究中心成立已有十多年，中心依托校法学院，突出文理交叉学科优势，专注专利法理论和实务研究及教学，探索复合型的知识产权法律人才培养模式，已经取得了较好的成绩，毕业生获得用人单位的一致好评。2012年，华东理工大学法学院成功申报了“上海卓越法律人才培养基地”，作为卓越人才培养特色方向之一，知识产权特色教材成为学科建设的一项重要工作。结合本中心教师的研究背景、外语语言优势及学生课程教学需求，我们推出本套“知识产权卓越人才培养系列教材”，第一批专注于专利制度方向，包括《专利检索与信息分析实务》《欧洲专利制度研究》《韩国专利法研究》以及《日本专利法研究》。本套系列教材是上海卓越法律人才培养基地（知识产权方向）系列教材与课程建设的重要组成部分，适用于包括理工专业在内的本科、研究生的各学历层次教学，也适用于相关行业的技术研发人员和法律人士学习。同时，本套教材也丰富和弥补了市场上相关专业书籍的不足。

知识产权制度是高度国际化的制度，也是极为注重实践的制度，希望本套丛书的推出能够为相关实务教学和法律研究提供一些新的思路和启发。本套系列教材还存在一些不足，需要在建设和发展的过程中不断地探索和完善。衷心感谢上海市知识产权局对我校应用复合型知识产权人才培养的鼎力支持，感谢上海市卓越法律人才培养基地知识产权方向特聘校外导师张斌、陈惠珍、刘军华、林衍华、张晓都、朱妙春、章鸣玉等的悉心指导，感谢华东理工大学教务处的全力帮助。我们将继续积极探索知识产权应用型复合型人才培养模式和人才培养规律，为我国知识产权发展及创新型国家建设做出我们应有的贡献。

于杨曜

2017 年 5 月

前　言

preface

随着科学技术的发展，人们普遍开始关注知识产权。但是，专利并不赋予任何技术领域以发明创新，赋予专利只是专利审查员没有发现拒绝专利申请的理由。而专利发明被赋予专利权利也不是行政部门对专利发明的功效给予肯定，专利得到授权后，能否得到专利的实施结果，专利授权机关并不给予保证。即便是被拒绝申请专利的技术也可以去实施。

从权利人的角度来看，研发新的技术很重要，但是保护知识产权也尤为重要。近年来，欧美国家针对过度保护知识产权行为导致的滥用知识产权现象，也采取了一些令人关注的具体措施。其中，有代表意义的就是美国的“eBay 案件”①。该案件中，美国最高法院针对权利人的知识产权保护提出较高标准，即专利权利人针对法院提出的专利侵权认定请求要符合较高的认定标准，否则专利权利人的请求将很难得到法院的保护。这对保护相对人，限制专利权利人的权利范围提出了新的视角。因此，保护知识产权很重要，相反制定如何制止滥用知识产权的措施也显得尤为重要。

知识产权是一把双刃剑，它既是一种排他性的独占权力，也是对非权利人使用该专利技术的一种限制。如果法律政策上过于强调对权利人进行保护，那么这样的趋势就会给权利人滥用知识产权权利谋求不正当的利益

① “eBay 禁制令救济案”，eBay, Inc. v. MercExchange, LLC, Supreme Court No. 05 -130, proceedings below sub nom MercExchange, LLC v. eBay, Inc., 401 F. 3d 1323, 1338 -39 (Fed. Cir. 2005) (Bryson, J.). 2001 年，MercExchange 公司指控 eBay 公司使用的“立刻购买”（即“Buy It Now”，一种在线固定价格拍卖技术，允许消费者不参与拍卖过程即可购买商品）交易方法技术侵犯其专利权。2003 年，弗吉尼亚联邦地方法院裁定 eBay 侵权，并向 MercExchange 支付赔偿金，并签发限制 eBay 使用该专利技术的永久性禁制令。eBay 不服上诉至联邦巡回上诉法院，但 eBay 的上诉请求被上诉法院驳回。2005 年，eBay 向联邦最高法院提起上诉，最高法院 2006 年 6 月做出裁决。

带来便利。

近些年，很多国家针对知识产权保护，开始强化《反垄断法》实施。很多国家和地区也开始通过《反垄断法》以及探索其他方式寻求处罚或限制知识产权权利人“权利滥用”。

2004年在欧洲欧盟针对“微软公司”滥用知识产权权力行为给予了认定，指出微软公司违反了《反垄断法》，并对微软征收了巨额的罚款。近些年来，中国政府也在对知识产权垄断行为采取积极的应对政策①，很多跨国企业的技术垄断行为涉嫌违反《反垄断法》规定的，都被我国政府处以严厉的处罚。学术界也普遍开始重视和研讨知识产权权利人权力滥用问题，并力图找到新的解决办法。

甚至，近些年一直困扰知识产权行业的一个尖锐的问题之一就是所谓的“专利流氓”的出现。某些知识产权权利人拥有专属技术权利并不是去制造专利产品或提供专利服务，推动社会技术发展和革新，其目的仅仅是通过专利诉讼获得巨额的赔偿金或者获得他人支付的专利使用费。显然，这样的专利权利行使和专利的公共性质是相抵触的，不能得到普遍认可。

此外，由于技术的进步也伴随着技术的复杂化，现在，一项产品中往往包含有很多的专利技术，要想自己的产品不侵犯他人的专利权利，就要花费很多的精力进行专利技术调查。如果，自身的科研技术涉及他人专利权利要求范围的，还要和对方进行交涉，获得对方的许可才能使用他人的专利权利。即便获得了专利权人的使用许可，除使用人对专利的权利保护范围要进行事前的调查准备外，还要支付专利实施费用。一个产品中有可能包含了很多权利人的权利要求，而要想获得使用其中一小部分他人的专利权利，有时也要其他相关权利人的许可。因此，技术研发人员想要主张其研发技术的独立性，往往也要做出很多的努力，不但要证明自身的权利发明的创新性，还要其技术发明具有不与他人的在先权利产生冲突等专利构成要件的特性。

---

① 2014年国家发改委9月18日公布行政处罚决定书，宣布对12家日本汽车零部件企业实施反垄断处罚。国家发改委此前的通告显示，对这12家日本零部件和轴承企业合计罚款12.354亿元。2015年2月10日—2月11日，国家发改委开出中国反垄断历史上金额最大的罚单——美国高通公司因垄断行为被罚60.88亿元，并被责令整改。

所以，在国家重视知识产权、重视技术创新的背景下，如何打破技术壁垒，促进技术的普及和推广也是一个不可忽视的重要课题。近些年，在欧美一些科技发达国家，也有人提倡免费“开放专利权利”。通过对外“开放专利权利”，使得开放技术之间相互无偿使用，打破技术壁垒，进而促进科学技术发展。但是，从商业逐利的角度出发，就知识产权权利人无偿对外提供技术本身而言，也存在相当大的局限性。不过，这也表明为了保障商品流通，保障技术交流畅通无阻，公平地对待技术创新，鼓励技术的研发是根本任务，过度地强调知识产权保护往往会坚固知识产权技术壁垒，知识产权保护的法律制度建设需要与时俱进，人们对待知识产权利的理解和利用应当根据不同的时代和社会发展需要重新进行构建。

本书着眼于日本专利法律制度研究，由于时间仓促，很多研究内容尚不足够深入、完整，若有内容上的纰漏，还希望同行指正，以待不断完善。此外，有幸借此机会能够得到华东理工大学以及学院的支持出版本书，在此特别向完成稿件期间给予极大帮助的各位同仁致以衷心感谢！

李　龙

2017 年仲夏

目　录

contents

绪　论

欧洲中世纪以来的产物“知识产权”作为一种法律制度，到19世纪中期以后才逐渐引入日本国内。而后，日本的知识产权制度长期在中央集权的政府管理下发展，因此日本知识产权的利用范围有限，知识产权作为一种民事权利在日本民众中认知度较低。

据统计，在日本知识产权真正得到重视是从20世纪50年代以后才开始。20世纪末，日本高速经济增长带来了很多技术方面的需求，在从欧美大量引进技术的同时，日本国内企业也开始重视知识产权。20世纪80年代日本的出口贸易额占到了世界的10.5%，日本产品数量在美国急剧增加，1984年的日美贸易中，美国的贸易赤字额达到并超过了100亿美元。在日本产品面前，美国产品的竞争力显著下滑，严重时据调查只占到世界出口额的11%，就此美国开始通过推进知识产权政策，希望通过知识产权战略遏制日本的贸易增长，以维护自身的技术优势。之后，一系列的美国知识产权政策给美日之间的贸易竞争带来了巨大的影响，美国和日本有关知识产权的诉讼争端也经常引起两国政府以及媒体的关注。

在美国采取的知识产权策略面前，日本往往处于被动的局面，日本的应对方式不当，或者对知识产权保护规则的不遵守，都会作为热门话题引人注目。而与此同时，随着日本经济的高速发展，以及知识产权的热门效应，日本同世界上很多国家之间有关知识产权的纷争也越来越多，这也显得日美之间有关知识产权的争端有愈演愈烈之趋势。日本与欧美国家的知识产权纷争，源于20世纪80年代以后，通过这些纷争日本政府和企业也意识到国家知识产权战略的重要性，逐步开始制定政策，对自身知识产权研发管理进行维护，同时也开始推行国家知识产权战略制度建设。

受到日本政府和民间企业对知识产权的重视之影响，从20世纪末至今，日本在世界上的专利申请量一直以来始终维持一个庞大的数量，这不但为日本技术革新创造了有利的条件，也促进了日本知识产权法律制度的完善。大量的专利申请带来的一个突出问题即专利申请量的增加给专利审查部门带来了巨大的工作任务，同时对企业来说也需要花费大量的时间来管理和维护，给企业带来很大的负担。日本政府及企业在日益增长的知识产权需求面前，认识到企业不仅需要对技术创新申请专利保护，还需要对公开的技术权利信息进行调查检索，因此，一系列的知识产权服务组织和机构也逐渐得以建设和完善。但即便通过仔细的调查检索，企业也依然存在侵犯他人专利权利的可能性，因为企业的专利技术调查工作不可能穷尽所有的现有专利技术，检索方法是有限的，所以即便企业花费了很多人力物力，主观上不想侵害他人的专利权利，但是企业依然在某种程度上存在侵权的可能性。在某种程度上，企业自己的技术不侵犯他人专利的可能性没有任何保障，并且同时自己的专利不被他人侵犯，或者不侵犯他人的专利，这也没有保障。与日本相同，我国20世纪90年代之后也开始遭遇国内外知识产权难题，国家制定了相应的辅助政策加以应对，企业也逐渐开始认识到专利制度建设的重要性。特别是近些年中国专利申请数量也大幅增加，国家也开始注重我国的知识产权战略保护。

20世纪末至今，日本的知识产权法修改频繁，主要是为了加强保护权利人的权力范围。为了实现该目的，就要通过具体的措施来执行，但这些做法在保护权利人的权利的同时，也放大了权利人独占使用权利的范围，如何来确定独占权利的范围，日本对此却讨论得不足。

同时日本为了保护权利人的权利，加强了很多行政保护措施，在刑事责任追究方面也采取重罚的态度。所以，这些措施的结果就是在保护本国企业的知识产权的同时也可能存在保护过当的嫌疑。至于什么是保护过度、过当，日本国内却没有充分地展开论证。

因此，这些问题就给日本的法院、学者，还有行政部门提出了新的挑战。在日本政府积极推动知识产权保护的背景下，在企业极力主张自己的权利保护的环境下，知识产权作为一项独占性权利，其适用范围越广，其作用会越大越强，但是过于保护专利权人独占使用权利，就会限制他人使用专利权技术的范围，某种程度上来说也限制了他人使用相关技术。所以，国家全力推动知识产权保护的政策方针，是否有利于知识产权的发展，还是需要各方面专业人员仔细讨论研究。对此，日本学界有普遍的共识，普遍认为在政府主推的知识产权保护政策策略下，知识产权的保护存在很多的问题。

然而，日本政府单方面提起保护知识产权的策略政策往往加强了对权利人的权利维护，这并不是全面的知识产权保护，也不是绝对的知识产权保护。美国、日本等国家加强知识产权保护的法律制度策略，重视的是由此而产生的权利人自身知识产权的维护，然而过度的知识产权保护的做法给商品竞争及企业的产品开发也带来很多障碍。对此，已有很多国家对该现象提出了很多的不同看法。

第一章　日本专利法律制度概述

第一节　日本知识产权战略框架体系

2002 年 3 月由日本企业专家学者组成的“日本知识产权战略会议”定期在日本首相官邸召开。该会议前后举行了 8 次，并于 2003 年 1 月结束会议。在“日本知识产权战略会议”中，2002 年 7 月日本制定了《知识产权战略大纲》，2002 年 12 月公布了日本《知识产权基本法》。

在日本《知识产权战略大纲》和日本《知识产权基本法》的指引下，2003 年 3 月 1 日日本首相官邸设立“知识产权战略本部”，由该本部统一制定和管理《日本知识产权年度发展计划》，并进行逐级别的推进和实施。

一、日本知识产权战略行动纲要

2003 年日本知识产权战略会议公布了《知识产权战略大纲》，该大纲就是在日本《知识产权基本法》的基础上，由日本知识产权战略本部经过讨论后制定的。该大纲由三章构成，第一章为现状和课题，第二章为基本方向，第三章是具体行动计划。

1. 日本知识产权现状和课题

日本二战后，推动经济增长的原动力被总结为 5 点：勤勉的国民性、重化学工业的发展、加工贸易、引进欧美技术、强有力的工作组织和技术改进。

但是，随着亚洲其他国家经济的发展，日本产业外移，周边国家技术能力也不断提升，竞争激化，日本需要改变发展模式，占据技术高端，发挥技术优势，提高和强化日本在国际商业经济往来中的竞争力。

2. 日本知识产权发展基本方向

日本知识产权发展的基本方向主要立足于两个方面：创新战略与保护战略。

日本知识产权创新战略的主要目的是在促进大学等研究机构的知识产权创新以及企业的知识产权的创新、取得及管理的同时，开展知识产权教育，培养知识产权人才。

日本知识产权的保护战略主要由国家机关依职权来行使，知识产权保护战略重点是从司法复审、行政查处等方面展开。例如提高专利审查、复审速度，保护著作权，强化商业秘密保护，强化争端解决机制，强化国外和海关知识产权保护等。

上述战略制定后，日本各行政部门采取具体措施，分化责任范围，中央和地方目标确定，积极有效地推进战略执行。

二、日本知识产权基本法概要

日本知识产权基本法是在理念上和实践中，让国家、地方公共团体、大学及商业经营人明确自己的义务，创新、保护和利用知识产权，并制定具体实施计划，设立知识产权战略本部，集中并有计划地推进和实现“日本知识产权立国”的目标。

1. 日本知识产权基本法的具体职责划分

日本知识产权基本法有关职责划分的规定，主体主要涉及四个方面，即国家、地方公共团体、大学等科研机构及企业。针对这四个职责主体，日本知识产权基本法要求各主体之间要以实现知识产权的创新、保护、有效利用为根本目标，相互之间要协同、制定具体方针政策，并进行推进和实施。

2. 日本知识产权法制建设方向

日本知识产权法制建设方向主要包括以下 10 点。

(1) 从政策上、资金、设备等方面扶植培养和推进科研机构的研究开发；

（2）促进成果转化；

（3）加快权利获得审查；

（4）提高诉讼效率和合理简化诉讼程序；

（5）设立联动机制，与外国政府、国际机构协作处理侵权行为；

（6）研究建设国际保护制度；

（7）保护新领域的知识产权（生命科学及其他新科学领域、网络知识产权保护等方面）；

（8）确定知识产权评价方法、制定企业经营活动中知识产权利用的基本方针；

（9）建设信息中心，为企业及大学等科研机构提供国内外的知识产权分析、统计资料；

（10）开展教育、培养人才。

三、日本首相官邸“知识产权战略本部”

根据日本《知识产权战略大纲》和日本《知识产权基本法》的规定，日本首相官邸设立“知识产权战略本部”。

该本部处于知识产权行政服务管理的顶级地位，其具体构造如下图所示。

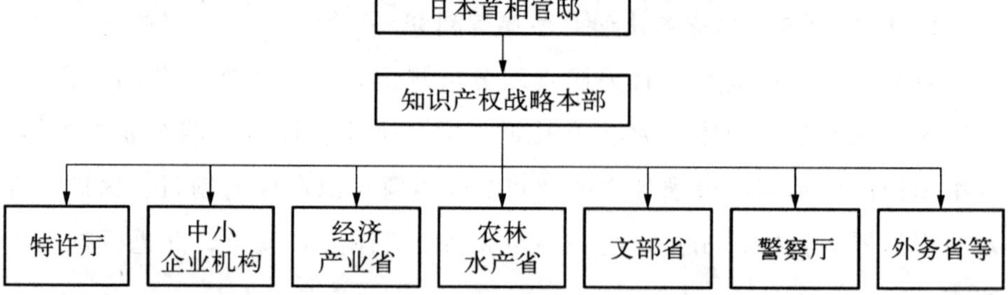

“知识产权战略本部”以日本首相为本部长，具体事务由知识产权推进本部处理。其目的在于促进各个相关知识产权行政职能部门积极开展知识产权相关法律制度的建设。我国知识产权战略制度中，并没有类似机构和组织。

1. “知识产权战略本部”的工作内容

“知识产权战略本部”设立的“专门调查会[①]”是由专家学者及官员共同组成的研究机构，就专门课题进行研究调查，并根据该调查内容制定相应的政府知识产权年度推进工作计划。

以下是该本部正在实施的专门调查的具体内容。

(1)“强化文化产业知识产权保护”专门调查会；

(2)“增强知识产权竞争力的国际标准化”专门调查会。

除此之外，还有很多特别活动小组开展着其他的研讨活动，比如“知识产权人才培养”“医疗相关行为的专利保护”及“权利保护基础的强化”等。

2. 日本“2012年度知识产权推进计划”

通过上述调查研究和讨论，针对具体情况，日本政府将相关研究成果纳入“年度知识产权推进计划”，并进行推广实施。2012年日本知识产权推进计划的主要内容及其构造如表所示。

2012年日本知识产权推进计划主要内容

战略1	知识产权国际标准化战略
战略2	企业国际竞争力强化支援战略
战略3	先端数字及网络知识产权战略、日本文化战略
战略4	海外成功案例的创建

(1)日本知识产权“国际标准化战略”

为了避免技术上领先，而技术产业化失败格局的出现，日本政府极力推动知识产权国际标准化战略。该战略的目标主要通过以下两种形式，来强化产业竞争力。第一，推进以研究开发及产业化战略相关联的国际标准化进程；第二，知识产权的权利化以及有效利用。为此，日本知识产权推

① 知识产权专门调查会：知识产权战略本部的“专门调查会”都由政府官员、民间的学者和专家参与。官员来自知识产权相关行政的各个部门，有特许厅的、经济产业省的、中小企业发展推进机构的，还有财务省、文化厅等部门。民间的学者和专家主要来自大学教授以及企业的知识产权部门负责人。

进计划中明确了具体的实施时间表，力争到 2020 年实现世界主要国家接受 150 件日本国际标准化战略的目标。

① 开展国际标准化活动的意义

国际标准化机关（例如 ISO、IEC、ITU 等）制定的公权性质的标准是国际标准化的核心所在，该标准为 WTO 协议及各成员国的国内法依据，具有法律的效力。如何进一步提高公权性质标准的适用范围，日本计划进一步制定援助政策。

② 日本国际标准化的领域

日本国际标准化行动纲要内容选定在七个方面的领域，包括以下内容：

（a）先端医疗

（b）水

（c）下一代汽车

（d）铁路

（e）能源管理

（f）多媒体产业

（g）机器人

根据具体推进情况，日本内阁官方、内阁府、总务省、文部科学省、厚生省、经济产业省、国土交通省及环境省会适时地对内容进行确认和变更。

③ 促进认证战略的实施

国际标准化当中，研究开发、技术认证的工作意义重大，日本计划建设认证战略所必需的基础设施。从研发阶段开始，包括标准化活动，综合地加强与控制亚洲各国技术。

日本计划实施的相关措施包括“亚洲太平洋产业技术·国际标准化协助项目”“亚洲认证能力的提高项目”及“亚洲地区共同研究开发、共同实证业务”等。

④“国际标准化”相关各行政管理部门的实施内容

日本“国际标准化”相关各行政管理部门的实施内容如下表所示。

<table>
<tr><td rowspan="16">日本“国际标准化”行动纲要内容选定的七个领域的实行内容</td><td rowspan="7">在实施国际标准化的同时，在各领域中对国际标准化活动的进展、效果进行适时的确认。此外，探讨新的战略领域（中期、短期）</td><td>内阁官房</td><td>① 对各领域的进展、效果进行确认。
② 探讨新的战略领域，并得出结论</td><td>辅助国际标准化的实行</td></tr>
<tr><td>内阁府</td><td rowspan="6">针对各特定战略领域的状况变化、国际标准化活动的课题，进行适时评价，并切实把握战略的实施</td><td rowspan="6">在把握实施状况的基础上，对问题进行修正，推进战略的实施</td></tr>
<tr><td>总务省</td></tr>
<tr><td>文部科学省</td></tr>
<tr><td>厚生劳动省</td></tr>
<tr><td>经济产业省</td></tr>
<tr><td>国土交通省</td></tr>
<tr><td>环境省</td></tr>
<tr><td rowspan="9">行政和民间在“国际标准化”相关国际会议上相互协助，明确责任划分的同时，建立人际关系，进行宣传，并力争担任会议干事等职务；相关政府部门制定相关援助政策，培养和发挥专业人员的作用（中期、短期）</td><td>内阁官房</td><td rowspan="8">① 行政、民间相互协同调查、掌握有关“国际标准化”的论坛。
② 行政、民间协同争取在有关领域的国际会议上担当中心职能。
③ 实施措施，培养和发挥在国际标准化战略中具有专业知识、技术的人员</td><td rowspan="8">① 行政、民间相互协同调查、掌握有关“国际标准化”的最新动态。
② 采取措施，行政、民间争取在有关领域的国际会议上担当中心职能。
③ 制定和实施专业人才的培养和发挥作用的措施</td></tr>
<tr><td>内阁府</td></tr>
<tr><td>总务省</td></tr>
<tr><td>文部科学省</td></tr>
<tr><td>厚生劳动省</td></tr>
<tr><td>经济产业省</td></tr>
<tr><td>国土交通省</td></tr>
<tr><td>环境省</td></tr>
<tr><td>外务省</td><td>在外使领馆支援有关国际标准化的宣传和人际交往</td><td>根据外国的情况，支援国际标准化的宣传和人际交往</td></tr>
</table>

（2）企业国际竞争力强化支援战略

日本企业国际竞争力强化支援战略主要是为了实现两个目标：一是加强协助日本企业同中国和韩国进行竞争时的知识产权有力保障；二是促进中小企业通过知识产权武装进行国际化竞争。

加强协助日本企业同中国和韩国进行竞争时的知识产权有力保障措施，主要体现在专利文献翻译方面。近些年，随着中国和韩国专利文献的增加，日本企业对其内容把握困难，因此一旦产生争议，对日本企业不利，所以日本专利厅投入人力物力筹建中文和韩文专利文献的检索系统。中韩专利文献检索系统已经建设完成，并已经投入使用，提供免费检索的服务（具体内容，请参考本书第四章第四节的内容）。

促进日本中小企业通过知识产权武装进行国际化竞争措施主要包括进行针对中小企业的国外专利、商标的申请费用资助（半额）以及在日本全国开展知识产权咨询活动。

（3）先端数字及网络知识产权战略、日本文化战略

随着数字网络的发展，又出现了电子书、云计算等新型商业机遇，因此，日本计划推进上述产业的发展和战略框架的建设。

亚洲各国成为世界经济增长的源泉，日本“文化产业”为日本经济的新增长点，所以，日本力求寻求新的经济发展原动力。

（4）海外成功案例的创建

行政和民间企业一同创建日本在海外成功的文化产业，由日本产业革新机构出资援助，同时也招商引资外国文化产业到日本开展电影摄影等文化活动。

四、日本知识产权战略对我国的启示

1. 中国知识产权需求和供给的相对不平衡和欠良性发展

日本政府部门从宏观政策上对企业进行扶持，企业和知识产权中介着眼于自身发展，积极制定知识产权战略目标，在实现企业战略目标的同时，知识产权中介提供专业服务，所以目前日本基本上实现了知识产权的需求与供给的相对平衡和良性发展。

中国政府于2008年前后也推出了《知识产权战略大纲》，从政策上政府鼓励企业知识产权创新，虽然企业的积极性被调动、专利申请量大幅增加，但是需强调数量和质量与利用率协同发展，出现偏颇则是发展不均的表现。

此外，针对企业知识产权保护意识薄弱的特点，国家加大知识产权打

击力度的措施往往会遏制中小企业发展，最终被知识产权实力强劲的外资企业所利用进行“所谓的打假”。

因此，从某程度上来说，中国的知识产权需求和供给政策之间存在相当大的不平衡现象，一些大中小企业对知识产权管理部门建设不积极，为追求短期利润，盲目进行技术复制，知识产权创新和保护之间存在欠良性发展的突出问题。

2. 日本首相官邸知识产权推进制度对我国的借鉴意义

日本首相官邸领导的“知识产权战略本部”统括性指导日本知识产权战略计划，相关行政服务管理部门统一接受其领导，各行政部门之间存在的难以协调和分工不明确的制度问题得以缓解。另外，该战略本部在研究战略计划时，针对一些课题成立专门调查委员会，该委员会的成员不仅包括政府部门负责人，还包括学者和企业内相关领域的实际工作人员。由此制定的日本知识产权战略计划就能相对全面地反映理论和实务界的需求，从而使得政府管理计划的制定更能切合实际。

中国没有设立日本首相官邸“知识产权战略本部”类似的专门机构。在我国，履行相关职责的部门为“知识产权联席会议”。知识产权联席会议由政府相关部门参与，但很少有机会听到产业和学术界的人员的建议。此外，知识产权联席会议除了一年内有一到两次定期会议外，虽然可以召开临时会议，但是实际召开频率应该并不高。而且，该会议的办公室设在知识产权局，由知识产权局局长担任主任。以国家知识产权部级联席会议为例，国家知识产权局召开联席会议，参加的部门为商务部、公安部、文化部、科技部、卫生部、外交部等部门，每年召开一次全体会议，由国家知识产权局汇报工作情况，审议通过《国家知识产权战略实施推进计划》和《中国保护知识产权行动计划》。

所以，我国知识产权战略管理制度，在原有的基础上应当注意以下内容的落实和推进。

（1）应注重企业界和学术界的参与，使得知识产权战略管理制度中能够充分反映企业与学术界对知识产权战略发展的需求；

（2）提高知识产权联席会议级别并制定研究方向；

（3）积极地定期研讨知识产权战略新问题推进课题研究。

通过上述措施的施行，以企业发展为理念，制定工作计划，研究具体方案，不仅可以避免各行政部门之间就职责划分产生争议，也能够联合各行政职能部门协同工作，监督知识产权战略计划的实施状况，进而推动知识产权战略任务的实现。

3. 我国需要加强知识产权行业协会组织建设

在知识产权研究和服务方面日本行业协会表现突出，行业协会和组织数量众多，并且这些行业协会和组织的运转资金都有一定来源保障。日本各行业协会重视工作成效，经常举行各种知识产权研讨活动，以此宣传知识产权保护并促进知识产权制度建设和发展。

与日本相比，我国知识产权行业协会组织多、规模小、缺乏运营资金、影响范围有限。因此，提高我国知识产权行业协会的影响力，可谓当务之急。通过知识产权行业协会组织，可以团结企业，促进企业间相互协助、交流学习。然而，在我国企业知识产权保护跨领域行业协会却没有有效建立起来①。

在我国，同一个行业内的数家企业就相同诉讼标的被外资企业分别起诉到法院的案件并不少见，诉讼的结果也几乎都是国内企业遭受②败诉命运，败诉率高达 80% 以上。国内企业败诉率如此之高，除了国内企业不重视知识产权以外，与具体的行政辅助措施，以及广泛的知识产权行业协会组织没有有效建设和发挥作用也有一定的关系。如果能有行业协会之间的沟通、政府部门的积极帮助，笔者认为这能使企业从不同渠道获得知识产权信息，保护企业自身经营发展。同时，企业还能通过行业协会进行企业间相互的学习交流，有效地抵御外来知识产权战略控制，逐渐改变和缓解

① 李龙，龚静. 涉外知识产权法律保护的误区［J］. 华东理工大学学报（社会科学版），2011，26（6）：61－65.

② “让企业远离知识产权被侵之痛” http://www.njfy.gov.cn/site/boot/jlfy-mb_a2005112342680.htm，2012 年 1 月 2 日。在 2003—2004 年，南京中院共判决外国、港澳台主体作原告的案件 12 件，国内主体（被告）败诉 10 件，败诉率高达 83%。自 2006—2008 年山东省涉外知识产权案件呈现快速增长态势，案件数量快速增长并保持在 63% 左右的稳定幅度内，并且诉讼结果多以涉外主体胜诉为主。已审结的涉外案件中，涉外主体胜诉率为 81%。

国内企业知识产权保护被动的局面。

4. 我国知识产权中介服务应当注重国际化发展

日本行政机关、行业协会以及教育机构的科研工作不只局限于日本国内，往往涉及很多其他国家，表现形式多样。

日本企业的国际化发展特点突出，企业知识产权中介服务也不再局限于日本本土，很多日本企业因为都有海外分支机构，因此学习和研究外国的知识产权制度对日本公司来说意义重大。

日本由于受到日元升值的影响，生产成本增加，为了寻求利润，日本很多企业开始将生产基地转移至国外，或者在国外进行销售。为了独占市场，或者打击知识产权侵权行为，日本企业也不得不研究国外的知识产权法律制度。

与此相比，我国企业及科研单位等实施的涉外知识产权法律制度研究有待深入。这也和我国企业的发展现状密不可分，我国企业尚未步入真正的国际化，企业多数情况下仅向国外销售产品，并没有在国外建立生产基地，也没有认识到知识产权战略的重要性。因此我国知识产权制度研究及知识产权服务应当从长远利益出发，注重知识产权国际化发展课题、加强国际交流、推动我国知识产权国际化发展进程。

5. 我国企业缺乏“企业知识产权经营战略”制度建设

日本企业非常重视企业知识产权部门体制建设，很多企业将知识产权发展提高至战略实施的高度。日本大企业往往都将知识产权部、法务部、销售部、技术研发部等部门进行统筹安排，并以公司董事长为主导，统一实施企业知识产权发展战略。这样，企业知识产权就不再是一个简单的权利申请、权利维持和权利保护的过程，而是提升到了与经营计划相关联的“企业经营战略”高度。

然而，我国企业很少重视知识产权经营战略研究，有很多的企业对专利申请表现积极性也不够，企业间知识产权相关人员交流活动也不频繁。以电器机械及器材制造业为例①，该行业中，仅“格力公司”专利申请总

① “上市公司专利申请现状的统计分析”，http：//www. docin. com /p-165667019. html 2011 年 8 月 22 日。

量就占到了该行业总申请量的57%。

日本企业在知识产权保护方面，经营战略制定具体而明确，并且通过其行业协会和行政机构等中介组织提供的帮助，已经有效地形成了合力。相反，我国企业与日本企业相比，知识产权制度建设缺乏经验，而且往往组织性不强，各自为政，知识产权保护极端被动。

6. 政府在企业海外知识产权维权中的职责

在其他国家，由于日本政府不适合直接给日资企业提供海外知识产权服务，因此，日本政府在海外专门设立了非政府机构来解决相关问题。日本贸易振兴机构就是从事该项任务的非日本政府职能工作机构。该组织的活动经费来自日本政府，从实质上来说，该机构就是日本政府的职能延伸。日本贸易振兴机构海外知识产权部门负责人由日本专利厅等政府部门派遣，也有日本贸易振兴机构内部的工作人员。

我国与日本相比，企业国际化进程缓慢，政府也没有设立海外相关服务机构。所以，我国企业的产品在国外一旦遇到知识产权保护问题，企业面临的困境不言而喻，该问题亟待得到解决。

因此，政府部门在海外设立针对本国企业的服务机构，有利于国内企业与当地政府开展合作交流，也利于对海外企业提供知识产权维权服务。这样企业在海外发展也能相对依赖该机构的服务，积极开展经营活动，推进自身企业知识产权战略的实施。

近些年，我国企业也开始注重国际化发展，虽然规模上还达不到日本企业的程度，但是研究和设立类似的“贸易振兴机构”对我国企业海外发展来说意义重大。

第二节　日本《特许法》《实用新案法》及《意匠法》制度概述

日本专利法律制度包括三部单独立法的法律，分别是《特许法》《实用新案法》及《意匠法》。

日本发明专利法也称《特许法》（以下统称发明专利法），全文由11

章构成，共 204 条条文。该法自 1960 年 4 月开始实施，至今为止已修改很多次，特别是进入 20 世纪 80 年代后修改非常频繁。

日本实用新型法称为《实用新案法》（以下统称实用新型法），该法自 1959 年 4 月 3 日开始实施，第 1～9 章分别涉及“总则、实用新型登记及申请、实用新型专利检索报告、实用新型的权利、复审、再审及诉讼、根据专利公约进行国际申请的特例、杂则、罚则”等内容，共计 64 条。

日本外观设计法也称《意匠法》（以下统称外观设计法），全文总共 8 章，包括法条 77 条。该法自 1959 年 4 月 3 日开始实施。

一、日本发明专利法概述

《日本发明专利法》保护的对象是“发明技术”，保护期限为 20 年，采取实质审查的方式。

《日本发明专利法》第 1 条规定，“日本发明专利法通过保护与利用发明，鼓励发明，以达到推动产业发展为目的”。所以，日本发明专利法的条文也充分反映出了上述特点。在保护发明方面，日本发明专利法按照法定程序对对外公开的具有新颖性的发明创新赋予独占性质的权限及获得收益的权利。发明人对专利独占性质的权利有一定期限保护期，在该保护期限内，他人使用该专利时需要获得许可，支付一定的使用费。当专利保护期限过后，任何人均可以自由地使用该专利，无须支付任何费用。在利用发明方面，要想使用发明专利，就需要了解发明的内容，日本发明专利法规定发明专利需要进行公开。因此通过公开的专利内容，专利权人以外的行为人就可以获取专利相关信息，但是专利信息被公开并不意味着任何人都可以自由地使用该专利，使用专利必须获得许可并支付费用。同时，由于专利法要求公开发明专利内容，这对其他研究发明人来说也具有重大的意义，即可以避免重复研究以及科研资源浪费。在鼓励发明方面，日本发明专利法鼓励给予发明人特殊褒奖的制度。日本发明专利法律制度建设中也特别体现出对发明创新人予以鼓励和奖赏的特点。

为了保障专利制度得以合法有序地实施，日本发明专利法通过制定发明专利法的基本原则、发明专利相关期限的计算、发明专利申请、发明专利注册登记、发明专利证书的颁发等内容，确定发明人的权利。通过法律规定如何获得发明专利权利、职务发明的权利、发明专利的优先权等内容，确定发明人的权利内容和范围。通过专利申请程序的规定明确发明专利的审查回避、发明专利的审查请求、优先审查、拒绝审查、审查确定、驳回补正等相关内容，并通过公开专利申请内容确定申请人的权利效力。

针对所获得的专利权，日本发明专利法规定了发明专利权的基本内容，涉及发明专利权的注册登记，发明专利的保护期限，发明专利保护期限的延长，发明专利的权利效力范围，发明专利权的共有，发明专利权的继承，发明专利权的独占实施许可、普通实施许可，发明专利的优先使用，发明专利的强制实施相关规定，发明专利的转让、质权等内容；并对发明专利权受到侵害时涉及停止侵权、视为侵权的行为、侵权额度的推定、侵权过失的推定、损害额度的计算、损害额度的鉴定、秘密保持命令、恢复信誉等内容进行了规定；此外，还针对专利权的维持规定了发明专利权的维持费用的具体内容，如专利维持费用的相关程序、交付期限、费用的返还、费用的补交等内容。

发明人获得专利后，专利的权利并不是绝对不变的，如果专利权利的获得不符合法定的授权要件，那么这样的专利可能被通过专利复审而无效。日本发明专利法针对复审有专门章节的程序规定，涉及提起复审的情形、发明专利无效审查、针对保护期限延长申请审查结果不服提起的无效审查、复审方式、共同复审、复审人员的确定、复审的程序、复审的效力等相关内容。此外，日本发明专利法针对复审结果不服时，还规定了可以提起再审的请求，并具体规定了再审的程序、再审的效力等的相关内容。

日本发明专利法中有关诉讼的规定，主要涉及针对发明专利审查、复审或再审的请求时被驳回后提起诉讼等的相关内容，并规定了具体的程序规定，特别是针对诉讼中侵权行为的认定，通过直接侵权和间接侵权进行界定，对侵权行为的性质进行了区别对待。针对发明专利法侵权行为的处罚，通过法律规定明确了侵权的罪刑法定内容。

与我国专利法不同的是，日本发明专利法中特别增设一个章节，对依据专利国际公约进行国际申请的内容进行了特别规定，涉及提交专利国际申请的具体规定，如用外文申请的规定、提交材料的补正、国际公开的相关规定、申请内容的变更或订正等的相关内容。

二、日本实用新型法概述

《日本实用新型法》保护的对象是“关于物品构造、形状的考虑方案”，保护期限为10年，采取非实质审查的方式。所以，对于没有固定形状和构造的物质以及制造方法，如化学物质、生物、方法技术就不是实用新型专利的保护对象。

在日本，实用新型法的立法目的是为了保护在发明专利保护范围外的相对技术水准较低的小发明。所以，日本实用新型专利的保护范围被限定，保护的期间也比较短，但是其权利效力与发明专利是相同的。《日本实用新型法》制度同《发明专利法》制度基本相同，都是针对“利用自然法则获得的技术思想创新”的保护而制定的法律制度。《日本实用新型法》第1条及第2条规定，实用新型专利是为了利用和保护物品的形状、构造或者组合的一种方案，该方案是利用自然法则的技术思想创新。

日本实用新型法规定，在产业上能够利用的物品的形状、构造或者组合的方案的权利人，均可以注册登记并获得实用新型专利。但是以下情况不能注册登记实用新型：① 实用新型专利注册登记之前在日本国内或者国外已经被公众知晓的方案；② 实用新型专利注册登记前在日本国内或者国外已经被公开实施的方案；③ 实用新型专利注册登记前在日本国内或者国外已经在被公开出版的刊物登载的方案或者通过电子通信回线成为公众能够利用的方案。

日本发明专利法要求一项发明技术必须具有创新性、新颖性及实用性。但是，针对发明专利和实用新型专利的“创新性”技术特点，其具体要求是否存在不同，对此，日本学术界认为，实用新型专利与发明专利相比应具有不同的创新性要求，实用新型的技术创新可以低于发明技术的水平。然而，日本特许厅《专利、实用新型审查基准》中并没有对此进行区别对待，在审查实务上对两者的处理并没有差异。日本实用新型法要求技术应当具有“极其非容易”的特性，即在该技术的领域内，拥有该技术的行业内从业人员，如果能够“非常容易地获得该项技术”，那么该技术就不能获得实用新型专利。

与我国专利法审查制度不同，日本实用新型专利申请采取非实质审查。以往日本实用新型专利权利的获得也需要通过实质审查，但是由于日本特许厅在审查方面需要花费的审查时间过长，以至于一些商品的流行、生命周期非常短，过于迟延的实用新型专利审查对产品的保护非常不利。因此，日本为了缩短实用新型专利的审查时间，将实用新型的审查制度由原来的实质审查修改为“非实质审查”，实用新型专利的效力通过之后的实用新型“无效审查”来判定。日本实用新型专利采取无实质审查的制度，虽然通过无实质审查可以使更多的专利申请通过实用新型的渠道获得保护，从而减少日本专利评审委员会的专利审查案件的积压状况，以达到更有效地保护专利申请人权利的目的，但是，由于实用新型通过“无实质审查”获得相应专利权利，日本产业界对此有很多不赞同意见，然而迄今为止，日本该制度并没有实质性的改变。

三、日本外观设计法概述

《日本外观设计法》保护的对象是“物品的设计形状”，保护期限为 20 年，采取实质审查的方式。日本外观设计法判断一项设计的授权标准需要包含以下 4 个要素：① 外观设计需要针对的是一个物品；② 外观设计针对物品外形、图案、色彩或者将这些要素融合在一起的物品；③ 通过视觉能够认知；④ 给人以美感的物品。

通常日本外观设计要求提交外观设计的物品应当是动产、有体物，而不动产不能作为外观设计中的物品。所以，建筑物的外形就不能申请外观设计[①]，有体物中的液体、气体等物品也不能作为外观设计对象来考虑。

外观设计是针对物品外形、图案、色彩或者将这些要素融合在一起的物品。不存在仅有图案的外观设计，也不存在仅有色彩的外观设计，外观设计必须是将物品的外形、图案、色彩等要素组合在一起的物品。外形就是物体的轮廓，图案就是外形表面勾画的图形以及色彩划分。文字是不是

① 相泽英孝. 知的财产法概说. 东京：弘文堂出版社，2010：326。

图案的构成要素，目前在日本还存在争议[①]，日本最高法院的判例中有将文字判定为非外观设计的图案的判例[②]。

外观设计必须通过人的视觉来认知，不能通过人的视觉来认知的不能成为外观设计。此外，该设计必须要有美感，如果一款设计纷繁复杂，看上去不能产生美感的话，那么该项设计就不能称为外观设计。

《日本外观设计法》第 20 条 1 款规定，权利从注册登记之日起产生法律效力，“保护期限届满时，不存在继承人时，或被放弃时，以及不交纳注册年费时”权利终止。

外观设计权利人针对外观设计拥有独占性的权利，享有以注册登记外观设计以及近似外观设计为商业活动的专有实施权利。外观设计权利人或者外观设计的专有实施人，针对侵权、侵害外观设计权利或者具有外观设计专有权利可能性的侵权人，可以要求其停止侵权或者要求其防止侵权发生的权利。

外观设计的侵权包括直接侵权和间接侵权[③]，不管是直接侵权还是间接侵权，权利人都可以通过要求对方停止侵权，进行损害赔偿来维护自身

---

① “CUP NOODLE 案件”，东京高裁昭和 55 年（1980 年）3 月 25 日判决，无体裁集 12 卷 1 号 108 页。案件中，一项关于包装容器的外观设计被提出无效审查，此后该外观设计专利被专利厅最终做出请求不成立的审查决定。本案原告不服，向法院提起了撤销专利审查决定的诉讼。专利厅审查本案外观设计专利时的主张认为“该外观设计以横向的带状条纹以及文字等构成图形，且文字自身图案也具有外观设计构成要素的创新性”，因此专利厅在审查阶段侧重从文字的构成形态的创新性着手判断外观设计的权利存在与否。原告认为“涉案外观设计并没有图案化，不构成外观设计，仅仅是单纯的文字本身，不构成外观设计的要件”。本案的 CUP NOODLE 的文字没有丧失表明商品名称的功能，因此本案的外观设计不能被认定为符合外观设计法第 3 条第 2 款及第 2 条第 1 款中所要求的构成要件。法院判决撤销专利厅审查决定，指出“本案外观设计 CUP NOODLE 的文字中使用英文字母，并且排列方法也是按照通常的阅读方法进行排列，意思是装有面的盒子”。这是一种商品的名称，也可能有商标的功效，但是这就是为了让消费者可以读取和认知为目的而设计的，且消费者可以充分地认知其意思和含义。所以不能说英文字母发生了形式上图案上的变化，也不能说其失去了文字本身的功能，因此专利厅的审查判断存在错误。

② 最判昭和 55 · 10 · 16 判时 986 号 46 页。

③ 与直接侵权相对应的是间接外观设计侵权，日本间接外观设计侵权是指被法律规定视为外观设计侵权的行为。即侵权人将间接侵权作为一项经营业务来实施，该行为涉及生产、转让、进口等与注册登记的外观设计相同或者近似的外观设计产品的行为。此外该行为还包括以转让、转借或进口与注册登记外观设计相同或者近似外观设计产品相关的商品为目的而持有相关商品的行为。该类行为虽然不是对外观设计权利进行的直接侵害，但是也被日本外观设计法视为侵权，并由法律禁止。

的权利。日本外观设计法规定，在权利人申请停止侵权，进行损害赔偿的同时，还可以要求侵权人销毁所有涉嫌侵权的相关物品，包括为侵权实施准备的设备，以及其他可以向侵权人主张的预防侵权的任何措施。

日本外观设计根据其特性可以有下列的类别区分。

（1）部分外观设计

外观设计权利认定当中，物品的一部分的设计原则上不能成为外观设计。但是，日本专利法中考虑到物品的特定部分在特殊场合也有必要认定其具有创新性，因此日本将部分外观也作为外观设计来考虑。这样，日本外观设计法中就出现了“部分外观设计”的认定内容。

在日本的部分外观设计规定当中，首先，该部分外观设计必须要能够特定化；其次，该外观设计在申请阶段，也要将该部分外观用实线标记，其他部分要用虚线注明。

（2）组物外观设计

一款外观设计如果由数个个体统一组成时，该组物品也可以作为一款统一的单独的外观设计来认定。

（3）秘密外观设计

日本秘密外观设计是指在申请阶段，申请人可以将外观设计作为秘密，并在一定的期间内不进行公开的一种对外观设计进行保护的方式。作为秘密外观设计，该秘密的期限为 3 年以内。在此期间内申请人可以将其延长和缩短。申请时对外观设计的具体内容虽不被公开，但权利人的姓名、住所及外观设计注册登记编号等内容在外观设计公告中公开。秘密外观设计在秘密期间过后应当及时对其具体内容进行公开。

将外观设计作为秘密进行保护①的主要原因就是因为外观设计容易受到商品流行的影响，易被他人模仿。此外，外观设计与发明专利和实用新型不同，基本上不要求技术的积累和发展，而且外观设计在申请后也不需要进行申请公开，因此将外观设计在一段期间内作为秘密可以不予披露。但在此期间内，权利人同意、诉讼当事人以及相关行政管理部门的申请的，知识产权评审委员会应当将秘密外观设计的内容进行公开。由于秘密

① 《日本外观设计法》第 14 条、第 20 条 4 款、第 37 条 3 款及第 40 条。

外观设计具体内容不被公开，所以第三人通常情况下不可能知道该外观设计已经得到注册登记，受到了法律的保护。因此，日本外观设计法规定，第三者的侵权行为不存在推定过失的情形，相反权利人对第三者是否存在过失负有举证的责任。

（4）关联外观设计

关联外观设计是与原外观设计相关的设计，是同原外观设计相近似的设计，但又不同于“组物外观设计”。而且，关联外观设计的注册登记仅限于在原外观设计公开日之前进行申请的注册登记。

日本法律要求：① 关联外观设计必须与原外观设计相近似；② 关联外观设计不在原外观设计专有实施许可权设定的范围之内；③ 原外观设计的权利期限届满，关联外观设计也同时终止；④ 原外观设计与关联外观设计不能分离进行转让；⑤ 原外观设计与关联外观设计的权利，仅限于针对相同人同时设定。

第二章　日本专利的客体

第一节　发明专利的客体

什么是发明，随着科学技术的发展，也许给发明专利一个确切的定义是个困难的问题。正如计算机、生物技术领域等新的技术的出现，如今我们对发明的解释也要以现代的视点来进行判定。

一、发明的定义

《日本发明专利法》第 2 条规定，“发明是指利用自然法则的技术思想创新中具有高水准的创新”。日本发明专利法中所说的“发明”就是指取得专利权的发明，它包括 3 个成立要件：利用自然法则、技术思想上的创新以及属于高水准的创新。

对发明专利的“实施”就是指对发明专利的使用，对发明专利的实施表现在 3 个方面。

（1）产品的发明：生产、使用、转让、出租，转让或者为转让、展示或进出口该产品等的行为；

（2）方法的发明：指使用其方法的行为；

（3）改进发明：除前列举规定外，使用、转让该方法生产的物品等，申请出口或进口或转让该物品等的行为。

二、发明定义的内涵

1. 自然法则

“自然法则”指自然界中人们根据经验发现的法则。如在特定的条件下产生特定的结果，即为发现自然法则，但自然法则本身不是发明。只有自然法则被利用的情况下产生的具有高水准的技术思想创新，才能被称为发明。因此，单纯的精神活动（记忆方法，商品陈列法、贩卖方法，旋律、节奏等）、纯学术上的法则（数学中的法则、经济学中的法则、法学中的法则）及人为的决定（游戏的规则、暗号等）不能成为发明。

2. 具有反复利用的可能性

“反复利用的可能性”是指利用该技术能产生一定的结果或效果，该技术可以反复持续地使用。反复持续性使用，要求能够产生一定效果，即便该效果达不到100%，甚至非常低，但能得到确实的效果的，也承认其具有反复利用的可能性。

3. 技术性思考

发明的目的就是要达到一定的发明效果，要使发明达到效果就需要通过“技术”手段来完成。该技术应当是一种什么样的状态，在日本学术界有观点认为，该技术不需要作为一项技术已经完成，该技术是抽象的，概念性的也可以。只要在该技术领域内，有通常知识的行为人，通过反复实施该技术能够取得预定技术效果的即可。

4. 未完成的发明

未完成的发明不是获得专利权的被许可对象。未完成的发明是指：(1) 有标明的手段和方法，但是该发明预计的发明目的却不能达成；(2) 发明专利的审查员根据记载的事项进行判断，认为构成发明专利的具体要素，但该发明缺乏完成目标的具体手段。

三、发明的类别

《日本发明专利法》第2条第3项，把发明分为“产品发明”“方法发明”及“改进发明”。

1. 产品发明

产品的发明专利的效力，及于产品的生产、使用、转让或者进口。修理、改造是否相当于生产，在日本存在争议。

通过生产方法来特定的产品，是否承认其专利的效力，在日本存在争论。比如化学物质，对其定性和特定较为困难，此时必须通过生产方法才能确定。如果作为产品，其符合新颖性和创新性的要件，那么作为产品的专利效力应当得到认定。

2. 方法发明

方法的发明包括制造产品的方法和其他的方法发明。专利的方法发明与专利产品的生产方法不同，通常方法发明是指对产品的检测方法等的发明。例如，测量方法、分析方法、测定方法等。

申请注册人可以用方法和产品来记载专利的权力范围，产品和方法的范围不可能全部等同。

3. 改进发明

改进发明是指对某种产品的生产、栽培、改良方法，如化学物质的生产方法等的发明。对上述方法的使用，以及使用、转让或申请进口等利用该方法生产的产品的行为，构成对该专利的实施。但改进发明相关的效力是否涉及半成品，是否仅涉及最终产品，在日本尚还存在争论。

第二节　发明专利的主体

能够取得专利权的行为人是指专利的发明人或者从发明人处获得专利权利的继受人。因此，专利权人可以包括自然人、法人，也包括本国人和外国人。但是，在日本能成为发明人的行为人仅限于自然人，法人能不能成为发明人，这点在日本曾有过争议，最终日本不承认法人可以成为发明人。关于这点，《日本发明专利法》第 29 条第 1 项有具体规定。

发明专利的申请必须由发明人和他的继承人提出，如果是非发明人及其成员或其继承人提交申请时，将被拒绝受理。即使已经被日本专利厅注册登记的专利，也将由此成为专利无效的理由，即日本采取的是发明人主义。

一、发明人

1. “发明人主义”

日本发明专利法采用“发明人主义”，即权利主体仅限于真正的发明人和他的继承人，发明人是指真正做出发明的自然人，法人不能成为发明人。但《日本发明专利法》第 36 条第 1 项规定，专利申请时申请人需要填写申请人的姓名或名称，或者填写发明人的姓名，虽然发明人不能是法人，但是该条规定并不限制法人成为专利的申请人，所以专利申请人可以填写法人的名称。

在日本，实际专利申请时，也存在发明人的上司要求发明人将自己的姓名写在发明者的栏内的现象。由于发明人考虑到公司与自己的利益及雇佣合同的相关问题，无奈只有将上司的姓名写在发明者栏内。但是，这并不能说明上司就是发明人。类似的案件争议在日本相对比较多。

日本法院审判案例指出发明人是实现该发明的实际行为人，单纯的辅助者、建议者、资金提供者、指示人都不能成为发明人。在实际的审判案件中如何认定发明人是一个比较复杂的问题，很多的案件的产生就出于此。例如，“合作发明人”的认定中就常常产生类似的问题。

2. 专利的“权利主义”

日本的专利法采取的是权利主义，该权利主义是指专利发明人的发明只要符合法定的认定发明专利的条件就应当获得专利权利。但是，专利权利能否获得申请，要在专利审查后才能确定，是否能获得专利权利，国家并没有决定权。因此，针对专利审查委员会的行政处分决定，专利权人不服的，可以通过诉讼的形式维护权利。这就是日本发明专利法中所谓的权利主义的含义。

3. 先申请主义

专利权利不会自动赋予发明人，日本发明专利法中规定专利的权利由最初提交专利申请的人获得。但是，由于日本发明专利法中同时还规定专利的权利由专利的发明人或者其继承人拥有。因此，在没有获得发明人或其继承人同意的情况下，即便提交了专利申请也不能够获得专利权利。

在美国，专利权赋予最初做出发明的人，这被称为先发明主义，但是近年来，美国开始采用先申请主义①。世界上很多国家都采取了先申请

① 2011 年 9 月 16 日是美国专利制度自 1836 年以来的一个重要转折点，美国奥巴马总统签署了美国发明法案（AMERICAINVENTS ACT，AIA），美国正式由“先发明主义”进入“先申请主义”时代。

主义。

4. 合作发明

合作发明人是指2个人以上不为简单的合作关系，有合作的实质存在，相互共同努力完成发明的行为人。几个人共同完成发明的发明人的权利由发明人共同所有。共同完成的发明属于全体共同所有人，所有人意见一致时，才能申请注册发明专利，任何人无权单独提出专利申请。否则，即使有人单独申请注册了发明专利，也属于无效专利。

日本的判例在认定发明人的法院判决[①]中指出，“根据指示从事与发明相关的装置附图的制作人，不是发明人”。此外，在认定共同发明人的案件中，法院判决[②]指出“被称为发明的事项，其本身并没有具体化，只是取得了表明对问题的解决大致的方向性的想法，没有完成创新性的贡献的行为人，不能称其为合作发明人”。

有关合作发明的专利申请，如果其中的一个共同完成的发明人主张专利申请，但是，其他的合作人主张作为商业秘密进行保护，那么在没有统一的专利申请的意见的前提下，专利的申请就无法实现。如果共同发明人失踪、破产，破产、失踪人员的专利申请权作为一种财产权，它的价值就会凸显。在此情况下，日本没有具体的法律规定，但是其他共同完成专利的发明人应当拥有受让专利申请的权力。

由于共同发明容易产生争议，所以，在共同发明专利的专利成果出来以后，再确定共同研究发明人的创新、贡献度以及每个人应当获得的专利权利范围是非常困难的。因此，发明专利产生之前，签订合同比较有意义。

二、职务发明

在日本，职务发明很少得到员工的重视，原因就是日本长期以来采用终身雇佣制度以及根据工作的年限长短、工作的成果、论资排辈的雇佣形

---

① 东京地判昭和54·4·16判タ395号155页。东京地判平成14年（2002年）8月27日判时1810号102页，东京地判平成17年（2005年）9月13日判时1916号133页。

② 东京地判平成14·8·27判タ1810号102页。

式。公司对员工们往往倾向于统一对待，即便员工做出了发明，发明人也不会受到特殊的待遇。公司工会作为劳动者的权益保护组织，通常只注重如何提高劳动者的安全保护以及增加工资待遇，很少关注员工职务发明。所以，对职工来说，为了获得在公司的晋升，而很少对自己的发明提出金钱上的要求，与欧美的职务发明现状不同。但是，这并不是说日本的公司员工不希望获得因发明可获得的经济回报，这一现象是由社会发展、文化现状所造成的。

自20世纪90年代日本经济泡沫破灭之后，公司经营状况发生巨大变化，企业为了生存，开始出现大批量裁员的现象。因此，日本的终身雇佣制度等长期对日本的高速经济增长做出贡献的相关制度也难以为继。至此，员工对待职务发明的态度也开始发生巨大的变化，以日本奥林巴斯公司以及日本日亚化学公司员工针对公司的知识产权诉讼为起点，该事件之后，日本公司员工逐渐开始关注职务发明，有关日本职务发明的诉讼也开始增加。但是，大多案件都是在职工退休以后再提起诉讼。当然，在职期间提起诉讼的案件也存在，只是员工由于顾忌公司的感受，往往在职期间难以提起诉讼。

1. 职务发明的定义

《日本发明专利法》第35条第1项规定，职务发明是指“用人单位、法人、国家或地方公共团体（以下称为‘用人单位等’）的工作人员、法人的职员、国家公务人员或地方公务人员（以下称‘员工等’）”，在“性质上属于用人单位等的业务范围内，且该发明行为属于用人单位等现在或过去的职务上的发明（以下称为‘职务发明’）”。

因此，是不是职务发明，从构成行为性质的要件上来说，应满足以下3点要求：① 该发明属于员工等的发明；② 该发明应当属于公司的业务范围内的事项；③ 该发明行为必须从属于公司职员等现在或者过去的职务发明内。

过去的职务是指在相同企业内的职务，如果员工等离退职后再进行的发明创新，不包括在员工等职务发明当中。

此外，[①] 员工等不仅指公司一般职员，也包括公司法人的高级管理人

---

① 相泽英孝. 知的财产法概说. 东京：弘文堂出版社，2010：34。

员、国家公务人员或者地方公务人员。因此用人单位等是指职员、法人、国家或地方公共团体。

发明的权利归属于做出发明的职员等自然人，公司法人对其发明即便支出工资，提供设备等投入也不能成为发明人，但公司法人可以获得专利权或被允许无偿使用该专利。对做出发明贡献的职员，公司给予其奖励，公司方可通过之前与职员签订的专利所有权归属相关的契约来确定。

2. 用人单位等和员工等的法律关系

职务发明的关键就是要判断员工和用人单位之间的法律关系。这种法律关系通常是看用人单位和员工之间是否签订了劳动合同。属于员工自己发明的专利技术，用人单位不得通过劳动契约等形式强制员工转让。《日本发明专利法》第 35 条第 2 项明确规定，属于员工的发明，用人单位不得提前通过条项的形式约定权利转让给用人单位。但是，应根据员工和用人单位之间真实的意思表示，若员工同意转让，则合同约定认定为有效。员工的发明创新在符合职务发明的构成要件的情况下，该发明就属于职务发明，就属于单位的权利，反之就属于员工个人的发明创新。用人单位和员工事前签订劳动契约后，属于职务发明的，公司负有对职务发明的职员支付奖励的义务。但由于公司法人和发明人之间关于专利权利义务的约定可能存在不平等因素，所以如何签订两者之间的契约，对发明人如何进行奖励，计算标准又如何确定，往往因为没有依据或约定，造成双方的权利关系不平等，从而引发争议。

用人单位等和员工等之间是否构成职务发明的法律关系，不完全根据职员和公司之间是否存在契约法律关系来确立。用人单位等和员工等之间的法律关系除了考虑雇佣契约外①，还要从实质上考虑工资的实际支出方是谁，研究资金、研究设施、研究助手等由谁提供，研究发明的指挥命令关系是否存在、投资风险由谁来承担等具体事项进行综合考虑。在此基础上还要进一步考虑该发明是否在职务发明中起到了核心作用。

近些年，由于日本经济长期不景气，日本企业开始大量使用非正式员

---

① 相泽英孝. 知的财产法概说. 东京：弘文堂出版社，2010：34。

工（即派遣工人）从事生产工作。派遣工人和派遣公司之间根据法律规定存在劳动关系，被派遣公司与被派遣人员之间不存在劳动关系。因此，就出现派遣人员的发明创新属于职务发明还是属于非职务发明的法律问题。日本学者认为，事实上被派遣人员在被派遣公司从事工作，接受被派遣公司指挥命令，从事与正式职工相同的工作，所以被派遣人员的发明创新也应当属于被派遣公司的职务发明的范畴。如果被派遣人员的发明创新不属于被派遣公司，而且，劳动合同是由被派遣人员和派遣公司之间签订，派遣公司又没有提供发明创新的物质基础条件，所以对派遣人员的发明创新来说，这能成为被派遣人员的个人发明。这样对被派遣公司来说极为不利，也不公平。如何处理被派遣人员在被派遣公司的发明创新的归属问题，到底该发明属于职务发明还是非职务发明，为了解决该问题，被派遣公司与派遣公司之间往往会通过业务合同的形式约定被派遣人员的发明创新都归属被派遣公司。那么，这样被派遣人员如何向被派遣公司要求支付奖励及相应利益，又没有了法律依据，这对被派遣人员来说极为不利。所以，日本学者认为，职务发明的雇佣关系判断应当“从资金、资产等物品的提供者以及技术思想的提供者之间的利益调整出发，判断发明创新的奖励，继而判断雇佣关系的存在”。

日本用人单位等和员工等之间是否构成职务发明的法律关系，基本上是根据实际发明状况，用人单位等和员工等之间的实质法律关系来判断。在英国用人单位等和员工等之间是否构成职务发明的法律关系，员工等仅限于被雇用者（Employee）。公司法人的董事等高级管理人员，由于是通过公司股东大会委任，所以职务发明法律关系存在与否主要是通过董事的忠实义务（Fiduciary Duty）法律关系来判断①。

3. 用人单位的业务范围

从《日本发明专利法》第35条规定上来看，用人单位等的业务范围是指正在进行的或者过去进行的所有业务。这些现在或过去的业务内容要根据员工等的地位、工资、工作种类以及在发明工作完成的过程中公司参与程度等事项进行综合判断。

---

① 相泽英孝. 知的财产法概说. 东京：弘文堂出版社，2010：34。

（1）用人单位的职务范围往往被扩大解释

在日本，用人单位的职务范围往往被扩大解释，有些情况下，非正式职员的研究发明也可能构成职务发明。公司的业务范围特指现在或者过去进行的业务，所以经常在实际工作中由于范围不确定，会产生很多的争议。公司的业务范围，根据法律规定由公司的章程中进行明确记载，公司章程中明确记载的公司的业务范围如果不明确或者没有记载，但是也不能够因为公司的业务范围中没有记载，而认定该业务不属于公司的业务范围。根据公司的经营方针和计划书，将来公司有可能实施的业务，对外有明确的表示的将从事的业务，即便现在没有写入公司的章程，这也会被认为属于公司的将来业务范围的内容。

（2）用人单位的具体含义

用人单位不仅仅指企业等营利性的公司法人，即便是一个人设立的有限责任公司，该有限责任公司也属于用人单位主体。除了营利性法人以外，职务发明的用人单位还包括非法人的组织，国家、地方各种团体，国家机关法人等。

职务发明的权利，属于用人单位。区分用人单位和个人的界限，对权利享有尤为重要，即便是一人有限责任公司，公司员工的发明也属于职务发明，不属于该有限责任公司股东个人。自然人与自然人的委托发明创新，属于委托关系不属于职务发明的范畴。

① 公务员的职务发明

自然人的发明属于企业法人等用人单位的业务范围内的，由于企业法人在设立时有明确的业务范围登记，所以根据其业务内容能够确定其业务范围的具体内容。但是，作为国家和地方公共行政主体的公务员，公务员的业务范围，就不像公司等经营主体那样存在明确的业务范围、明确的登记。因此，如何判断公务员的发明创新的归属问题，就存在一定的不确定性。日本公务员的发明创新是否属于职务发明，日本的学者认为公务员的发明创新应当根据其所属的行政机关的业务范围来进行解释判断。

② 大学教员的职务发明

大学教员的发明是否构成职务发明，在职务的定义上有很大解释的空间。日本的法院判例[1]中的职务发明，哪怕是违反公司命令做出的，但只要该发明在上班期间、在用人单位等的设施内、使用单位的设备并获得单位其他人员的劳动辅助的，那么该发明就是职务发明。

4. 用人单位和非职务发明的契约关系

《日本发明专利法》第35条第2项规定，对于员工等做出的发明，除了其发明为职务发明外，用人单位等预先规定的授以用人单位等专利权或继承专利权或者为了用人单位等设定独占实施许可权的合同、工作规章以及其他所定条项均无效。

员工等的非职务发明属于其自身的自由发明创新，用人单位等不得利用对所属员工等业务上的管理权限迫使员工等与其签订发明创新归属单位的契约，该类契约的签订无效。

日本判例[2]中针对用人单位与其员工等没有具体契约约定的案件做出判决，指出即便没有契约，员工的默示行为也不影响双方之间契约的性质。即“在一段持续的期间内，获得专利的权利归属于公司，并被公司反复提起注册申请，而该公司员工对此没有提出异议，公司在这样的前提下做出的行为，也同样适用《日本发明专利法》第35条第2项关于契约的规定”。这从某种程度上也主要是考虑到保护发明人的权利，以促进科学研究及技术开发为目的。

5. 职务发明的效果

（1）用人单位无偿使用专利

在职务发明中，用人单位的员工的发明创新即便属于职务发明的范畴，在公司和员工之间没有特殊约定的，该专利发明权利也应当属于发明人个人所有。因此，员工的职务发明属于员工所有或者由其承继人所有的，日本发明专利法规定公司无偿取得专利的普通实施权，该权利在专利注册登记之日起生效。

日本发明专利法对公司拥有的无偿实施专利的权利没使用范围上的限制，即便是专利的职务发明人将其拥有的发明权利转让给公司以外的第三人的，公司依然拥有实施该专利的权利，无须办理任何注册登记的手续。

---

①② 东京地判平成14·9·19中间判决判タ1802号30页。

此外，日本发明专利法对于专利注册登记前公司等用人单位是否可以无偿使用发明专利，没有具体的法律规定。但是日本学界认为公司为员工的职务发明创新提供了资金、物质等方面的支持，所以应当调整发明人与用人单位之间的利益关系。从专利法解释的角度出发，日本的学者认为公司应当无偿获得职务发明专利的实施权利。专利权利自注册登记之日起产生效力，在没有注册登记之前，发明人也没有权利制止公司使用该项技术。所以，日本发明专利法规定公司等用人单位通过职务发明可获得法定无偿普通实施许可权（《日本发明专利法》第35条第1项）。

（2）通过预先制定的契约等获得专利权利

用人单位可以通过预先签订“合同、就业规则及其他规定”，从发明人那里获得预先承继专利的权利。日本发明专利法规定用人单位可以无偿地获得职务发明专利的普通实施许可权。但是，用人单位往往不会局限于此，仅仅享有职务发明专利的普通实施许可权。因此，用人单位就会通过与员工之间的合同来获得职务发明的权利。由于员工与公司之间存在权力上的不平等，因此与公司之间的合同约定就会存在对员工来说极为不公平的现象。对此，《日本发明专利法》专门制定了约束机制。该机制区分职务发明与非职务发明的专利权利归属，针对非职务发明，《日本发明专利法》第35条第2项规定公司等用人单位预先将员工的发明权利通过合同约定的方式确定其归属用人单位时，该约定无效。但是，日本发明专利法规定用人单位可以通过预先签订的“合同、就业规则及其他规定”，从发明人那里获得专利的权利。

用人单位专利权利可以通过合同、就业规则以及其他的规定获得的话，就意味着用人单位不仅局限于劳动合同，劳动合同以外的形式也具有同等效力。例如，在劳动合同中没有记录专利权利的归属，但是，用人单位在员工就业守则中记录了专利权利的归属，那么是否单方面意思表示就可以使得用人单位想获得员工职务发明专利权利的意愿得以实现，根据日本学界的解释，用人单位通过单方面制定的就业守则等其他方式，可以从员工处获得专利权利，可以对员工的专利权利归属进行约束。该约束性规定属于公司单方面的制度设置，无须通过员工的认可。

但是，据日本的《劳动基准法》第 106 条要求，对员工权利进行约束的就业守则应当对就业人员进行充分的公示。只要对员工进行了充分的公示时，用人单位才可以通过劳动合同以外的形式实现对员工的专利发明进行约束。事实上，日本公司针对职务发明权利的归属问题，也是按照上述形式进行操作的。

此外[①]，日本平成 28 年（2016 年）4 月 1 号对职务发明的法律制度进行修改。该法律制度修改中明确了用人单位可以通过契约等形式将专利权利据为己有的同时，该修订的《日本专利法》第 35 条中第 5 项和第 6 项还专门明确规定企业用人单位获得专利权利以后，应当向发明人等员工支付相应的利益。为了合理起见，日本本次修改专利法律时，特别在第 35 条第 5 项和第 6 项规定日本经济产业大臣应当制定“具体的判断标准”。

日本专利厅隶属日本经济产业省，因此日本专利厅根据具体要求制定了具体的标准。该标准中涉及以下 4 个方面的内容：

① 支出该标准的目的；

② 该标准执行时的具体程序；

③ 针对该标准具体适用的行业部门，包括“大学、中小企业”；

④ 有关该标准的准用规定，专用发明专利、实用新型和外观设计。

该标准是针对职务发明奖励制定的，用人单位对于做出发明的从业人员应当给予金钱或者其他经济上的利益，该奖励需要用人单位和从业人员之间通过协商来确定。那么协商的具体操作标准就是专利法第 35 条第 6 项的内容。《日本发明专利法》第 35 条第 5 项里判断用人单位和职工之间是否存在专利发明奖励协商及是否存在不合理的前提是用人单位和发明的从业人员是否提前签订了有关劳动合同和相关的从业规则，该合同以及从业规则中是否通过程序尊重了从业人员获得奖励的权利。如果不存在上述现象，那么就排除用人单位针对员工发明创新存在不合理性。这样做的目的是为了员工通过相关的法律规定能够对自己的发明创新是否能获得利益有一个可预见性。同时也能促进员工的发明创新，员工和企业之间通过协

---

① 涩谷达纪．知识产权讲义 1（第 3 版）．东京：有斐阁出版社，2005：145。土田道夫．职务发明与劳动法．民商法杂志，2003，4（5）：538。

商确定具体的奖励办法等需要在程序上有明确的体现，《日本专利厅指导准则》指导标准对于是否存在协议有具体的规定。

《日本专利厅指导准则》中具体指出用人单位和员工之间的协议可以通过用人单位和从业人员之间对话的形式来体现。该具体标准办法指出，相应的奖励标准应当先向员工公开，之后，用人单位再确定奖励给员工的相应利益。同时该标准要求用人单位要听取员工的意见，向员工听取意见的方式也有具体的要求，听取员工的具体意见以及针对员工询问，员工不同意的原因等都应当要明确。此外，单位针对员工的利益支付也应当有具体的办法，该办法也需要单位和员工进行协商。如果单位单方面制定奖励办法也需要向员工公开，听取员工的意见，员工如有不同意见时要有具体的应对方法。公司等用人单位没有上述具体的操作办法的，其奖励规则就不属于不存在合理性要求，也就是企业对员工的发明创新没有支付相应的利益的判断标准。

此外，该准则不但针对企业，也包括在大学、中小企业工作的劳动人员以及派遣劳动人员、退休的职工，并针对上述人员都制定了具体的操作办法。

（3）用人单位需要支付相应的利益

《日本发明专利法》第 35 条第 3 项规定，做出职务发明的员工将获取的专利权利或设定独占实施许可权转让给用人单位的，有权向用人单位要求支付“相应的利益”。利益如何计算，在日本由于没有具体的计算方法，因此，近些年用人单位和员工关于“利益支付纠纷”的案件有所增加。

6. 职务发明中“相应的利益”的确定

1）日本发明专利中“相应的利益”的修改背景

在日本，有很多企业在就业规则或者与职务发明相关的企业内部制度中都有从发明人那里获得专利权利的规定。但是，按照企业制度规定，用人单位支付给发明人员报酬的却少之又少。因此，企业员工辞职后，就经常针对专利报酬问题提起诉讼，将公司告上法庭，要求支付法定的“相应利益”。

日本法院针对此类案件，在判决①中指出“用人单位和员工之间即便

---

① 最判平成 15・4・22 民集 57 卷 4 号 477 页。

存在关于报酬支付的约定，但是如果该约定的支付报酬金额过于低廉，那么员工依然可以向用人单位要求支付不足部分的报酬”。针对法院的判决，日本产业界提出反对的意见，理由是“关于奖励费用的案件增加，劳动环境发生变化，支付报酬的利益计算困难”等。日本政府就此也组织研究讨论，以此来判定是否有必要对该制度进行修改和废除。最终日本平成16年（2004年）对职务发明制度进行了修改，该修改内容在原则[①]上以用人单位和员工之间的“自主决定”作为支付利益的判断标准，但是，同时要求用人单位和员工双方在“自主决定”时，用人单位同员工之间必须存在公平、公正的协商事实，如果用人单位没有在制定制度中充分反映员工的意志，所规定的支付利益中存在不合理现象，用人单位依然需要对员工支付不足部分的报酬金额。

2）相应利益的确定

《日本发明专利法》第35条第3项规定，“员工等根据合同、就业规则及其他规定，就职务发明中，授以用人单位等专利权或继承专利权，或者为了用人单位等设定独占实施许可权的，员工等有从用人单位获取相应报酬的权利”。但是，即便有相关约定，由于用人单位和员工之间在签订契约时，由于存在地位上的不平等，往往会造成员工的权利受到侵害。所以，用人单位和员工之间的“合同、就业规则及其他规定”，需要根据约定的事实经过的具体状况进行综合判断，以确定员工可以获得的相应报酬。

（1）“合同、就业规则及其他规定中”有支付利益的规定

《日本发明专利法》第35条第4项规定，如果在“合同、就业规则及其他规定中”有对“相应的利益”的具体规定的，那么该规定必须符合以下标准，否则该企业内部规定不能作为判断支付利益的标准和依据。

① 企业和职员等之间的协商状况；

② 该规定的公开状况；

③ 利益的计算中，听取职员等的意见的状况。

相应利益的确定需要就上述标准进行综合判断，然后确定利益的支付是否合理。企业的就业规则中的利益规定，可以作为法官确定标准的依

---

① 末吉亙. 实务知的财产法讲义. 东京：民事法研究会，2008：131－132。

据，但在日本法官审判实践中，没有一起是以企业就业规则中指定的“相应利益”作为价值判断依据的案件。

（2）“合同、就业规则及其他规定中”没有支付利益的规定

《日本发明专利法》第35条第5项规定，如果在“合同、就业规则及其他规定中”没有支付利益的规定，那么用人单位和员工之间是否存在合理性的判断标准，需要从以下四方面来进行综合判断。

① 企业应获得的利益；

② 针对发明，企业的负担及贡献；

③ 职员的待遇；

④ 其他状况。

（3）企业获得利益的确定

企业获得的利益如何确定，这在日本学术界存在争议，通常从以下几个方面来进行判断。

① 企业在独占实施发明专利时获得的利益金额；

② 有许可使用合同的，许可使用费用也包括在内；

③ 企业独自实施的，独占实施中所获得的利益；

④ 交叉许可的，其实施费用额也应作为基础额来算定。

但是，交叉许可和普通专利许可是否以同样的标准来考虑，在日本存在争议。此外，专利在企业收益中的贡献程度也是确定专利价值的重要标准。在判断专利对企业贡献的程度时，根据案件情况，需要进行有区别的个别处理。通常日本在认定专利的贡献程度时，基本上需要根据案件特点和有效证明来判断，所以日本的判例中，针对贡献度的认定，法院的判决差异也很大，有的认定为95%，也有的认定为50%及40%的案件。

（4）企业支付利益的时效

由于员工顾及在职期间与用人单位之间的关系，因此，日本企业专利技术发明人往往辞职后才提起要求原用人单位支付相应利益的请求。所以，该类诉讼经常会涉及诉讼时效认定的问题。日本判例中认定，支付利益的时效期间通常为10年，起算基点①从企业实际补偿规定的支付期到来

---

① 最判平成15·4·22民集57卷4号477页。

时计算。如果用人单位和员工之间有关于专利发明利益支付约定期限的，那么在约定的期限到来时起算诉讼时效；如果专利利益是分期支付的，那么各个分期支付期限到来时，分别计算诉讼时效；如果发明人没有和企业之间约定好支付利益的期限，那么通常该诉讼时效在该专利权利转让时不存在法律上的权利转让障碍的时间点开始起算。

在日本有的学者指出，专利法修改应当缩短专利时效消灭的期限，由于时间长，对用人单位来说负担过重。但是，日本员工在主张支付专利发明的利益时，都是在辞职以后才向原单位提出，所以也有人提出，要缩短时效的消灭期限可以，但需要同时保证员工的支付利益请求不受到限制，所以该立法提议也并没有得到多数人的支持。

7. 日本职务发明相关判例特点

（1）专利权利转让的效力问题

专利权利转让的效力问题主要围绕员工和用人单位之间是否存在权利转让的约定展开，员工主张不存在转让的约定或转让约定无效，用人单位却主张存在就业规则等企业内部规定，但是内部约定需要反映当事人意思表示一致的情况，否则该约定的效力会产生争议。因此，在日本的相关案例中，员工退休后才提起诉讼时，时效也往往不会因此而消灭。

（2）用人单位无偿使用专利的相关争议

《日本发明专利法》第 35 条第 1 项规定，用人单位拥有专利的普通实施许可权利。但是，如果用人单位没有从程序上完成继受该专利的权利的话，当发明专利人或第三者日后获得专利权后，针对用人单位实施专利权时，单位是否能够主张普通实施许可权，就会产生争议。此时，用人单位需要对发明的时期、发明的业务范围等进行举证。

（3）员工要求支付相应利益的争议

在日本有关职务发明的案件中，大多数的案件属于要求支付相应利益的案件。相应利益的判断标准通常因为用人单位的就业规则等缺乏合理性，所以法院介入后进行综合判断的案件居多。

三、专利管理和代理

《日本发明专利法》对专利管理的主体以及这些主体的权利义务进行

了具体规定。管理发明专利的主体可以是法人、自然人，但是专利代理就需要有特定资格的人来完成。

（一）专利管理

1. 非法人社团或财团

非法人社团或财团有确定的代表人或管理人的，可以其名义履行下列程序：

（1）请求审查申请；

（2）申请进行针对专利无效审查或者对延长注册登记的无效审查；

（3）依照《日本发明专利法》第171条第1项的规定，请求针对专利无效审查或者对延长注册登记的无效审查的终审决定进行再审。

此外，非法人社团或财团，有确定的代表人或管理人的，可以以其名义请求针对专利无效审查或者对延长注册的无效审查的终审决定进行再审。

2. 未成年人、限制民事行为能力人

《日本发明专利法》第7条规定，未成年人及限制民事行为能力人，未经法定代理人许可不能实施相关法律行为。但未成年人能独立履行的法律行为，不在此限定范围。

限制民事行为能力人实施专利相关手续时，须征得其监护人的同意。法定代理人履行相关手续时，当存在无民事行为能力人的监护人的，须征得其同意。

限制民事行为能力人或法定代理人，就对方提请复审或再审的相关程序，不适用关于须征得监护人或无民事行为能力人的监护人同意的相关规定。

3. 国外居住人的专利代理人

《日本发明专利法》第8条规定，在日本国内无住所或居所（法人为营业场所）者（以下称为“国外居住人”），除需申请登记及其他政令规定的要求之外，其专利代理如果不通过在日本国内有住所或居所的行为人（以下称为“专利代理人”）的，不能履行相关专利程序，并且对法律或行政部门依照日本发明专利法制定的行政法规承担的处分不服的，也不能就此提出不服的诉讼请求。

专利代理人可以代理本人处理一切专利相关程序及根据法律或行政法规规定对日本行政厅处理不服提起的诉讼。但是，国外居住人限制专利代理人权限范围的情况除外。

（二）专利代理权的范围

《日本发明专利法》第 9 条明确规定了专利代理人的权限。专利代理人在日本国内有住所或居所（法人为营业所），需获得办理专利相关程序的执业权限，并接受委托人的委托。

如果专利代理人未获特别授权，不得修改专利申请、放弃或撤销专利申请、撤销专利权保护期限延长的注册申请、撤销请求或申请或申述，不能主张或撤销第 41 条第 1 项的优先权，不得实施专利法第 46 条之 2 第 1 项规定的基于实用新型注册提起的专利申请、申请公开的请求、对拒绝审查不服的复审请求、专利权的放弃或选任复代理人。

1. 代理权的效力

《日本发明专利法》第 11 条规定，接受委托办理专利相关程序的代理人，其代理权不因本人死亡或本人的法人合并而消灭，也不因受托人的信托相关业务终了、法定代理人的死亡或其代理权的变更或消灭而失去效力。

此外，有两名以上履行专利相关程序的代理人时，各代理人分别对特许厅代理本人行使专利代理权限。

2. 法定代理人的变更等

变更专利代理人是委托人的权利，但是当行政管理部门发现专利代理人不适合处理委托人所委托的业务时，可以命令变更专利代理人。

《日本发明专利法》第 13 条规定，日本特许厅厅长或主审员认为实施专利相关手续的行为人不适合办理该程序时，有权命令该代理人办理相关专利手续。特许厅厅长或主审员认为实施专利相关手续的行为人的代理人不适合办理该手续时，有权责令其改任代理人。特许厅厅长或主审员遇有上述情形时，有权命令其他专利代理人作为代理人。

此外，特许厅厅长或主审员认为实施程序的行为人不适合办理该程序或认为实施程序的行为人的代理人不适合办理其程序时，可以驳回其向特许厅提交的专利申请。

3. 共同实施代理行为

两人以上共同实施相关专利程序时，对专利申请的变更、放弃及撤销，撤销专利权保护期限延长的注册申请，撤销请求或申请或申述，主张或撤销第 41 条第 1 项的优先权，申请公开的请求以及对拒绝审查不服提出的复审请求以外的其他程序时，各个当事人将代表全部成员来实施。但是，确定了代表人并呈报特许厅的情况除外。

4. 对无民事行为能力人实施相关专利程序的追认

《日本发明专利法》第 16 条规定，对未成年人（已独立并能履行法律行为者除外）或其他无民事行为能力人办理的专利相关手续，其法定代理人（本人取得程序能力时，应由本人）可以进行追认。对无代理权的行为人办理的相关程序，可由具有办理该相关程序能力的本人或法定代理人进行追认。

限制民事行为能力人在未经其监护人同意而办理的相关手续，经其监护人同意可以进行追认。无民事行为能力人存在监护人的，在该法定代理人没有获得其同意的情况下，办理的相关专利手续，在获得该监护人同意或重新取得实施相关专利程序能力的本人追认后可以进行实施。

四、外国人享有的权利

《日本发明专利法》第 25 条具体规定在日本国内没有住所或居所的外国人，必须能满足下列条件，否则该外国人不可以享有发明专利权。

1. 有住所或居所

在日本国内无住所或居所（法人为营业所）的外国人，除符合一定条件之外，不能享有专利权及其他有关专利的权利。

2. 外国人所属国对日本国民采取国民待遇

所属国承认对日本国民与该国国民在同等条件下享有专利及其他有关专利的权利。

3. 对等的原则

所属国对日本国给予其国民承认享有专利权及其他有关专利的权利，该国也承认日本国民与该国国民在同等条件下享有专利权及其他有关专利的权利。

4. 无国籍人的专利权

关于无国籍人的专利权问题，日本学术界主流观点认为，如果符合专利法第 25 条的规定，便可以享有专利权或其他与专利相关的权利。但根据《日本发明专利法实施规则》第 7 条第 1 项规定，特许厅厅长认为必要时可以命令该外国人提交国籍证明书。

针对日本没有承认的国家，该国家承认日本人的专利权利或者采用互惠原则时，不应受到外交政策上的影响，只要该地域拥有具有国家的实质要件，且给予日本国民专利权予以保护的足够的对应法律秩序，那么从平等的原则考虑或者根据巴黎公约的平等主义原则考虑，也应当承认其专利权利。在日本大正 10 年（1921 年）①，当时日本和德国（魏玛共和国）没有建立外交关系，但有一德国法人在日本提起了商标注册的无效审查请求，针对该案件，日本最高裁判所根据互惠原则做出了撤销复审的决定。

第三节 外观设计的主体

一、外观设计的权利人

日本审判实践中认为外观设计的权利人是外观设计的创新者，创新者对外观设计的创新不是起辅助性的工作，而是在外观设计的具体形态创新过程中对作品形成有直接意志反映和实质性地参与的创新人。所以，外观设计的作者不包括间接参与人、没有起到主要作用的行为人、从事帮助工作的行为人或者简单地对课题完成发出指示的行为人②。

《日本外观设计法》适用《日本发明专利法》第 33 条的规定，外观

① 最判昭和 52・2・14 判时 841 号 26 页。

② 大阪高判平成 6 年（1994 年）5 月 27 日知的裁集 26 卷 2 号 447 页。

设计的权利可以转让，但外观设计权利不得用作质押。外观设计权利共有的，共有者一方未经他方同意，不得转让其所持部分的权利。

此外，关于外观设计权继承的规定中，日本外观设计法规定，外观设计申请前的权利继承中，继承人若不提出外观设计申请的，不能借此与第三者的外观设计进行对抗。从同一人处继承的相同外观设计，若在相同期日出现两个以上的申请，经申请人协商决定继承人，否则不能与第三者进行对抗。

申请外观设计后，外观设计的权利继承中，除民事继承及其他的一般承继之外，外观设计的继承人应当向日本专利厅长官进行申报，否则该继承不产生法律效力。若外观设计的继承存在民事继承及其他一般承继事项时，继承人也必须立即将该事项向日本专利厅长官通报。如果从同一人处继承的相同外观设计，在相同期日出现两个以上向专利厅申报外观设计权利的行为人时，由申报人协商决定谁为具体申报人，除此以外的行为人的申报不产生法律效力。如果存在两个申报人，那么专利厅可以指定一段期间，要求双方做出协商结果，没有达成一致意见的，视为协商没有成立①。

二、职务创新

1. 用人单位等获得外观设计实施权利

《日本外观设计法》关于职务创新的规定适用《日本发明专利法》第 35 条的相关规定。该规定指出法人、国家或地方公共团体等用人单位（以下称为“用人单位等”）获得了由其从业人员、法人的职员、国家公务人员或地方公务人员（以下称“工作人员”等）完成的在性质上属于用人单位等业务范围内的外观设计，并且完成的外观设计行为属于用人单位等工作人员现在或过去职务工作范围内的职务创新（以下称为“职务外观设计”），并注册登记或继承并取得该职务创新外观设计权利的，该用人单位对该外观设计拥有实施的权利。

2. 职务创新以外的外观设计的实施与无效

《日本外观设计法》规定，企业从业人员等创新的外观设计，除了该

① 《日本外观设计法》第 15 条 2 款准用日本专利法 33 条 1~7 款内容。

外观设计为职务创新外，企业等用人单位预先规定获得外观设计权利或继承外观设计权利或者为用人单位等设定外观设计独占实施许可权的合同、工作规章及其他规定的条款都为无效条款。

3. 职务创新外观设计中从业人员等的报酬

《日本外观设计法》规定，在职务创新外观设计当中，从业人员等根据合同、工作规章及其他规定，赋予用人单位等外观设计权利或继承外观设计权利，或者为用人单位等设定独占实施许可权的，从业人员有获取相应等价报酬的权利。

在根据合同、工作规章及其他规定决定从业人员可获得的报酬金额时，应当考虑用人单位等与从业人员等之间的协商状况，计算标准的公开状况，金额的计算中是否听取了从业人员的意见等实际情况，在此条件下确定的报酬金额不得存在不合理的现象。

4. 职务创新报酬金额的确定

如果用人单位等与从业人员等之间不存在相关支付报酬金额的规定，或者该规定被认定为不具有合理性的规定时，上述从业人员可获得的等价报酬额必须根据用人单位等用其外观设计应得的利益、用人单位等为外观设计所做出的贡献以及从业人员的待遇等情况来进行认定。

5. 职务创新报酬金额相关判例研究

从业人员职务创新可获得的报酬金额如何算定是一个比较困难的问题。根据《日本外观设计法》规定，从业人员有获取相当等价报酬的权利。但是，该报酬金额的算定要考虑该外观设计产品的权利实施比率、外观设计权利的贡献度、权利人的人数等多种因素。日本2004年“钢材折型机械”案件中①，法院通过计算确定了从业人员职务创新可获得的具体报酬金额，该报酬金额从该职务发明的销售额中依次考虑下列因素和比例来计算：

（1）排他性利益比率为0.33；

（2）权利实施比率中发明专利为0.03；

（3）实用新型专利为0.02；

---

① 东京高判平成16年（2004年）9月29日判时1887号99页。

（4）外观设计专利为 0.015；

（5）贡献度为 0.3；

（6）发明人的行为人数的减额要素为 0.5。

该案件中，根据企业销售数据计算出的销售额为一亿九千多万日元，则职务创新报酬金额就在考虑上述因素的基础上，按照相应比率乘以专利销售金额得出最终从业人员应当获得的报酬金额为 24 万 8 千日元。

根据外观设计的实际使用状况，职务创新的报酬金额大小也会有所不同。日本 1992 年“建筑用金属器材”案件中职务创新的报酬金额经过算定占到了可获得利益整体的 65%①。所以，职务创新的报酬金额计算应当根据该外观设计的实际产生的价值的具体情况来算定。

三、外观设计的共有

《日本外观设计法》准用《日本专利法》第 33 条第 3 款以及第 73 条有关于专利的权利共有的规定。外观设计权利共有时，共有者一方未经他方同意，不得转让其所持有部分的权利。针对侵权行为，共有人可以单独提出停止侵权的请求，但损害赔偿要根据所占债权比例来计算，例如，持有 50%时，赔偿额应为一半。

外观设计共有时，各共有者未经其他共有者的同意，不得转让自己拥有的部分或以此为目的而设定质权。

此外，外观设计共有时，各共有人除合同另有规定的情况外，可以不经其他共有人的同意而实施该项外观设计。外观设计各共有人未经其他共有人的同意，不得对该外观设计设定独占实施许可权或者对他人许诺普通实施许可权。

四、外国人

外观设计的权利主体是外国人时，符合一定的条件也可以成为外观设计的权利人。《日本外观设计法》规定，外观设计的主体必须是具有相应的权利能力的法人和自然人，有关外国人是否能成为外观设计权利人的规

① 东京地判平成 4 年（1992 年）9 月 30 日知的裁集 24 卷 3 号 777 页。

定适用《日本专利法》第 25 条的相关规定。

《日本外观设计法》规定，在日本国内无住所或居所（法人为营业所）的外国人，符合以下条款之一的，可享有外观设计权利及其他相关的权利。

（1）所属国承认对日本国民与其国民在相同条件下享有外观设计权利及其他有关的权利；

（2）日本对该国国民承认其享有外观设计及其他有关的权利的，该所属国承认日本国民与其国民在相同条件下也享有外观设计及其他有关的权利；

（3）公约中另有规定（同时参加相关国际公约或两国之间有相关条约，参加巴黎公约或是 WTO 的成员国）。

第三章　日本专利的构成要件

第一节　日本发明专利的构成要件

《日本发明专利法》第 2 条第 1 项中有发明的定义。该定义中指出发明专利是“对自然法则进行利用的技术性思考的创新当中具有高度性质的产物”。除此之外，《日本发明专利法》第 29 条对专利构成要件也有具体的规定。

一、专利授权的消极要件

（一）利用自然法则的技术方案

1. 自然法则的利用

日本发明专利法保护的是利用自然法则的具有高度性质的技术方案。日本的判例中对文字、数字、记号等进行组合的方法不认定为发明创新。如果智力活动的规则和方法没有利用自然法则，也不能够成为发明专利。例如，数学上的计算方法是不能授予专利的。

但是，近些年日本知识产权界逐渐有改变意愿，日本有关利用自然法则的构成要件解释出现了缓和势态。如果一项技术方案创新没有利用自然法则，那么该技术就不应当得到专利法的保护，然而对社会需求比较急迫的问题，即便其没有利用自然法则也应当纳入专利法的保护范畴。

2. 技术方案

技术方案都是需要自然法则来得以实现，该技术方案要达到一定的技术目的，必须得具有可实施性或者可操作、可再现性、可重复实施的特性。该技术方案必须具有客观性，存在不是单纯的技术，不能停留在一个尚未解决的方案当中，不能是一个处于思考范围的技术，必须得拥有具体的操作程序，否则只能是尚没有完成的技术方案。

（二）不能获得专利的发明

1. 对公共秩序有危害的专利

《日本发明专利法》第32条为保护社会公共秩序，将可能妨害公序良俗或者公共卫生的发明创新排除在保护范畴之列，不给予其专利权利。原则上讲，发明不能够获得专利授权，任何人对这项技术都可以实施使用。虽然有些技术从保护社会公共秩序的角度不能授予专利权，但是如果该项发明技术属于行政和刑法规定禁止生产销售的产品领域的产品的，那么该类行为由行政法或刑法进行规制。例如，某一种特效药对人的精神会产生依附作用，该类产品不能够获得独占使用的权利，只有获得行政许可才能够生产销售，否则没有获得许可的生产、销售经营行为将遭受行政或者刑事责任追究。

但是，如果该类产品不允许申请注册登记专利，同时行政法或者刑罚也不禁止的，那么这样的发明技术就可以在社会上生产、使用以及销售经营。对此，日本的学者认为，如果专利法不允许申请专利的技术，行政法或者刑法如果不禁止，那么对社会公共秩序造成危害的技术便就可以在市场上进行生产和销售，这确实是专利法律制度的一个缺陷。

2. 原子核变换的方法制造的物质

日本在1975年前，禁止有关饮料食品等嗜好用品的发明、利用原子核变换的方法制造的物质、将医药或2个以上的医药混合成一种医药的制造方法的发明、化学方法制造的物质等获得发明专利。但是上述禁止性规定，在1995年后陆续被撤销。如今在日本，通过核裂变产生的物质也可以获得专利权利。

3. 疾病诊断方法、治疗方法

有关医疗的发明涉及两部分内容：一是医药、医疗器械的发明；二是利用医药医疗机器的方法以及手术的方法的发明。方法的发明中包含有治疗方法及诊断方法的发明。

TRIPs规定人和动物的诊断方法、治疗方法、外科方法不是专利的保护对象。日本特许厅“专利审查标准”认为针对“人的诊断方法、治疗方法、外科方法”不能在产业上进行利用，但是针对动物的诊断方法、治疗方法、外科方法可以在产业上利用，可以获得专利的保护。针对人的诊断方法、治疗方法、外科方法不能在产业上进行利用，所以也不能申请获得专利权利保护。

关于医疗器械和医药，日本特许厅认为这些都是可以加工生产的物品，所以可以在产业上使用，能申请获得专利权利保护。近年来，人类产生的以人类为原材料的医药品或医疗机器的制动方法及医药的投用方法（血液制品、疫苗等）得到长足发展，日本专利就此也对其专利审查标准进行了修改，将上述对象纳入了专利的审查范围。

但是，随着科学技术的发展，一些医疗技术，例如血液循环的透析装置、皮肤再植技术等得到不断的突破，特别是近些年有关“胚胎干细胞（ES细胞）”“诱导性多能干细胞（iSP细胞）”的研究以及疾病治疗引起了世界各国的普遍关心，各国针对上述研究成果也在通过专利申请展开着激烈的竞争。这样就对医疗行为的产业可利用性提出了一个新的命题，即“如何理解医疗行为的专利保护?”医疗行为特别是近些年的再生医疗以及遗传基因治疗技术方面取得的科学进步更积极推动了针对医疗行为申请专利的现实问题的解决。在日本，原则上专利法律制度不允许医疗行为申请专利，其目的就是为了防止医疗技术被某个发明人独占使用，如果疾病的手术方法、治疗方法、诊断方法都能够申请专利，那么患者的生命和身体健康、安全就不能够得到充分的保障。如果医生在治疗患者疾病时，存在专利权力的障碍，那么医生就不能够很迅速、合理地解决医疗问题，这势必给患者带来损害，也必然导致医疗市场的混乱。然而，一律针对医疗行为否定其专利申请也不利于科技的发展。特别是，近些年以美国为中心的很多大学的有关医疗方面的研究成果都被以专利权利化得到保障，为此，日本的学者也开始提出医疗行为作为政策性指导，应当区别对待各种医疗行为，在禁止医疗行为专利申请的前提下，应当根据具体情况制定有针对性的医疗行为专利申请保护方案。

4. 动植物的生物学方法

与贸易有关的知识产权协议（TRIPs 协议）排除了动植物及为动植物的生产所需的本质性的生物学方法的专利保护（日本发明专利法将植物品种列为保护的对象）。日本专利局没有对动植物及为动植物的生产所需的本质性的生物学方法的专利保护做出规定。

日本为保护植物新品种，专门制定了《种苗法》。该法于 1969 年制定，之后经过数次修改，1998 年形成现今的版本。新植物品种要得到法律的保护，必须先在日本农林水产省进行注册登记，获得权利认可的植物新品种将受到日本法律的保护。

有关植物新品种的保护与专利的保护之间是否存在“双重保护”，植物新品种在获得专利保护的同时是否还存在受到《种苗法》保护的现象，对此，在日本产生过争议。针对该争议，日本国会在对《种苗法》进行审议时指出，这两者保护的范围侧重点不同，并不存在重叠和双重保护的现象，理由有三点：

（1）保护对象不同，植物新品种保护的是新植物，而专利法保护的是利用自然法则进行的技术思想创新；

（2）从植物的特性来看，植物的新品种不可能成为专利发明的对象；

（3）植物新品种培育者的权利，只由《种苗法》保护。

因此植物新品种保护和专利保护侧重范围不同，不存在双重保护的问题。特别是近些年来，随着科学技术的发展，转基因植物的出现更是体现了专利技术的创新所在，而非单纯的植物新品种的注册登记保护。

5. 违反公序良俗的发明

有关违反公序良俗的发明将成为申请专利被拒绝及专利无效的理由。如何判断是否违反公序良俗，日本的判例①中认为“比如游戏机，不是为了赌博行为发明的，虽然该游戏机有被利用为赌博的可能性，但不能就此认定该游戏机的发明违反公序良俗”。

6. 计算机软件领域

计算机硬件的保护方面，在日本通过专利法得到保护不存在问题。但

① 东京高判昭和 31 · 12 · 15 行集 7 卷 12 号 3133 页。

对于计算机软件这个领域，日本学术界以往认为软件是通过指令的理论组合来驱动计算机运行，仅仅是计算方法等的一种过程，并没有利用自然法则，所以通过专利法来保护软件在日本并没有得到积极讨论和支持。

近些年，由于计算机软件的飞速发展，关于软件中的程序是否能够申请专利，在日本也得到重视。软件中的程序类似于计算的公式，如果用软件的程序去申请专利的话，在日本会被驳回专利申请。

但是，随着软件相关发明技术的发展，而且计算机硬件的技术含量相对固定化，相反软件的科技的重要性日益明显。为开发软件，企业等组织机构投入大量人力物力，但是软件技术的模仿和盗版却不需要花费很多的成本。因此，软件保护范围的扩大，软件是否也可以通过专利来保护便得到人们的关注。如果将软件的程序一概认为不构成专利发明，这显然不适应当今社会发展，于是日本特许厅也渐渐开始将软件保护的范围进行拓展。

1975 年 12 月日本公布了《计算机程序发明的审查基准》，其中提到如果计算机程序的编排手法是利用了“自然法则”，那么该计算机程序将成为专利法保护的对象。1982 年 12 月日本公布了《微型计算机应用技术发明审查运用指针》，将微型电脑中装入的装置作为专利保护的对象。1988 年 3 月日本公布了《计算机软件相关发明的审查处理方案》，该方案认为软件如果是通过利用硬件的特定性质及构成的基础上产生的，那将获得专利的保护。2000 年 12 月日本公布《第Ⅶ部　特定技术领域的审查基准　第 1 章　计算机软件相关发明》，在该规定中日本相关部门认为，软件相关发明是在利用了自然法则的硬件的制动中得以实现的，软件处理信息是通过使用硬件得以实现的，那么该软件可以成为发明专利。2002 年《日本发明专利法》修改后（《日本发明专利法》第 2 条第 4 项），计算机程序被承认为“产品发明”，所以日本学者认为软件本身已被承认为专利中的发明创新。

软件是对于自然法则的利用，单纯的自然法则的利用不能申请专利。但是，对这一理解日本专利厅的意识也发生着缓慢的变化。日本专利厅对计算机软件的保护指出“软件是应用于发明的装置的，那么该软件发明装置可以得到专利的保护”。也就是说发明装置得到了保护，软件程序也就得到了保护。

此外，日本特许厅认为，不使用计算机技术或网络技术的纯粹商业方法，该方法是人为的技术决定，不是利用自然法则的技术思想，所以也不是授予专利的对象。如果商业方法的实现手段仅仅是单纯利用了硬件，但该商业手法本身是超前的、具有独创性的方法，那么也承认该商业方法整体的创新性。

但是，这并不是说是软件程序就可以直接获得专利发明的认定，在程序当中利用了自然法则的技术性思考方案，可以同物体的发明专利相同地对待，但是针对程序当中能够得到专利法保护的范围如何进行认定，在日本发明专利法当中仍然是一个没有得到解决的问题。

7. 生物科技

生物科技主要指转基因、细胞培养、细胞融合、生物反应、发酵、动物育种、植物栽培、动物养殖等内容。

在日本，有关生物的生产利用等相关的创新性发明（例如生物的管理方法以及利用生物制造抗生物质的方法申请专利发明）很多。但是，利用有关生物本体的发明以及培育方法申请专利的却很少。近年来，由于生物科技的发展，生物的遗传基因以及蛋白质物质相关的发明以人为媒介，通过人工提取得到的遗传基因物质申请的专利发明开始大量地出现。

（1）生物科技的重复利用

传统的品种改良等通常是利用“自然法则”来获得，获得该改良品种的生物技术是否能成为专利的保护对象，在日本存在争议。要成为专利的保护对象，通常该技术需要以利用自然法则并反复实施可以得到相同结果为条件。然而，生物制品可能有个体差异或者基因突变，因此生物制品中的自然法则的使用是否能具有重复性成为一个论点。

一般情况下，即便是工业产品，也会因为环境条件的改变而发生变化。所以，日本学者认为对于生物作为一个固定种类，理论上具有再现的可能性，并且在因果关系明确的状况下，不应该严格要求其具有重复性。

此外，有关生物（微生物）的专利发明与工业产品的发明专利不同，参照很多的生物发明相关专利的说明书内容并不能很容易地再现该生物发明专利对象，而工业产品的发明却恰恰相反。因此，在审查生物发明专利时，日本的专利厅审查员通常需要根据专利厅的指定委托专门机构来确定该项发明的可再现性，并提交证明书①。

日本的判例中指出，立足于生物技术的特殊性，只要能科学地再现该植物，反复实施可以得到相同结果的，其概率并不要求很高。该案件是有关黄桃的育种繁殖案件②，是有关植物新品种育种过程中的反复再现可能性的法院判决。案件中被告拥有名称为“桃的新品种黄桃的育种繁殖方法”的专利。该专利发明是指在发明人所有的桃品种的晚黄桃被作为花粉母体进行选配，由此获得的种子中进行选种淘汰，获得专利权要求范围中记载的叶、花、果实的新品种的黄桃，并对此进行无性繁殖的方法。原告在案件中指出本案的发明没有“反复可实施性”，提起关于本案专利无效的审查要求。在专利无效审查中，原告的主张被认定为“不成立”，于是原告又提起撤销审查结果的诉讼③。在第一审判决中，原告撤销审查结果的请求也被驳回，原告不服提起上诉。在第二审的本案当中，法院就“反复可实施性”做出以下的判决，驳回了原告的诉讼请求。首先，《日本发明专利法》第 2 条规定，利用自然法则的发明通过不同的业者的反复实施，需要获得同一种结果。然而，反复可实施性在植物新品种的育种繁殖环节，根据其特性，如果该业内的人员通过科学的手段能够再现该植物就足够，其概率并不要求达到相当高的标准。上述发明新品种能够通过原有的繁殖方式进行再生产，即便是概率较低，但如果能够进行育种，也能说明该发明的目的技术效果能够得以实现。法院认为本案中的争议新品种的黄桃，通过发明的育种环节反复实施后，可以获得与专利黄桃相同性质的桃，虽然其概率不算很高，但这并不能说明本案专利不具有反复可实施性的特征。反复可实施性在专利申请的时候能够确定即可，即便是其后作为母体的黄桃不复存在，也不影响上述专利有效性的判断。

---

① 日本该制度符合“有关微生物委托制度的《布达佩斯条约》”。

② 日本最高裁平成 12 年（2000 年）2 月 29 日第三小法庭判决，民集 54 卷 2 号 709 页。

③ 东京高判平成 9・8・7 判时 1618 号 10 页。

（2）生物的特征

专利法将微生物、植物、动物的传统育种方法以及由此产生的生物作为保护的对象。但是介于“安全性”（新生物可能改善自然环境和生态系统）、伦理面（人为创新出有缺陷的动物）和宗教面的问题，日本也存在不给予该类生物专利保护的学术主张。此外，还有人认为，专利法和宗教以及伦理面上的问题不是一个层次的课题，专利审查的时候，应由特许厅的审查官来判断。所以，在日本有专利为“白内障水獭”（专利第1635260号）、老鼠等专利申请，被允许注册登记成专利。

在美国，1980年微生物被允许获得专利，其后植物（有性和无性繁殖植物）和动物也被允许获得专利。在欧洲同样也被许可，但是，该专利的商业实施如果是违反公序良俗或者伦理的，也将不被许可获得专利。

（3）新的生物技术运用

DNA、蛋白质等化学物质的产生，是由人为精制或单个剥离来创新的，这些创新出来的生物可以和其他的化学物质同样成为专利的对象。近年来，遗传基因排列分析装置的进步也造成该领域内的专利申请者增加，但是就相关信息公开不充分，在是否具有创新性等问题上，尚还存在许多的争议。

二、专利授权的积极要件

《日本发明专利法》第29条规定了构成专利的要件，即“做出产业上可利用的发明的行为人，除下列发明情形外，其发明可获得发明专利”。

（1）申请专利之前在日本国内或者国外已被公众知晓的发明；

（2）申请专利之前在日本国内或国外已被公开实施的发明；

（3）申请专利之前在日本国内或在外国刊物上已有记载的发明或者通过电子通信回线能够被利用的发明。

这也是表明一项发明技术要获得发明专利，必须要具有新颖性、创新性及产业上可利用的特性。

TRIPs协定第27条第1项规定的发明专利的构成要件包括：新颖性、创新性、产业上的可利用性。在日本发明专利的构成要件也同样包括“新颖性、创新性、产业上可利用性（实用性）”的特征[①]。

申请专利之前，该发明所属技术领域内普通技术人员根据记载的上述发明内容，能容易实现发明的，即便该技术不被国内外公众知晓，不能公开实施，也不能取得专利。

（一）发明专利的新颖性

专利的新颖性是针对现有技术而言，现有技术如果通过专利获得独占使用的垄断权力就会对产业的发展带来负面的影响。因此，专利赋予的对象主要是针对新的发明创新。

《日本发明专利法》第 29 条没有专利的新颖性的直接规定，而是规定三个有关专利新颖性丧失的条件。专利法第 29 条规定的三个条件之外的情形，当然也具有专利的新颖性。

在日本，这些发明新颖性的判断时间不是申请日，而是专利申请的具体时间，如果某技术在某一天 10 点在学会上公开的，那么当日 11 点提交的申请也不具有新颖性。

该技术申请专利不限于日本国内，国外的既存的技术也包括在内。日本明治 42 年（1909 年）之前，日本发明专利法采取国际新颖性的判断标准，但是之后为了保护本国产业发展，日本发明专利法采取国内新颖性的判断标准。直到平成 11 年（1999 年）日本发明专利法修改，才又采取技术被国外公开使用或公开的，也丧失新颖性的国际新颖性的判断标准。但是不管国际新颖性还是国内新颖性，从理论上来说不能一概而论，各有裨益，关键要看专利发展的国内国际背景。

1. 不被公众知晓

专利的保护范围及其技术内容需要进行公开，由于专利权是排他权，需要让专利权人以外的其他人知道专利的存在；发明专利的构成要件是否符合专利法规定，其内容和范围需要公开，为的是让专利权人以外的人有判断的依据；专利内容的公开有助于技术信息规模的扩大，从而避免技术

---

① 美国专利法中规定，专利的构成要件包括新颖性（Novelty，102 条）、非自明性（Non-obviousness）、有用性（Utility）。欧洲专利公约规定，专利的要件包括新颖性、创新性、产业利用可能性。

的重复开发。

专利申请前，被公众知晓的发明不能获得专利权。公众知晓是指不特定的或者多数的行为人已经知道的状态，是指发明的内容已不再是一个秘密状态。在多数的情形下，除了有守密义务的行为人以外，即便是少数的行为人获知该专利内容，只要该秘密处于被公众能够知晓的状态的，也将被认定为被公众知晓。有守密义务的行为人违反义务，将内容透露给第三者的，也成为公众知晓状态。日本有关公众知晓的案例①中，技术没有申请专利前进行的交易，需要公开相关技术内容的，双方即便没有签订保密协议，但是法院按照社会上通常的行为人的理解习惯以及商业习惯法的商业秘密处理方式，做出判决认定"该技术内容作为秘密，在交易双方之间存在默示的关系，因此该技术被交易方知道也不能说明该技术丧失了新颖性"。

日本的学术界在认定公众知晓的状态的时候，也存在不同观点和争议。主流观点②认为有被公开知道的状态的存在就足够构成被公众知晓，而非主流观点认为，构成公众知晓必须是已经被知道的状态。

因此，日本的法院审判和学说针对"公众知晓"的认定，没有一个明确的判断标准或存在不一致性，都要通过文理解释来了解公众知晓的状态。但是，作为现实问题，如何证明第三者已经知晓，其本身也是一个很困难的问题，所以也有日本的学者③认为"某种程度上，具备知晓的状态的，就不得不认定为公众知晓了"。

2. 没有公开实施使用

专利申请前，日本国内或者国外被公开实施的发明，不被赋予专利权。该"公开实施使用"是指不负有保护发明技术秘密义务的行为人，将该可获知的发明进行实施使用的行为。该公开实施使用是一种公开的状态，如果相关行业的技术人员对该公开实施使用的技术无从知道其具体内容的，也不能认定为公开实施使用。公开实施使用是指脱离了秘密的状

---

① 东京高判平成12·12·25｛平成11年（行ケ）第368号｝·特许百选10案件。

② 相泽英孝. 知的财产法概说. 东京：弘文堂出版社，2010：52－54。

③ 吉藤幸朔. 特许法概述（第13版）. 东京：有斐阁出版社，2001：78。

态，不要求一定的事实被公众知晓，也不论知道秘密的行为人有多少。

日本的判例[①]中认为，判断是否构成对他人技术的公开使用时，要考虑该技术的内容必须要被公众知晓。如果该技术内容从使用状况上看，很容易理解，可以被访问者及路过人等不特定的行为人看到的，那该技术就是公开被使用。如果虽从外部不能看见使用该技术，但是该技术却被公开地在使用，这也被认定为公开实施使用。例如，一种自动三轮发动机装置中的润滑油调节器发明[②]，如果将该调节器装在链条盒背面，那么盒子的盖子就会遮住这个润滑油调节器，从外部看不见，因此该装置不处于一般的公众能够观察到的状态，同样也就很难说这项技术发明是处在公开实施使用的状态。此外，一项技术守密义务的行为人知道，且即便不是守密义务人，如果其为负有守密义务的特定的行为人时，那么该技术的使用状态也不能成为对该技术的公开实施使用。

那么，如何判断是不是公开实施使用的状态，日本主流观点认为[③]，被使用的技术内容需要处于能被了解的状态。具体被了解的状态需要根据具体情况、个别事例来判断。

日本的少数观点认为[④]，技术内容即便是不被公众知晓，只要被实施，就应该认定为丧失新颖性。在美国，技术只要被运用，即便其内容不被公开，也不能作为在先技术获得专利。

3. 没有在发行的刊物等之上记载

《日本发明专利法》第29条规定，记载在出版物上的发明及通过电子通信线路能被公众利用的发明不给予专利权。

电子通信线路作为登载发明技术的载体，1999年日本发明专利法修改时具体明确了该项内容。那么网上传播的技术情报是否构成被公开刊载，日本该法律修改内容指出，只要日本公众能够利用并获得该公开信息，该信息处于公众能获得的状态的，就可以认定其已经被公开刊载。但是，如果通过网络传送，该信息仅仅局限于个人之间，且个人负有守密义

① 末吉亙. 实务知的财产法讲义. 东京：民事法研究会出版，2008：107－109。
② 东京高等裁判所昭和37年（1962年）12月6日政集13卷12号，2299页。
③ 东京地判平成17·2·10判时1906号，144页。
④ 相泽英孝. 知的财产法概说. 东京：弘文堂出版社，2010：50。

务的，就不能认定其性质为公开刊载。然而，通过网络进行信息传播，情报内容容易被篡改，而且篡改的内容很难留下痕迹。所以，确定该项技术在网络上流通使用的时间就存在一定的难度。这需要信息在使用的时候，作为证据一定要通过有关部门的认证以后才能确定。现在不光是国内，国外的相关的信息的公开也被认定包含在对外公开刊载的范畴，所以针对国外网络信息流通的认定难度更大。

能够记载和传送信息的载体种类繁多，除了电子通信线路以外，发行刊物上有没有相关技术的记载也是判断新颖性的重要指标。此外，根据科技的发展，以公开为目的，被复制的文献、图片及其他能够通过电子通信线路传送的公开发表物品，会不断出现新的传载媒介，所以如何具体判断一项技术的公开是不是在发行刊物上记载，也存在一定的难度和争议。日本判例①中将底片、微型胶片也认定为发行刊物的媒体。

日本主流观点认为②，CD_ COM（CD－RW）、光盘等数码记忆媒体也是出版发行物的媒介，但非主流观点认为这些记忆媒体需要使用上容易被消除及刻入的前提条件，如果使用记载上存在一定的困难，那么该媒体也不能一概被作为发行刊物的媒介存在。

此外，在刊载媒介符合要求的情况下，并不是任何刊载内容都符合法定要件。什么样的刊载内容构成对外公开，日本的判例③中法官指出，“发行物中必须记载相关技术，相关经营者可以很容易地实施”。即便发行刊物中记载了相关专利技术内容，但是该技术领域内的相关经营者不能容易地实施该技术，那么即便是形式上存在公开，也不能认定公开内容的可实施性。此外，记载的内容要属于对其发明技术的构成要件内容，根据其记载要达到能够实施该项技术的基本状态④。

4. 不丧失新颖性的例外规定

《日本发明专利法》第 30 条制定了针对特定条件下丧失新颖性的发明

---

① 最判昭和 61・7・17 民集 40 卷 5 号，961 页。

② 中山信弘. 工业所有权法. 东京：青林书院出版社，1993：124。

③ 东京高判平成 3・10・1 判时 1403 号，104 页；东京高判平成 15・9・4｛平成 14 年（行ケ）第 199 号｝。

④ 东京高判昭 48 年 1 月 23 日无体财集 5 卷 1 号，11 页。

专利进行补救保护的措施。在下列条件下，即便发明技术已被公众知晓，但是该发明专利不丧失新颖性。

（1）通过实验被公众知晓

技术发明已经基本完成，但是还会存在为了检验该技术的效果进行实验测试的情况。如果这些试验虽然应当在保密的情况下实施，但是结果该技术被公众知晓的，从保护该技术的角度出发，专利法律制度对该技术给予特殊保护。即当该发明人在该事实发生之日起 6 个月以内提出专利申请时，该发明视为不丧失新颖性。

（2）在刊物上发表

发明成果在申请专利之前，有些学者为了在相关学术领域及时公开自己的研究成果，并不一定来得及提前申请专利。为了保护该类学者的研究成果，专利法律制度允许从专利技术公开之日起 6 个月内申请专利，并不丧失新颖性。此外，还有些学者缺乏专利保护知识的意识，可能会在专利申请之前，就在出版刊物等媒介对其技术进行公开发表，所以为了对该类技术发明人进行救济，专利法也规定该发明人在该事实发生之日起 6 个月以内提出专利申请时，该发明被视为不丧失新颖性。《日本发明专利法》第 29 条、第 30 条也采取与上述法律制度相同的做法进行规定。

（3）研究会上发表

研究会上发表专指特定的研究会。该特定的研究会是指日本专利厅指定的学术团体召开的研究会。在该研究会上发表需要用文字进行发表，该发表如果在研究会召开前已经有初步的稿件发表的，之后第二次的学会发表是否构成丧失新颖性，对此日本有学者①认为，如果前后两次的发表都是同一人所为，那么应当不丧失新颖性。研究人员为了证明自己是研究成果的第一人，往往会在第一时间对自己的研究进行公开，为了尊重和鼓励研究，日本发明专利法规定在该研究成果公开事实发生之日起 6 个月以内提出专利申请时，视该发明不丧失新颖性。

（4）违背发明人意愿

《日本发明专利法》第 30 条第 2 项规定，违背发明人意愿的技术被公

---

① 竹田和彦. 专利的知识. 8 版. 东京：钻石出版社，2006：132。

开，该技术不丧失新颖性。发明技术公开是因为违背被发明人的意愿，技术发明人可能将技术作为秘密没有去申请专利，或者该发明技术有可能会因为欺诈、盗窃等行为被公众知晓。为了保护该发明人的权益，日本发明专利法规定在该研究成果公开事实发生之日起6个月以内提出专利申请时，该发明不丧失新颖性。

日本判例[①]（牵引车的推进装置案件）中就出现媒体泄露、盗用以及发明人的亲属不经许可将发明产品拿到展览会进行展出等案件，法院在案件中认定被泄露的发明技术不丧失新颖性。

（5）在政府等举办的博览会展出

《日本发明专利法》第30条第3项规定，技术发明人在指定的博览会上先于专利申请展出发明技术时，不丧失新颖性。在政府等举办的博览会或地方公共团体举办的博览会且由日本特许厅厅长指定的展览会上，在巴黎公约会员国或者在WTO的会员国领域内其政府或取得其政府许可者举办的国际性博览会上，或者在巴黎公约会员国或WTO会员国以外的国家领域内其政府或取得其政府许可者举办的国际性博览会上由特许厅指定展出的发明，符合《日本发明专利法》第29条第1项各项专利构成要件的发明技术的（符合上述情形之一），自该展出日起6个月以内，该发明人提出专利申请时，该发明不丧失新颖性。

此外，日本发明专利法还规定了提交不丧失新颖性的证明文件的期限。不丧失新颖性的专利申请，在申请专利时必须将记载其事实要点的文件自专利申请之日起30日以内提交特许厅厅长。

日本高等法院昭和47年4月26日判决，“机械装置被在博览会上公开的案件[②]中，专利不丧失新颖性”。该案件原告于昭和32年（1957年）11月20日以“农用牵引车的运行停止装置”为题提出专利申请，但被专利厅拒绝审查。原告不服，提出再审申请，专利厅做出了申请内容不成立的裁定。原告就此以专利厅为被告提起诉讼，要求撤销专利审查裁定。

专利审查裁定理由为“在本专利发明申请日之前，已于昭和32

①② 东京高裁昭和47年（1972年）4月26日判决，无体财集4卷1号，261页。

年（1957年）11月6日至17日召开的日本农机具出口振兴展览会上出现了相同的农机具的展品。该展品是原告公司职员在获得原告的委托的情况下实施的行为，并以原告公司的名称开展的展示活动，因此本案专利发明在专利申请前已经处于公开的状态，不再具有构成专利的基础要件”。由于该产品在没有申请专利前已经公开，且该展览会并不是政府、地方公共团体或者专利厅认可的团体组织举办的展览会，所以本案并不存在“不丧失新颖性”的构成要件。只要发明技术在申请专利之前处于公众知晓的状态，那么该发明就丧失专利申请的新颖性，不能再获得专利权利。

然而，本案中原告却主张展览会的参加并非自己的意愿，而是其公司职员违反其意愿所实施的行为。其本人不是公司的法人代表，也不是联络人员，对展出的事项根本无从知晓，所以谈不上存在过失、不注意和不履行监督义务。法院采纳原告的请求，撤销了专利厅的裁定内容。法院的判决指出，首先，法院认定展览会的展出行为是由原告公司的支援单独实施，原告本人没有任何意图存在。其次，认定原告本人和公司属于两个不同的人格主体，公司委托其职员参加展览会并不能直接体现原告的意愿，且原告当时并不是公司的法人代表。因此，对原告而言，并不存在证明其需要承担注意义务的任何材料，故法院判决认为本案发明专利的公开违反了原告的意愿，不丧失新颖性。

（二）发明专利的创新性

《日本发明专利法》第29条第2项规定，在发明专利申请之前，该发明所属技术领域内普通技术人员根据记载的发明内容，不能容易地进行发明的技术，被称为具有创新性的发明。具有创新性的发明不是既存的技术，但若通过现有的技术可以很容易发现该发明，则该发明也不能成为具有创新性的发明专利。

日本有关专利的创新性的判断，学术上以及法院的审判实践中都存在很多的解释学说，没有形成一个统一的法律系统。作为判断一项发明技术是否授予专利权力的重要要件之一，针对专利的进步性，日本特许厅指定了具体的审查标准，专利申请后的实务审查操作中都参照该标准进行。

1. 创新性的构成要件

以前在日本，发明专利的新颖性和创新性的判断仅限于国内的先行技术，但由于全球国际化的影响，现在日本的发明专利在考虑其新颖性和创新性时一改以往的局限性，外国的技术也被包含在了考量的范畴之内。在日本，一项发明技术是否具有创新性的构成要件主要从以下三个方面进行判断。

（1）以普通技术人员为标准

日本发明专利的创新性认定，是根据发明所属技术领域内普通技术人员的认知度和技术常识来判断。这就意味着判断创新性的性质，不需要符合该领域内专家的标准，只要符合专家的平均水准就可以①。

所属领域不以申请人的申请书中所记载的名称为限，需要根据发明专利设计的内容、目的、成效等实际情况，进行综合判断。

（2）以在先技术为判断基准

发明专利在考虑发明技术是否具有新颖性的同时，还要考虑该技术是否与在先技术存在区别。在先技术是指发明专利申请前被公开的发明专利技术，这里不包括尚在申请中的发明专利在先申请。

（3）根据发明专利的具体内容进行判断

判断发明技术是否具有创新性②，需要将该技术发明的具体内容通过置换、转用，判断是不是数项技术的拼凑，是否具有新的用途，技术数据、形态以及技术效果能否达到，是不是极其优秀的创新等，通过这些方面展开分析比较，最终进行综合判断。

2. 日本判断创新性的类型

日本有关创新性判断的类型③如下。

（1）拼凑性发明

专利发明中有些专利技术是现有技术组合的产物，这种专利发明是否具有发明创新性需要相关行业的专业人员对该专利发明创新性进行判断，

---

① 相泽英孝. 知的财产法概说. 东京：弘文堂出版社，2010：54－55。

② 未吉互. 实务知识产权法讲义. 民事法研究会，2008：113－115。

③ 日本特许厅《发明专利、实用新型审查标准》第三部专利构成要件第二章第一节新颖性、创新性。

认定其是否为能够很容易地实现的发明创新。对此，日本发明专利判决指出[①]“采取简单的现有技术的拼凑的专利发明，不具有专利发明的创新特性”。如果发明专利是简单的现有技术的拼凑，但是拼凑产生了预期之外的特殊效果的，日本法院判决中指出该发明创新应当得到其具有进步性的肯定性判断。有些技术拼凑完成后才会发现这个专利的拼凑非常容易，但是拼凑的当时是否容易也需要认真地考虑，如果当时不具有拼凑的容易性，那么该技术就具有创新性。

（2）置换转用性发明

如果专利技术属于对现有技术的置换或者转用，从专业人员的角度出发，该技术属于非常容易就能获得的，那么该专利技术就不具有创新性。相反，如果该专利技术的置换或者转用带来了不能预期的特殊效果，那么该技术就具有发明专利的创新性。

（3）用途发明

用途发明是指对现存的物体的特性做出的新的发现，该新的发现存在新的用途，基于此而申请发明专利的现象。如果新的发现属于非常容易就能获得的状态，那么该发现就不能够具有创新性。要想具有创新性，该发现必须得具有显著的功效，并且该功效在新的用途方面并非一般专业人员能够容易地获得的发明技术。

（4）选择发明

选择发明指的是上位概念中包含着下位概念，但是该下位概念并没有在上位概念的发明技术中公开，如果通过试验专业人员很容易地就能从上位概念中获得下位概念，那么该下位概念的发明技术就不具有创新性的特点。相反，相关专业人员不能够在该下位概念的发明创新技术中获得预期特殊效果的，那么该下位概念产生的发明技术就具有创新性。

（5）限定数值形状等的发明

对现有技术的数值、形状、排列等进行更改而产生的发明，如果相关行业的专业人员很容易就能够通过实验得到相同结果的，那么这样对数

---

① 东京高判昭52年（1977年）9月7日无体财集9卷2号，598页。

值、形状的变更而得到的发明技术不具有专利发明的创新性。但是，如果对所限定的数值、形状等进行的更改产生了预期意外的，且一般的行业专业人员通过实验也不能够很容易地发现该技术的，日本的法院判决①（煤气处理装置案件）指出这样的技术发明具有创新性的特点。

（6）化学物质发明

化学物质的发明，关键看该化学物质的构造和化学物质的用途及其性质。如果化学物质发明与现有的化学物质的区别非常显著，那么该新化学物质的发明应该具有创新性。新的化学物质的发明与现有化学物质的发明相比是否具有创新性，关键还是要看该化学物质的构造和用途与现有的化学物质在构造和用途等方面是否相近。但是，相似的化学物质也不排除该化学物质发明具有创新性，关键还是要看该化学物质的发明对专业人员来说是否能够通过实验很容易地预测获得，如果该化学物质与现有物质相比，很难预见或预知的，并且具有很强的特性，针对这样的化学物质发明，就认定其具有创新性。

（三）发明专利的产业利用可能性

《日本发明专利法》第29条规定的专利构成要件中指出“产业上具有利用可能性的技术发明能够获得发明专利”。

1. 产业的概念

“产业”具体指什么产业，日本发明专利法并没有给出定义。在国内有将该“产业”翻译成“工业”的，但这显然缩小了“产业”的范围。日本特许厅审查基准②中对“产业”进行了广义的解释，即“产业”是指“除了制造业以外，还包括矿业、农业、渔业、运输业、通信业等”行业。

产业的范围，在日本通常认为不包括“服务业”，但也有学者③持反对意见。其指出，近年来软件行业存在以“商业模式”申请专利的现象，而且，日本专利厅也有授权的，但是专利权人维权时，却很难得到预期的保护效果，所以被授权人最终也只能将专利放置。此外，金融业、运输业

① 东京高判平成4年（1992年）11月5日知的财集24卷3号，980页。
② 日本特许厅（http://www.jpo.go.jp）。
③ 中山信弘. 新注释特许法（上）. 东京：青林书院出版社，2011：109。

等行业申请专利的现象也有所凸显，因此产业的定义范围并不是固定不变的，随着社会的发展，产业的范围也可能发生变化。

2. 产业中可以利用

发明专利技术需要在“产业中可以利用”，那么什么样的技术是可以在产业中利用的技术？日本存在较多的学说。有学者①认为排除“学术性的”或者“试验上的”发明技术，其他的技术都属于产业上可以利用的技术范畴。对此，也有的人指出或许该技术仅在大学有使用，该技术虽然在产业上没有生产和销售，但是该技术设备也是由某些企业来提供实现科研目的的，如果将这些装置也排除在外，那么显然也不利于该类技术设备得到发展和保护。

此外，日本有学者②认为经营上能够反复持续使用的技术才是可利用的技术；也有学者指出该技术应当是在某产业中创新新价值的技术，是有关物品生产相关的技术。但日本判例③中指出，“技术上的利用可能性是指在某种产业上能够利用就足够，并不要求该技术需要达到商业利用上的可实施完善程度”。

可见在日本关于“产业上可利用”的认定，并没有一个固定的规则，日本学界从不同的角度对“产业上可以利用”进行着解释，法院的审判也没有给出一个明确的判断标准。日本在判断一项技术是不是“产业上可利用”时，通常会考虑该项技术的“安全性”“技术是否完成”及“是否考虑经济价值”等特性。

3. 技术的安全性

有关技术发明是否能获得专利，是否需要考虑其安全性因素，是否没有安全性就不能说是在产业上具有可利用性，对此在日本存在争议，日本的判例也并没有给出一个明确的判断标准。

有关安全性的判断，日本法院④针对“原子能量产生装置的发明”是

① 中山信弘. 新注释特许法（上）. 东京：青林书院出版社，2011：226，特许厅《工业所有权法》，87页。

② 中山信弘. 新注释特许法（上）. 东京：青林书院出版社，2011：110。

③ 东京高判平成15·9·9平成13年（行ケ586号）。

④ 东京高判昭和38·9·26判时350号，13页。

否在产业上具有可利用性的一审判决中指出“该发明不具有产业上的利用可能性”，二审法院①做出判断时，认为该技术是“未完成的发明”。

该案件是昭和 14 年（1939 年）5 月 1 日原告根据在法国提交的“原子炉”能量产生装置的专利申请主张优先权，并于昭和 15 年（1940 年）5 月 1 日在日本提出专利申请。此后，日本专利厅以“发明尚未完成”为理由，对专利申请拒绝审查，原告就此不服提出再审请求，日本专利厅以“该技术在产业上不能安全使用”为由，做出了申请理由不成立的审查决定。原告以日本专利厅为被告提起诉讼，第一审东京高等法院指出该发明技术在危险防止、安全保障的具体手段尚未明确的状况下，在产业界可以说是缺乏实施安全条件的，从技术性的角度来说也是尚未完成，还不能成为工业发明为由，驳回原告诉求。原告不服提起上诉。第二审法院判决驳回原告上诉理由。第二审法院判决的主要理由是：“该发明是以中子的相互撞击来使得天然铀的原子核发生分裂产生能量，并通过装置来获得能量的技术。上述装置的发明不应当是单纯的学术实验用具，至少应该是通常且能安全地获取能量的完备的技术。然而，该发明所指的技术缺乏相关抑制原子核发生连锁分裂的具体技术内容”。

对此，原告认为作为发明技术完成的要件，装置并不需要通常且安全地起动，另外还指出工业发明中，发明技术的效果能在产业上确定就足够。但是，法院认为如果技术不能通常且安全地实施的话，那么该技术就不能说达到了产业上能够确定的程度。此外，法院从申请时提交的说明书中也得出结论，说明书的内容不够充分，不够客观，即便是该发明技术被该领域内普通的技术人员也认为是尚未完成的技术，这也不妨碍对该技术的性质的认定。由于本案发明的实施伴随着危险，这与一般的动力装置所采取的控制手段不同，而且该装置在技术作用中处于不可取代的重要地位，所以法院认为该装置的危险防止手段对该技术来说构成发明所要求的技术要件。

针对上述案件中法院的安全性的认定，日本知识产权学界也存在分歧。法院的观点可以理解，从这个角度看也存在合理性。但是，如果从安

---

① 最判昭和 44・1・28 民集 23 卷 1 号，54 页。

全性的角度过于苛刻地要求发明技术，那么审判结果就会不利于该项技术的保护和发展。毕竟一项技术从安全性的角度来考虑，需要有安全性认定的具体划分标准，然而该标准事实上很难统一。此外，上述案件从某种程度上也能看出日本针对该技术提出安全性严格要求的原因背景，申请人是法国人，需要在该项技术领域上，在日本获得垄断的特权。如果申请人是一家日本公司，那么结果会不会与上述案件完全不同呢？这个不得而知。但至少上述案件对发明专利申请中安全性的要素认定确实存在相对过严的倾向。

发明技术的安全性方面存在问题，那么，多大的问题，多大的安全性问题才能够影响申请专利呢？对此，并没有一个明确的标准。但是，日本的学者普遍认为，在安全性问题上，如果与禁止申请专利相比较，专利申请后该专利内容对外公开，更大程度上能够促进该项技术的发展以及改良，从技术发展的角度来说，与其禁止专利申请还不如放宽限制，对技术发展更有益处。如果一项技术存在安全性上的缺陷，但是如果该缺陷对专利的实施不产生绝对性和实质性的影响，那么在专利申请时，就不应当以安全性要素为理由，否定该项技术在产业上的可利用性认定。

4. 不考虑经济价值

日本学者[①]认为技术发明能否带来经济价值，经济意义上是否具有利用可能性不是判断发明技术是否能够获得专利的问题所在。由于技术发明的价值会根据时间的推移以及经济发展、人们的认识程度的不同而发生变化，所以日本学者认为经济价值因素不能成为判断发明专利要件之一来考虑。

5. 不属于“产业上利用可能性”的规定

日本特许厅还对不属于“产业上利用可能性”的行业进行了阐述，即下列行业由于“不具有在产业上利用的可能性”，所以不能申请发明专利保护。具体包括以下三项内容：① 医疗行为（对人进行手术、治疗或者诊断的方法）；② 该发明不能作为一项业务进行利用；③ 事实上，该发明明显不能实施。

---

① 中山信弘. 工业所有权法. 东京：青林书院出版社，1993：124。

上述“医疗行为”与其他不能进行产业上利用的发明不同，“医疗行为”原本并不是不属于产业上不能利用的技术发明，而是由于政策上的理由将其规定为不能进行产业上利用的发明。日本医疗行为中，以人为对象，针对人的手术方法、治疗方法、诊断方法在产业上不具有可利用性。但是，日本区别对待人与动物的治疗理念，在日本，法律允许有关动物的专利申请。

日本平成 14 年（2002 年）4 月 11 日针对一位德国的专利申请人提出的“通过光学的标记使外科手术能够获得再现的方法以及装置”的专利申请做出判决，认定其专利申请是“与医疗行为相关的专利①，产业上不可以利用”。该专利申请人在德国已经申请，后又在日本基于德国优先权提交国际申请，但是该申请在专利审查阶段，遭到了日本专利厅的拒绝审查。原告不服提出再审查的请求，日本专利厅做出了“专利审查的申请不成立”的最终裁定。于是原告将日本专利厅起诉至法院，要求法院撤销专利审查裁定。本案发明是有关通过预先拍摄的手术影像，以及手术时的器具的位置的信息进行复合后的图像表示方法。专利审查阶段，日本专利厅认为本专利申请是“对人类进行诊断的方法”，即“医疗行为”。该医疗行为不属于专利法第 29 条第 1 项中所提及的“产业”，所以，本专利申请不属于“产业上能够利用的发明专利”。对此，原告主张将医疗行为一概从“产业”中排除的做法，从解释学上来说不自然。另外，本发明申请在产业上使用，对产业的发展能够起到促进作用，应当被作为专利给予保护。法院最终驳回原告诉讼请求，认为“医生在实施医疗行为的时候，至少在念头上会意识到自己实施的医疗行为可能成为他人专利的保护对象，自身的医疗行为可能被追究侵权责任，由此而产生畏惧。如果将医生置于实施医疗行为时惶恐被追究责任的境遇，那么这从医疗行为本身来说也是极不公正的，日本发明专利法也是不可能允许这样的结果存在的”。然而，日本发明专利法中并没有明文规定类似的医疗行为不能申请专利。本案原告主张对于医疗行为本身应当承认其专利性，从立法论的角度来看也存在一定的偏向性，但是从日本立法

① 东京高裁平成 14 年（2002 年）4 月 11 日判决，判时 1828 号，99 页。

上没有指定具体措施，鉴于现行日本发明专利法的法律解释学理论现状，法院最后认定本案医疗行为不具有获得专利性的特征，属于“产业上不能够利用”的技术。

第二节 日本外观设计的授权

日本外观设计申请注册时，必须满足的成立要件[①]包括：(1) 工业上存在利用可能性；(2) 具有新颖性；(3) 创新非容易性；(4) 与在先外观设计没有相同或近似之处。

一、外观设计的授权条件

1. 工业上存在利用可能性

《日本外观设计法》第 3 条第 1 款规定，外观设计要求该设计在工业上具有可以利用的可能性。具有可以利用的可能性不要求该外观设计注册登记时必须要有相关产品存在，只要具有可能性就可以。该利用可能性是说通过该工业加工方法能够重复大量生产与该外观设计外形相同的产品。日本专利厅外观设计审查标准特别规定了在工业上不能获得外观设计的事例[②]具体如下。

(1) 以使用自然物品为主要要素并且不能进行量产的物品；

如果该物品属于自然物品并作为材料来使用，如果该物品能够重复大量生产与外观设计外形相同的产品的，那么该物品也能认定其具有工业上利用的可能。

(2) 土地、建筑物等不动产；

(3) 属于纯粹美术领域的作品。

2. 新颖性

《日本外观设计法》第 3 条第 1 款第 1 项及第 3 项规定，申请获得外观设计专利权时，该申请必须具有新颖性。新颖性的判断主要依据以下三项条件。

---

①② 《日本外观设计审查标准第一部》。

（1）该外观设计申请前，在日本国内或者国外不被公众所知晓（这里的被公众知晓是针对不特定的行为人，该外观设计不作为秘密，能够被公众实际知晓）；

（2）该外观设计申请前，在日本国内或者国外发行的刊物或者通过电子通信方式公众不能够获得的外观设计（这里的刊物发行是指能被不特定的对象获得即可，并不要求是否能够具体看到该刊载的内容。此外，电子通信方式的公开是指通过检索系统能够检索到该公开信息，付费的检索方式也包括在内）；

（3）与上述两款规定的外观设计不具有近似性的外观设计。

3. 创新非容易性

《日本外观设计法》第3条第2款规定创新非容易性是指注册登记之前，在该领域内拥有通常知识水平的行为人，根据在日本国内和国外能够获知的商品的形状、样式或者色彩以及将这些要素进行组合后能否容易地创新出产品的外观为要件。如果能够容易地创新出该外观设计，那么该项外观设计就不能获得外观设计权利的注册登记。

判断一项外观设计是否具有创新非容易性的基础条件是：第一，该外观设计在国内外是否被公众知晓；第二，该创新的非容易性；第三，新颖性。

在日本，不被认为是创新非容易性的情形包括：

（1）外观设计特定的构成要件本身只是通过各种方法对公众知晓的设计进行调换构成的；

（2）该外观设计只是对数个公众知晓的外观设计通过各种方式进行汇总组合的产物；

（3）该外观设计只是对公众知晓的外观设计构成要素位置的变更；

（4）该外观设计只是对公众知晓的外观设计的全部或者一部分的构成比率通过各种方式进行变更的产物；

（5）该外观设计只是对公众知晓的外观设计构成要件的数量的增加和减少；

（6）是将公众知晓的外观设计的形状、样式以及色彩或者这些要素的组合通过各种方式进行创新的产物；

（7）针对非近似的物品，通过商业转换使用产生的外观设计。

4. 与在先外观设计没有相同或近似之处

《日本外观设计法》第 3 条第 2 款规定，提交申请的外观设计，在提交前其外观设计如果同他人已经注册登记的外观设计公告内容或者申请后被拒绝注册登记的外观设计在部分或整体上相同或相近似的，即使该外观设计不限于《日本外观设计法》第 3 条第 1 款的限制注册申请的规定，也不能获得外观设计权利的注册登记。

5. 日本外观设计不丧失新颖性的规定

《日本外观设计法》第 4 条就外观设计不丧失新颖性的规定涉及两个方面：① 由于权利人以外的原因，违反权利人的意志造成权利人在申请外观设计前已经存在相关外观设计，权利人不丧失对该外观设计的相应权利；② 由于外观设计权利人自身的行为造成外观设计已经注册，权利人在之后的外观设计申请中不丧失该外观设计的相应权利。

（1）《日本外观设计法》第 3 条第 1 款第 1 项或第 2 款规定，违反拥有外观设计注册登记权利人的意愿，而使外观设计成为具有新颖性或者创新非容易性规定的外观设计的，自成为该外观设计之日起 6 个月以内，拥有外观设计注册登记权利的行为人提出外观设计注册申请时，该外观设计不应被视为与新颖性或者创新非容易性相冲突的外观设计。

（2）因外观设计注册登记权利人的行为，而使外观设计成为具有新颖性或者创新非容易性规定的外观设计的，自成为该外观设计之日起 6 个月以内，该权利人提出外观设计注册申请时，该外观设计也不应被视为与新颖性或者创新非容易性相冲突的外观设计。

（3）按照上述规定申请外观设计注册登记的，必须于外观设计注册申请时向特许厅提交记载有相关请求的文件，并于外观设计注册申请之日起 30 日内向特许厅厅长提交证明文件，证明其申请外观设计注册登记的外观设计为上述规定情形的外观设计。

二、不能注册登记外观设计的规定

根据《日本外观设计法》第 5 条规定，存在下列情形时，不能申请注册外观设计。

(1) 可能有害于公共秩序或善良风俗的外观设计。有害于公共秩序或善良风俗的外观设计是指将代表公众权益的形象、图案或带有猥亵意味的设计等用于工业产品的外观设计。

(2) 可能与他人的经营业务有关的物品发生混淆的外观设计。与他人的业务有关的物品发生混淆的外观设计是指与他人的商标等物品产生混淆的外观设计。

(3) 仅由为确保物品的功能而不可欠缺的形状形成的外观设计，该外观设计不考虑是否具有新颖性或创新非容易性等要素（《日本外观设计法》第3条），一律不能获得外观设计注册登记。

物品的外观设计本身就同该产品的功能密不可分，任何相关产品都会有相同的技能外形存在，如果赋予该表现物品功能的外观以专有权利，那么拥有该物品外观设计的权利人就可以独占使用该项技术，进而限制其他生产相关产品的厂家的权利，给其他厂家带来不公平待遇。

第四章　专利的取得

专利的权利从注册登记之日起产生效力。在没有获得注册登记日之前，专利技术也具有财产权利性质，也可以转让许可他人使用。但是，因为没有注册登记，所以不能够对抗第三人，主张独占使用权利。专利发明人只有等到专利注册登记之后，才能够主张独占使用的权利。

然而，发明技术完成后，提交专利注册申请，再到登记前，专利申请人的权利并不稳定，专利能否注册登记并没有肯定的答案。如果此阶段发明技术的权利人的某些特定的权利不能得到法律制度保护，显然这也是制度上的一个缺陷。对此，日本发明专利法特别给予了一定的制度上的安排。

第一节　日本发明专利的取得

一、注册登记前的发明专利

《日本发明专利法》第 33 条、第 34 条对注册登记前的发明技术给予法律制度的保护，主要包括以下具体内容：(1) 发明专利注册登记前的技术转让；(2) 发明专利注册登记前的技术质押；(3) 发明专利注册登记前主张权的构成要件；(4) 发明专利注册登记前的发明技术独占实施许可权；(5) 发明专利注册登记前的普通实施许可权。

上述权利的起止时间从发明技术完成时开始，到专利注册登记时截止。

1. 发明专利注册登记前的技术转让

发明专利注册登记前，作为发明人在其技术不损害他人权利的情况下，自己使用该技术当然没有问题，也可以转让给他人使用。但是，该权利不同于专利技术，仅属于一般的技术转让使用。作为该技术的发明人，不但不能独占许可实施该项技术，也不能禁止他人实施该项技术。针对该项发明技术，专利发明人主张专利权利的情形仅限于获得专利注册登记之时起。

2. 发明专利注册登记前的技术质押

与上述技术转让相同，发明技术质押也要求该技术为有价值的技术，一般技术转让或者质押，其价值就体现在该技术的唯一性之上，要想技术达到唯一性，就必须使该技术保持秘密状态。这也是发明专利注册登记前技术转让、质押人通常的做法。

3. 发明专利注册登记前的发明技术独占实施许可权及普通实施许可权

发明专利注册登记前的发明技术独占实施许可权及普通实施许可权实际上是“拟制的独占实施许可权及拟制的普通实施许可权”。由于该发明技术没有注册登记，所以独占实施许可权或者普通实施许可权只是暂时受到保护的权利。

在专利申请内容公开前，该独占实施或者普通实施权利不能针对第三者主张权利，具体包括排他权、损害赔偿请求权、补偿金请求权。即便是专利申请公开后，这些拟制的专利权利可以享有上述排他权，如果专利不能够注册登记的，不能享有任何法定权益。

（1）拟制独占实施许可权

《日本发明专利法》第 34 条之 2 第 1 项规定，专利提交申请以后，在所附的说明书、专利权利要求或者附图中确定的权利范围内，允许设定拟制独占实施许可权。如果专利申请人放弃专利申请，拟制专利独占实施许可权人的权利也将失去保障，所以要求拟制独占实施许可权人必须取得专利独占实施许可权人的许可。此外，专利注册登记后拟制独占实施许可权人针对他人的专利侵权行为不能获得损害赔偿的请求权。

（2）拟制普通实施许可权

拟制普通实施许可权的权利范围根据实施许可协议确定，其补正、分割等内容准用拟制独占实施许可权的规定。

4. 发明专利注册登记前主张权的构成要件

上述权利（除了发明技术转让，其前提条件是发明的完成）的获得，其前提要件是提交了专利申请。

提交专利申请前，上述质权、拟制权利等没有任何对抗第三者的权利，因为专利申请都没有提交，更谈不上质权、拟制权利了。

提交专利申请后，上述质权、拟制权利等的权利以提交申报为生效要件（《日本发明专利法》第 34 条第 4 项）。

二、发明专利申请的在先原则

对于相同的发明技术，根据时间先后来确定可取得发明专利权的顺序，最先提出专利申请的行为人可取得发明专利，这就是专利申请的在先原则。也就是说，有几个人做出相同的发明，各自都去申请专利，在此时，最先提出申请的行为人获得发明专利。针对一个发明，只能授权一项专利。

1. 不同日期提出的专利申请

《日本发明专利法》第 39 条第 1 项规定，不同日期提出的两件以上的专利申请，由最先提出专利申请的行为人取得发明专利。之后提出专利申请的行为人不能取得发明专利。

2. 相同日期提出的专利申请

《日本发明专利法》第 39 条第 2 项规定，对于相同发明在相同日期提出两件以上的专利申请时，只能由专利申请人协商决定一个专利申请人领取发明专利。若协商不成立，或不能协商时，各方均不能取得发明专利。

3. 发明专利与实用新型相同，申请日期不同

当与专利申请有关的发明与实用新型申请内容相同，又在不同日期提出专利申请及实用新型设计申请，专利申请人优先于实用新型设计的申请人提出申请的，专利申请人取得发明专利。

4. 发明专利与实用新型相同，申请日相同

当与专利申请有关的发明与实用新型申请内容相同，并且两者若在相

同日期提出该专利申请及实用新型设计申请时，只能由申请人协商决定一个人取得专利或实用新型设计。若协商不成立，或不能协商时，专利申请人不能就其发明取得专利。

5. 专利申请或实用新型的申请的消灭

专利申请或实用新型申请被撤销，或无效时，该专利申请或实用新型申请，适用前规定，视为自始不存在。

6. 指定协商期限

特许厅厅长对专利申请协商必须指定期限，通知申请人申报协商结果。特许厅厅长对指定期限内不能提出协商报告的，将视为其协商未能成立。

三、发明专利的申请

发明专利权利需要通过向行政主管部门申请才能获得。日本专利的申请程序从向特许厅提交申请书和附属材料开始，之后由申请人向日本专利厅提出审查请求，特许厅对提交材料进行审查，审查后对符合发明专利成立要件的申请给予注册登记，注册登记专利享有专利权利，受到法律保护。对不符合获得专利构成要件的专利申请，日本特许厅做出驳回审查请求的决定。针对驳回决定，特许厅必须将驳回理由通知申请人，申请人可以就驳回决定提交意见书或补正的材料请求复审。

（一）发明专利申请提交的文件

有关专利申请书的提交，日本平成 6 年（1994 年）之前要求外国申请人必须提交日文的申请文件。但是，由于涉及优先权的问题，所以提交翻译成日文文件对外国人来说负担很重，并且容易出现翻译错误等现象。因此平成 6 年（1994 年）以后，日本发明专利法修改，同意外国人提交外文资料，但是做了进一步的限制，要求提交的材料中，申请书必须用日文完成。此外的专利说明书、专利权利要求及附图等其他材料可以用外语进行记载说明。这些用外语提交的材料也被视为正式材料，但是 14 个月后必须提交正式的日文翻译文件。如果不提交，就视为撤回专利申请。专利审查根据提交的日语翻译内容进行，如果日语翻译中出现翻译错误的，那么申请人可以提交更正说明，但是必须停留在所提交的外文材料指定的权利范围之内，不得超出。

1. 专利申请书

《日本发明专利法》第 36 条第 1 项规定拟取得专利者，必须向特许厅厅长提出记载下述事项的申请书：(1) 专利申请人的姓名或名称及住址或住所，若申请人为法人时注明代表人姓名；(2) 提出的年月日；(3) 发明的名称；(4) 发明人的姓名及住所或住址。

2. 专利说明书

《日本发明专利法》第 36 条第 3 项[①]规定，专利申请时必须提交附记下述事项的专利说明书、专利权利要求范围、必要的附图以及专利摘要，并且必须详细地记述该技术的具体内容。对于该内容具体详细的程度，《日本发明专利法》第 36 条第 4 项规定，该发明技术必须记载发明所属技术领域内具有通常知识的行为人能够容易实施，并能够达到发明技术所属的目的、结构及效果。

详细说明的程度原则上包括：(1) 发明所属的技术领域；(2) 迄今为止的技术；(3) 发明所要解决的课题；(4) 解决该课题的手段；(5) 发明的效果；(6) 具体实施案例。

在日本复审[②]实践中，对为什么需要详细记述相关内容并进行公开做出解释。法院的判决认为，发明专利需要详细记述的目的就是希望该领域内的具有普通知识的行为人能够通过专利公开内容实现专利的目标。实现专利的目标就是为了促进科学技术发展，让任何人都能够通过公开的技术了解该领域科技的发展状况，从而避免重复研究，或者为自身的科研带来帮助。但是为了保护发明技术的权利人的权益，详细公开的发明专利技术内容并不能随意使用，必须获得发明专利权人的许可。

此外，详细记载的发明技术内容，并不是片面的表述资料，在确定发明专利的权利范围时，专利说明书的记载内容将作为重要的辅助材料被

---

① 《日本发明专利法》第 36 条第 3 项内容包括：(1) 发明技术的名称；(2) 附图的简单说明；(3) 发明技术的详细说明；(4) 专利权利要求的范围。

② 相泽英孝. 知的财产法概说. 东京：弘文堂出版社，2010：54。

考虑。

3. 发明专利权利要求

专利说明书的内容要求详细记载，所以其内容就会存在很多不明确性。如果专利说明书的内容写得不够确切，那么就会对他人实施专利带来不便，影响专利的安定性，甚至招来不必要的纷争。因此，专利法要求申请人必须明确专利要求的事项。

《日本发明专利法》第 36 条第 5 项规定，在专利权利要求范围内，必须记载发明技术构成所不可缺少的所有记载事项。同时还要求，专利权利要求范围需要根据权利要求书进行区分，一项技术发明也可分为数个请求项目一并记载。

此外，《日本发明专利法》第 36 条第 6 项还规定，专利的权利要求范围中需要记载下列事项：（1）需要获得专利的发明说明中，已经详细记载了发明技术的说明内容；（2）需要获得整理的发明是可以确定的；（3）各个专利权利要求记载内容是简洁明了的；（4）承诺依据经济产业省规定进行了记载。

（二）共同申请

一项专利技术如果由数人共同完成，那么该专利技术就应当由该数人共同所有。《日本发明专利法》第 38 条规定，授予专利的权利如果共有，共有人与其他共有者协作不一致时，则不能进行申请专利。违反其他人的意愿进行单独申请的，《日本发明专利法》第 49 条第 1 项 2 号规定，该申请将被作为驳回申请的理由。如果共有的发明专利因为审查人员没有发现其存在不能申请获得专利的缘由，而被注册登记的，该注册登记将成为专利被无效的理由。

（三）发明专利的单一性原则

发明专利的单一性原则也称“一个申请一项发明”。这主要是考虑到如果一个专利申请当中出现不同技术领域的多项发明，那将对专利审查带来巨大的困难，将使专利分类、检索、实质审查等无法科学顺利地进行。发明创新只能授予一次专利权。同样的发明创新，不能同时存在两项或两项以上的专利权。专利行政部门发现申请不满足单一性原则时，就会要求申请人将其申请做分案处理。世界上的很多国家普遍都采取了“发明专利单一性原则”。

专利申请中，按照专利分类审查，从某种程度上来说，单一性原则方便专利审查人员工作，减轻工作量。单一性原则不会将两项毫不相干、属于不同领域的技术作为一个申请合案处理，否则也将导致专利审查员无法进行审查，无法向社会公告。但是，在特殊情况下两项或多项发明创新合案一并申请的，不但不会给专利审查人员带来不便，甚至更有利于专利的审查，也有利于减轻专利审查人员的工作量。同时也可以更大程度上利于第三者对相关发明的信息进行检索。

日本发明专利法以往要求专利申请需要满足“一项发明，一个专利申请”的专利申请单一性原则，但是现在该原则逐渐被放宽了限制。

《日本发明专利法》第 37 条规定，两项以上的发明，如果是符合经济产业省制定的“具有技术关联的一组发明”的，在该发明满足了发明专利单一性的构成要件时，允许在一个专利申请中合案提出相关专利申请。

具有技术关联性的认定为[①]：（1）产品与生产该产品的方法，产品与生产该产品的机械、器具、装置及其他物品；（2）产品与使用该产品的方法、产品与特别利用该产品特性的物品；（3）产品与处理该产品的方法、产品与处理该产品的物品；（4）方法与实施该方法而直接使用的机械、器具、装置及其他物品；（5）中间发明物体与最终发明物体之间存在特别的密切关联性；（6）选择式的权利要求（多以化学物质为主）当中，所有的选项都要有共通性或活性成分，以及共有的化学构造要素。

违反专利申请单一性原则的专利申请，在专利实体法上并不存在任何瑕疵，只是在专利审查程序中会被日本专利厅拒绝审查（《日本发明专利法》第 49 条），同样该违反单一性原则的专利申请也不是专利无效的构成要件（《日本发明专利法》第 123 条第 1 项）。

日本法院审判对专利数项权利要求被专利厅拒绝审查的案件[②]中，原

① 日本专利厅“发明单一性构成要件”标准（https://www.jpo.go.jp/shiryou/kijun/kijun2/tukujitu_ kijun/part1chap2.html）。

② 东京高裁平成 14 年（2002 年）1 月 31 日判决，判时 1804 号，108 页。

告平成7年（1995年）8月9日以“备有复合轴装置的马达”申请发明专利，该专利申请中包括3项专利权利要求，但是平成11年（1999年）6月1日日本专利厅做出了拒绝审查该专利的决定。原告不服，提出针对该专利再审的请求。专利厅平成12年（2000年）8月23日以所申请的发明专利的3项权利要求中，其中一项在引用的两本刊物中不具有创新性为由，根据《日本发明专利法》第29条第2项的规定，该发明专利不能获得专利，因此做出了原告再审请求不成立的决定。原告不服专利厅的决定，以决定内容的发明专利3项权利要求中，专利厅只对其中一项权利要求内容做出了审查结论，其他两项权利要求并没有任何审查结果，也没有说明任何理由，因此认为专利厅不能逃避审查义务，将专利厅起诉到法院，要求法院撤销专利厅针对发明专利申请做出的再审决定。

法院判决驳回原告诉讼请求。法院认为“昭和62年（1987年）专利法修改后，一项发明一项专利申请的制度被撤销，数项权利要求被允许出现在一项发明当中，但是，即使数项发明中的一项权利要求不能满足发明专利的构成要件，根据《日本发明专利法》第29条规定，只要该申请不能获得专利权利，那么该专利申请整体也应当被拒绝审查”。

为了迅速地审查处理大量的专利申请，日本专利厅针对专利申请只能做出同意或拒绝的审查决定。但是，在做出拒绝审查之前，专利厅的审查人员负有通知申请人拒绝审查理由的义务。在接到该通知后，申请人在所规定的期限内可以对申请内容等进行修改、补正或删除。此外，《日本发明专利法》规定专利申请人可以将专利分割进行申请，由于针对专利说明书或者附图的补正有时间限定，所以专利申请人也可以将包含数项发明的专利进行分割申请。

所以，法院认为“本案原告可以利用专利厅的上述制度进行补救，可以采取相应的措施进行应对，以避免遭受损失，专利法第49条给原告提供了充分的申请程序上的保障”。因此，法院判决驳回原告诉讼请求。

四、发明专利的分割、变更申请

《日本发明专利法》规定专利在申请期间，可要求将包含两个以上的专利分割后进行申请。专利申请的变更是指实用新型及外观设计的申请人可以将其申请变更为发明专利，发明专利或者外观设计也可以变更为实用新型或者外观设计。

（一）专利的分割

专利申请违反单一性原则时，专利申请或被拒绝受理；专利发明缺乏创新性也可能被拒绝受理。如果被专利行政部门拒绝受理的，那么申请人出于保护自己的权利，就被拒绝部分可以继续通过行政复审进行权利维护，其他不存在问题的专利发明内容可以根据专利分割来继续专利申请。

《日本发明专利法》第 44 条规定，专利申请人仅限于下列情形，可以将包含两项以上发明的专利申请中的一部分分割为一项或两项以上的新的专利申请：（1）在能够补充申请书中附带的专利说明书、专利权利要求范围或者附图时或在该期间内；（2）在收到应进行专利审查的通知副本送达之日起 30 日以内；（3）在收到驳回申请通知的最初的审查副本送达之日起 3 个月以内。

分割以后，各分割后的专利申请独立接受专利厅的审查。新的专利申请可视为原专利申请时进行的专利申请。但新的专利申请对于涉及《日本发明专利法》第 29 条之 2 规定（扩大了权利要求范围的）、外语书面申请材料的翻译提交期间（《日本发明专利法》第 36 条之 2 第 2 项）、不丧失新颖性的例外规定（《日本发明专利法》第 30 条第 4 项）、优先权的规定（《日本发明专利法》第 41 条第 4 项、第 43 条第 1 项）以及适用《日本实用新型法》第 3 条之 2 规定的专利申请的，不再具有溯及既往的效力。

（二）专利的变更

专利申请变更的，变更后的申请视为在先申请日进行的申请，在先的申请视为被撤销（《日本发明专利法》第 46 条第 4 项）。

1. 实用新型变更为专利

《日本发明专利法》第 46 条规定，实用新型专利申请人可以将其的实用新型申请变更为专利申请。但是，从该实用新型申请之日起经过 3 年的，不在本项限制范围之内。并且该变更必须在专利申请持续期间进行。

根据实用新型申请变更发明专利的，实用新型不得同发明专利申请并存，实用新型申请必须放弃。

《日本发明专利法》第 46 条之 2 规定，出现下列情形之一的，实用新型不能申请变更发明专利：(1) 从实用新型注册登记申请日起算经过 3 年的；(2) 申请人或者权利人做出实用新型专利检索报告请求的；(3) 第三者做出实用新型专利检索报告后经过 30 日的；(4) 针对无效审查请求提交的答辩意见超过期限的。

此外，根据实用新型申请变更专利的，日本有学者认为即使实用新型日后被认定无效，也不影响专利的效力。

2. 外观设计变更为专利

日本外观设计申请人可以将其外观设计申请变更为专利申请。但从该外观设计申请被驳回的通知最初审核副本送达之日起经过 3 个月，或从该外观设计申请之日起经过 3 年的（从外观设计申请被驳回的通知最初审核副本送达之日起的 3 个月以内的期间除外），不在本项限制范围之内。

五、外观设计权的分割、转让、终止

（一）外观设计权的分割

根据《日本外观设计法》第 7 条规定，一项外观设计只能有一个注册申请。一项外观设计中不能包含有 2 个以上的外观设计，包含有 2 个以上的外观设计的申请将被驳回。因此，为了解决这样的问题，就需要将外观设计进行分割。

《日本外观设计法》第 10 条之 2 第 1 款规定，外观设计注册申请人可以将包含 2 项以上外观设计的外观设计注册申请的一部分分割为一件或两件以上新的外观设计来注册申请。外观设计注册申请的审查或复审确定后，不得进行外观设计注册申请的分割处理。

进行上述规定的外观设计注册申请的分割时，新的外观设计注册申请视为在原外观设计注册申请时提出。但是，在适用《日本外观设计法》第 4 条第 3 款及第 15 条第 1 款准用专利法第 43 条第 1 款及第 2 款规定时，不在此限定范围内。即外观设计注册申请分割时，原则上申请时间以最初注册登记时间为准，但是有关“外观设计新颖性丧失的例外规定”以及“《巴黎公约》中优先权的规定”，不再具有溯及效力，以提出申请的时间为申请日。

（二）外观设计权的转让

《日本外观设计法》第 61 条第 1 款第 1 项规定外观设计权转让时要在特许厅备存的外观设计注册簿上登记。但是，外观设计权为共有时，各共有者未经其他共有者的同意，不得转让自己拥有的份额。

此外，关联外观设计权利的转让当中，原外观设计和关联外观设计不能分割后进行转让。

（三）外观设计权的终止

外观设计权有其受到保护的期限，在保护期限过后以及外观设计不存在继承人的情况下，或者外观设计权利人明确表示放弃权利，或不交纳注册登记年费的情形下，外观设计的权利终止。

1. 保护期届满

《日本外观设计法》第 21 条规定，外观设计的保护期限从注册登记之日起计算，20 年后截止。关联外观设计的保护期限从原外观设计注册登记之日起 20 年满后终止。

2. 没有继承人

没有继承人的外观设计，其权利终止。在民法中规定的继承人申告期限内无人主张继承权利时，外观设计专利权自行终止。

3. 放弃外观设计权

当外观设计权人得到独占实施许可权人、质押权人或依《日本发明专利法》第 35 条第 1 款（职务创新）、第 77 条第 4 款（获得外观设计权利人的许可，由独占实施许可人允诺的普通实施许可权）或者第 78 条第 1 款（许可他人拥有普通实施许可权）规定的普通实施许可权人的承诺时，可以放弃外观设计专利权。

4. 因不交纳注册登记年费

外观设计权人未能根据规定于注册费交纳期限内交纳注册费，以及没有根据规定支付附加注册登记年费时，其外观设计权视为追溯到规定的期限（当年度注册登记年费必须在前一年度之前支付）届满时终止。此外，复审中的外观设计被无效的，当无效事实被确定时，该外观设计权也会自始不存在（《日本外观设计法》第49条）。

六、发明专利补正程序

发明专利的补正是指在专利申请期间，由于程序上的问题，或者提交的材料存在问题，专利申请人就此提交补充或修改的程序。日本发明专利法的补正程序有两种方式，一个是专利申请人自发进行补正，一个是专利局命令其进行补正。

由于专利申请采取“先申请主义”，所以在时间上专利申请具有急迫性，因此当申请材料尚不完备时，就有可能提交专利申请。在日本，从原则上来说能补正的期限为专利核准的誊本送达前为止。如果申请被拒绝，收到被拒绝理由通知，在相关指定规定的期限内，按要求也可以对申请材料进行补正。但是，针对补交说明书、专利权利要求范围或者附图的补正，如果不进行无限制的约束，就会使专利受理业务产生混乱，甚至有人会利用补正具有溯及力来逃脱先申请主义的束缚，进而使第三人的权利受到侵害。因此，专利的补正在日本采取的是“补正限制主义”。

（一）不能补正的规定

《日本发明专利法》第17条规定，专利申请权人仅限于专利申请在特许厅审查期间才可进行补正。但除日本发明专利法特别规定可以进行补正之外，有关申请书中添付的说明书、专利权利要求的范围、附图或者简介或者《日本发明专利法》第134条之2第1项（专利无效审查期内）的订正或者复审订正请求书中所添付说明书、专利权利要求的范围或者附图不能进行补正。

《日本发明专利法》第36条之2第2项规定，通过外语书面申请专利的行为人，除上述规定外，关于《日本发明专利法》第36条之2第1项规定的外语书面材料及外语专利摘要也不能进行补正。

（二）法定补正命令

日本发明专利法规定下列情况发生的，特许厅厅长可以在指定的相当期限内，命令当事人补充：（1）当程序违反第 7 条第 1~3 项（有关未成年人或限制民事行为能力人专利申请手续）或第 9 条（代理权的范围）的规定时；（2）当程序违反专利法或基于专利法令制定的方式的；（3）未交纳依照专利法第 195 条第 1 项或第 2 项规定的应交纳的程序费时。

此外进行程序补正时（补充交纳程序费除外），除外语书面申请人提交的翻译错误材料订正之外，必须提交程序补正书。

（三）能够进行补正的期间

《日本发明专利法》第 17 条之 2 第 1 项规定，专利申请人在专利审查通知副本送达前，可以对申请书中添付的说明书、专利权利要求范围或者附图进行补正。但是，专利申请人收到专利厅的拒绝理由通知的，根据日本发明专利法规定仅限于下列情形的，可以进行材料补正。

（1）根据《日本发明专利法》第 55 条［包含准用第 159 条第 2 项（包括准用第 174 条第 1 项规定）及第 163 条第 2 项规定，以下相同］规定的通知（以下称为拒绝理由通知），在最初收到时，根据第 50 条的规定在被指定的期间内；

（2）拒绝理由通知收到后，依照第 48 条之 7 的规定收到相关通知时，根据规定在被指定的期间内；

（3）拒绝理由通知收到后又收到拒绝理由通知，根据最后收到的拒绝理由通知依照第 50 条规定在被指定的期限内；

（4）对拒绝审查决定不服提起复审请求的，在复审请求日起 30 日以内。

此外，《日本发明专利法》第 36 条之 2 第 2 项规定的外语书面申请人，以翻译错误为目的，根据相关规定补交说明书、专利权利要求范围或者附图的，必须提交翻译错误订正书。

（四）能够进行补正的范围

根据上述规定提交申请书添付的说明书、专利权利要求范围或者附图的，除了翻译错误之外，补正应当以最初提交的申请书中添付的说明书、专利权利要求范围或者附图的记载范围为限。

根据专利权利要求范围进行补正时，补正前收到的拒绝理由通知中判断是否赋予发明专利的判断与补正后专利权利要求的范围中记载的事项特定的发明，必须符合《日本发明专利法》第 37 条发明单一性要件的相同类别的发明。

根据规定，在收到拒绝理由通知和《日本发明专利法》第 50 条之 2 的通知时，与专利权利要求的范围相关的补正，限于下列事项：（1）《日本发明专利法》第 36 条第 5 项规定的专利权利要求事项的删除；（2）专利权利要求范围的缩减（仅限于第 36 条中的相关规定）；（3）对错误记述的订正；（4）对不明确的内容记载的解释说明（仅限于拒绝理由通知相关拒绝理由的事项）。

此外，针对专利摘要的补正根据《日本发明专利法》第 17 条之 3 的规定，仅限于专利申请日起 1 年零 3 个月以内才可以对申请书中所附简介进行补正。如果专利申请被公开后，就不能再进行补正。

七、发明专利优先权

（一）日本国内优先权制度

《日本发明专利法》第 41 条规定，需要获得发明专利的行为人，在其提出专利申请的时候，可以根据在先提交过的专利申请用的专利说明书、权利要求书、附图来主张自己的优先权。即通过主张优先权，发明专利申请人的在先发明专利申请中记载的发明的新颖性、创新性等发明专利的构成要件的判断时间，将视为现在专利申请的申请日。日本专利优先权的主张仅限于在先申请之后的 1 年以内。

根据《日本发明专利法》第 41 条规定，符合下列情形之一时，不能主张优先权：（1）之后的专利申请不是在先申请提交后 1 年以内实施的；（2）在先申请是分割或变更申请的；（3）在先申请是之后申请时，被放弃、撤销、驳回的；（4）在先申请是之后申请时，已经得到审查决定或复审裁定的；（5）在先申请是之后申请时，已经获得实用新型注册登记的。

此外，日本发明专利法还规定了主张优先权的基础条件的在先专利申请法律性质。即该在先申请从申请日开始计算，经过 15 个月后视为被撤销。如果，之后的申请在在先申请日起15个月内被撤销的，那么主张优先权的申请也视为被撤销。但是，从在先申请日起算，经过15个月的，不能撤销优先权的主张。

主张国际优先权的，在此基础上又主张国内优先权，这将导致国际优先权延长，所以主张国际优先权后，又主张国内优先权的，将不能得到许可①。

（二）巴黎公约的优先权

巴黎公约规定，在公约的成员国提交发明专利申请的国民，在提交申请1年内，在其他会员国可以主张其优先权。该优先权规定的制定目的之一就是要解决发明专利在其他国家间不能够同时申请的问题，如果不能同时申请，就会影响到发明技术的新颖性的确定。

《日本发明专利法》第43条之2规定，下列人员可以根据《巴黎公约》第4条规定主张自己的优先权，即本国国民、巴黎公约的成员国国民、WTO的成员国、WTO成员国国民、巴黎公约成员国。

在上述国家中，如果不是巴黎公约成员国或者WTO的成员国的国民提出优先权申请的，日本按照同等原则认为如果该国给予本国国民优先权的，那么在日本特许厅指定范围内，给予该国国民以优先权保护。

八、日本发明专利申请的公开

（一）日本特许厅实施的专利申请内容公开

专利申请提出后，从申请日起算经过18个月时，日本特许厅就可以将专利申请内容进行公开（《日本发明专利法》第46条）。其目的是使公众能够较早阅读和获取相关文献，对专利申请进行监督，并也有利于新技术的迅速传播和利用。在上述期限之前已经在专利公报上公开的，不再要求继续公开。

需要公开的专利申请内容必须是正在日本特许厅进行专利申请期间的发明技术，如果公开前被撤销、驳回、放弃或者被无效，则不在公开的范围之内。公开的专利申请具体包括以下内容：（1）专利申请人的姓名或名

---

① 巴黎条约禁止主张累积优先权。《注释巴黎条约》（AIPPI日本分部．1976）31页。

称及住所或居所；（2）专利申请的号码及年月日；（3）发明人的姓名及住所或居所；（4）申请书附加的专利说明书及记载专利权利要求事项以及附图的内容；（5）申请书附加的摘要中记载的内容；（6）用外语申请的，记载有外语申请书及外语的权利摘要的内容；（7）申请公开的号码及年月日；（8）除前项以外的必要事项。

上述公开内容中，如果日本特许厅厅长认为内容不符合要求时，可以自行完善相关内容并进行公开。

此外，基本不存在秘密专利制度的当今专利社会，除了危害公共安全以外，不可能存在专利技术不公开的现象。但是，日本政府同美国之间却签订有所谓的《五六协定》，该协定以防卫为目的，指出提交专利申请的国家如果将该技术作为秘密专利申请的，那么受理该项申请的国家也应当将该项技术作为秘密专利来处理①。但是，先申请专利如果是秘密专利的，由于对外不公开，所以后申请专利有可能被公开注册登记，这样就有可能出现双重专利的结果。借此，后申请专利的申请人在一定条件下取得专利中用权（《日本发明专利法》第 80 条第 1 项 1 号）。

（二）申请人要求公开

如果是专利申请人自行提出公开专利申请内容，那么公开将不受 18 个月期限的限制。公开时外文译文没有提交的，则专利申请内容将不能获得公开。一旦提出申请，要求公开专利的相关内容，此后不能再提出撤销请求。

（三）申请公开的效果

专利申请公开后，此时的技术发明并没有获得专利，所以该技术发明很有可能受到第三者的技术模仿侵害。因此，从保护专利申请人的角度出发，就应当给予专利申请人必要的保护措施。但是专利还没有经过审查，在公开阶段，就承认损害赔偿制度的话，从制度上来说也存在不妥。所以《日本发明专利法》第 65 条规定，给予专利申请人追偿第三者进行补偿的请求权利，从发明专利注册登记时开始，并且该补偿只针对具有恶意的专利实施人（《日本发明专利法》第 65 条第 1 项），补偿金额与专利许可的使用费相当。

---

① 《五四条约》昭和 31 年（1956 年）条约 12 号。

专利申请公开前，此时的技术发明并没有获得专利，也没有公开相关技术，所以第三人也不可能看到公开的技术内容实施该技术。所以，专利权人针对第三者的实施行为不存在主张权利侵害，要求损害赔偿的权利。

提出补偿请求的程序要求具体如下。

1. 发出警告要求补偿

专利申请人在申请公开后，出示记载有关于专利申请发明内容的书面材料提出警告时，如果该发明申请被认定为发明专利，那么对于在警告后申请公告前以实施公开技术为业的实施人，可以要求对方支付相当于通常实施许可能获得的使用费作为补偿金。即使在未提出该警告的情况下，对于已知公开的内容是专利申请的，仍然以实施该公开的发明技术为业的第三人，也要求其向专利申请人支付相当于通常实施许可能获得的使用费作为补偿金。

2. 注册登记后提出补偿请求

《日本发明专利法》第 65 条规定，提出补偿的请求权，若不在该专利申请被注册登记之后的，则不得行使该权利。

3. 拟制独占或拟制普通实施许可权人没有补偿请求权

拟制独占实施许可权人以及拟制普通实施许可权人虽然在专利申请书提交申请的范围内，从专利申请人处可以获得尚未获得专利注册登记的发明技术的使用权，但是拟制独占实施许可权人以及拟制普通实施许可权人不能获得补偿请求权。

4. 补偿请求权的消灭

在发明专利申请公开后，专利申请被放弃、撤销或者驳回、被拒绝审查、被认定专利权自始不存在，或被确定无效的，专利申请人不得对第三人主张补偿请求。

5. 专利注册登记前的侵权日的确定

日本发明专利法规定，专利申请人得知第三人未经其同意实施其公开的发明技术的日期为“专利注册登记日”。

九、发明专利的审查

发明专利被提出审查请求后，审查官如果没有拒绝的理由，就必须做出审查决定。审查的决定通过书面方式来进行，并附上理由说明，将审查决定的副本送达专利申请人。

但并不是所有的专利申请需要通过日本专利厅进行实质审查，日本的发明专利与外观设计采取实质审查，而针对实用新型专利日本专利厅采取形式审查，不进行实质审查。

（一）审查请求

专利提交申请后，从申请日起 3 年内，根据专利审查请求开始审查程序。通常情况下任何人都可以申请审查，专利的审查由符合审查员资格的行为人员进行。为什么要设定 3 年的期限，日本有学者①认为，一方面，申请人可以根据申请后的市场行情来判断是否有必要将该发明技术通过专利权利的形式来确定；另一方面，如果该期间存在放弃发明技术转变为专利权力的申请时，可以减少专利审查人员进行不必要的审查工作。

通常我们认为提出专利审查请求的行为人应该是专利申请人，但是日本发明专利法并没有要求必须是专利申请人才有权利提出审查请求。《日本发明专利法》第 48 条之 3 第 1 项规定，专利被提出申请时，任何人都可以根据该专利申请向特许厅要求对专利进行审查。也就是说除了申请人以外，第三人即便是在申请的同时也可以提出专利审查请求。第三人提出专利审查请求时，应当通知专利申请人，并将专利审查请求相关事项在专利公报上进行公开。

在专利公开前，专利被提出审查请求的，因为此时专利申请自身并没有被公众知晓，所以在专利审查时或者在此之后应当毫不迟疑地对专利内容进行公开。

此外，专利分割、专利变更、专利补正后进行新的专利申请时，由于专利申请日溯及之前的专利申请日，所以关于提出专利审查的 3 年期限过后，针对上述现象，日本发明专利法规定，从专利分割或专利变更之日起 30 日内，仍可以提出专利审查请求。

专利审查请求一旦提交，就不再允许撤销。如果在法定的期限内，没

① 末吉亙. 实务知识产权法讲义. 东京：民事法研究会，2008：50。

有人提出专利审查请求的，专利申请视为被撤销。

（二）优先审查

《日本发明专利法》第48条之6规定提出专利审查申请后，专利的审查一般按顺序来进行，非专利申请人如果作为业务正在实施该发明技术的，特许厅厅长根据需要可以不按照申请顺序，优先于其他专利申请对该专利实施审查。但是，必须在专利审查请求存在的基础上，特许厅厅长才能根据需要进行优先审查。日本特许厅厅长在没有专利审查请求的情况下，不能随意进行专利审查也不能进行优先审查。

（三）拒绝审查

1. 拒绝审查的情形

《日本发明专利法》第49条规定，当专利申请符合下列情形之一的，审查官应拒绝对该专利申请进行审查。

（1）专利申请中提交的专利说明书、专利权利要求范围或者附图的补正内容不符合相关法律规定要件；

（2）专利申请不符合发明专利的构成要件、不能作为专利；

（3）该发明专利根据公约规定不能作为专利；

（4）专利申请不符合申请时的具体规定；

（5）通过外语申请专利的，专利说明书、权利要求书及附图的内容与外语申请记载事项不一致；

（6）专利申请人不是发明人，且没有获得该发明的专利权。

2. 拒绝理由的通知

《日本发明专利法》第50条规定，审查官拒绝审查时，必须向专利申请人通知拒绝的理由，并指定相应的期限，给予其提出意见的机会。

3. 意见书的提出

被拒绝审查的申请人针对被拒绝事项提交自己的意见书，通常情况下，提交意见书的同时被拒绝审查人会根据被拒绝审查事项提交针对申请内容的补正材料。不提供补正的专利申请，一般不能解除被拒绝审查的现状。

（四）审查决定

专利审查员在不能发现专利申请存在拒绝的理由的情况下，就应当针对专利做出应当给予审查的决定。如果专利审查员根据同专利申请人之间的文件处理往来，发现专利申请不能解决专利申请中存在的异议时，就应当做出拒绝专利注册登记的最终审查决定。

做出专利的审查决定后，专利申请人在 30 日内交纳了第 1～3 年的专利费，专利将被注册登记，至此专利权利的效力产生。不在该期限内交纳专利费，专利申请将被驳回。取得专利权利的专利权人将获得颁发的专利权利证书，相关信息也将在专利公报中得到公开。

（五）驳回申请的规定

1. 驳回申请

《日本发明专利法》第 18 条规定，特许厅厅长对依照第 17 条第 3 项规定命令进行程序补正的，如果在制定的期间内未补正，或对专利权注册登记人未在第 108 条第 1 项所规定的期限内交纳专利费，则可驳回该申请。

特许厅厅长对依照第 17 条第 2 项规定应交纳第 195 条第 3 项规定的程序费的专利申请人，如果其未在第 17 条第 3 项规定的指定期限内交纳程序费时，特许厅厅长可以驳回该专利申请。

2. 驳回不符合法律规定的申请

特许厅厅长针对不符合法律规定、不能进行补正的申请，应当予以驳回。在实施驳回的时候，针对办理申请的行为人，应当通知其理由，指定相当的期间，给予其提交记载辩解内容的书面材料（辩解书）的机会。

十、专利申请的效力

1. 提交的申请书等的生效时间

《日本发明专利法》第 19 条规定，申请书或依照专利法及基于本法令规定向特许厅提交的文件及其他物件，在规定提出期限内通过邮局提交时，依邮件的邮戳作为特许厅已收到的日期。当邮件的通信邮戳所表示的日期清晰时以此确定为特许厅已收到的时间。邮件的邮戳日期中只有日期清晰而时刻不清晰时，以其所示日期的午后十二时视为邮件到达、特许厅已收到申请书或物件的日期。

2. 申请效力的继承

专利权及其他与专利相关的权利的效力，该继承人可以享有。

3. 专利申请的承继

《日本发明专利法》第 21 条规定，特许厅厅长或审查员，在决定、审查决定、复审裁定的副本送达后，应当就中断的程序提起的申诉做出是否准许承继的决定。前决定必须有文件且附交其所申述的理由。

4. 程序的中断或中止

特许厅厅长或复审人员对中断的审查、复审或再审的程序继承者，如果其怠于继承时，可以依据申请或职权命令其在指定的期限内继承。

特许厅厅长或主审员对于在规定的指定期限内不继承的人，可视为其在指定期限已过，权利已被继承。特许厅厅长或主审员依规定视怠于继承的行为人已经继承时，必须将该内容通知当事人。

十一、发明专利的费用

接受专利权的注册登记人或专利权人，自专利注册登记之日起在专利的保护期内，每年按照每件专利来计算，应当按下表中所列金额交纳专利费。但是，该专利费用不适用属于国家的专利权。

国家或专利法以及其他法令规定给予专利费用减免的，接受减免的专利权人共有该专利时，各个共有人拥有确定的相应份额，专利费按照减免后的金额乘以各个专利权人所占的比例计算。

1. 专利费计算标准

年度区分	金　　额
第 1~3 年	每年 2 300 日元外，按每项专利权利要求 200 日元累加计算
第 4~6 年	每年 7 100 日元外，按每项专利权利要求 500 日元累加计算
第 7~9 年	每年 21 400 日元外，按每项专利权利要求 1 700 日元累加计算
第 10~25 年	每年 61 600 日元外，按每项专利权利要求 4 800 日元累加计算

2. 专利费的交纳期限

《日本发明专利法》第 108 条对专利费的交纳有明确的规定。第 1~3 年的各年份的专利费从应获专利的审查决定或者专利复审裁定送达之日起，必须在 30 日以内一次性交纳完毕。

第 4 年以后的各年份的专利费，必须在前一年以前交纳。有特殊理由需要申请延长的，专利厅长官接受申请后，在 30 日的范围内可以做出准予延长的决定。

3. 专利费的减免或暂缓

《日本发明专利法》第 109 条规定，下列人员在日本特许厅厅长认为其因贫困无力交纳专利费，并且符合政令规定的条件的，依照政令的规定，可以减轻或者免除其应交纳的第 1~3 年各年份的专利费，或者准许其暂缓交纳。

（1）发明专利的发明人或者其承继人；

（2）该发明专利属于职务发明，通过契约、就业规则以及其他规定，事前已经获得权利继受的用人单位等。

4. 利害关系人交纳专利费

《日本发明专利法》第 110 条规定，利害关系人可以违背应交纳专利费的义务人的意愿交纳专利费。已交纳专利费的利害关系人在应交纳专利费的义务人所获得的利益的限度内，可以要求其偿还该利益。

5. 归还已交纳的专利费

已交纳的专利费在特殊情况下可以予以返还。《日本发明专利法》第 111 条规定，在交纳者的请求下，对以下交纳事项予以返还。

（1）错误交纳的专利费；

（2）专利复审中专利被无效的，在审查确定的当年之后的各年份的专利费；

（3）专利保护期延长登记被无效时，在审查决定确定当年以后的各个年份的专利费。

针对上述专利费的返还事项，日本发明专利法特别规定了返还的申请期限。对于（1）项的专利费返还如果从交纳之日起 1 年，对于（2）（3）项专利费返还从审查决定确定之日起经过6个月没有申请的，将不能得到返还。

6. 专利费的补交

专利费在专利法规定的交纳期限内不能进行交纳的，在不能交纳的期间之后的6个月之内可以进行补交。

进行补交专利费的专利权人，除交纳应交专利费外，必须交纳与专利费等额的增额专利费用。如果专利权人在可以补交专利费的期限内不交纳各年份的专利费及增额专利费用时，该专利权可追溯到超期限之日起而消灭。

此外，专利权人没有在专利法规定可补交专利费的期限内按照专利法缓交规定交纳专利费和增额专利费，则该专利权视为自始不存在。

7. 专利费补交与专利权的恢复

根据日本发明专利法规定被视为专利权消灭的专利或被视为自始不存在的专利的专利权人，如果存在非自身原因而没能在专利法规定的期限内交纳专利费及增额专利费用的，在该原因消失后的14日（国外的2个月）以内，且仅限在上述未交纳期之后的6个月内，可以补交专利费及增额专利费用。补交相关费用后，该专利权追溯到专利保护期的过期日起继续有效。

但是，对于恢复专利权利的专利，《日本发明专利法》第112条之3规定，就产品专利而言，在专利权保护期过后到权利恢复前，进口该专利产品或者生产该专利以及购买该专利产品的行为不再受专利权的限制。

此外对于恢复专利权利的专利，专利权在保护期过后至权利恢复前，其专利权利不能限制下列行为的存在：(1) 实施该专利；(2) 专利为产品发明时，生产该专利产品所使用的物品、转让或者进口等行为；(3) 专利为产品发明时，转让该专利产品等或者为进口而持有该专利产品的行为；(4) 专利为方法发明专利时，使用该方法进行产品生产、转让等或者申报进口或转让的行为；(5) 该专利是改进发明专利时，为了出口而持有或为了转让而利用该改进发明产品的行为。

第二节　日本实用新型权利的取得

一、实用新型专利申请程序

1. 提交申请书

与实用新型权利申请相关注意事项在《日本实用新型法》第 5 条中有详细的要求，除了姓名、住所等基本内容外，还要求在申请书中提交详细说明书、权利要求范围、附图及权利简要说明。

实用新型专利申请如果需要补正基本材料的，专利厅可以命令申请人进行补正。

2. 审查

实用新型申请后不进行实质审查，仅进行形式审查。形式审查要求主要从实用新型专利的基本构成要件，是否危害公序良俗，申请书记载是否符合法定要求等方面进行审查。有关这些内容的审查不需要太复杂的过程，因此只要形式上符合实用新型专利申请的基本要求，实用新型专利申请都能获得注册登记。

3. 对申请内容的补正

由于实用新型专利不需要实质审查，所以《日本实用新型法》第 14 条之 2 第 1 款及第 2 款规定，除下列情形外，可以对申请书中的说明书、权利要求的范围或者附图进行补正，但仅限于一次。

（1）自最初的实用新型技术评价书送达后的两个月之后；

（2）实用新型无效审查时，在审查人员指定的对方答辩期过后。

可以进行补正的事项涉及申请范围的缩减、错误记录的订正，以及对不明确的记载内容的解释。

4. 实用新型的申请变更

《日本实用新型法》第 10 条第 1 款以及第 2 款规定，发明专利和实用新型以及外观设计和实用新型在一定范围内，互相之间可以彼此变更。但相同技术，不允许既拥有实用新型专利权利又拥有发明专利权利或外观设计。

专利申请人可以将专利变更为实用新型，但是在专利申请被拒绝的最初的审查通知副本送达之日起经过 3 个月之后，或者专利申请之日起经过 9 年 6 个月时，该专利不能变更为实用新型。

同样，外观设计申请人可以将外观设计变更为实用新型，但是在外观设计申请被拒绝的最初的审查通知副本送达之日起经过 3 个月之后，或者外观设计申请之日起经过 9 年 6 个月时，该外观设计不能变更为实用新型。

二、实用新型的费用

日本实用新型的专利权保护期为 10 年，从注册登记之日起计算。在该保护期内，实用新型专利权人必须按照法律规定支付注册登记相关费用。支付金额按照下表规定：

各年份	金　　额
第 1~3 年	每年 2 100 日元、附加每一权利要求 100 日元
第 4~6 年	每年 6 100 日元、附加每一权利要求 300 日元
第 7~10 年	每年 18 000 日元、附加每一权利要求 900 日元

第三节　日本外观设计申请程序

一、日本外观设计的申请在先原则

日本外观设计法采用申请在先原则，通过该原则来确定相同或近似的 2 个以上的外观设计申请中，哪一个申请人可以成为外观设计的权利人。

（1）不同日期提出的申请

相同或近似外观设计于不同日期提出两件以上的外观设计注册申请时，先提出外观设计注册申请的行为人可以就其外观设计取得外观设计注册登记。

（2）同一日期提出的申请

相同或近似的外观设计于同一日提出两件以上的外观设计注册申请时，根据外观设计注册申请人之间协商，确定的外观设计注册申请人可以就其外观设计取得外观设计注册登记。如果协商不一致或不能达成协商意见时，任何一方都不能取得该外观设计注册登记。

（3）申请被撤销、驳回或撤回

外观设计注册申请被撤销、驳回或撤回的，在适用（1）和（2）两款规定时，该外观设计注册申请视为自始即不存在。

（4）不是外观设计的设计人并且也未继承外观设计注册登记权限的行为人，提出外观设计注册申请时，如果其在不同日期提出申请或与他人在同一日内提出申请的，该外观设计注册申请不视为合法的外观设计注册申请。

（5）相同或近似的外观设计于同一日内提出两件以上的外观设计注册申请的，日本特许厅厅长必须指定一定的期限，通知外观设计注册申请人进行协商并申报协商结果。

（6）未根据前（5）款规定在指定期限内进行该款规定的申报的，日本特许厅厅长可以认为协商未能达成一致。

二、日本外观设计申请

《日本外观设计法》第 7 条规定，一项外观设计只能提出一项申请，提交外观设计的申请时，要提交所规定的相关材料。

（一）申请材料的提交

1. 外观设计注册登记用申请书和附图

申请外观设计注册时，必须向特许厅厅长提交申请书并附有记载申请外观设计注册用的外观设计的附图。申请书中必须有下列事项：（1）外观设计注册申请人的姓名或名称及住所或居所，若是法人还应写上其法定代表人的姓名；（2）外观设计的创新人的姓名及住所或居所；（3）外观设计所反映的物品。

2. 照片、模型或样品

根据日本经济产业省的规定，可以提供申请外观设计注册登记的外观设计照片、模型或样品以代替前款规定的附图。在此，应当在申请书上注明哪个是照片、模型或样品。

3. 表明外观设计的物品的材料或大小

根据日本外观设计法相关规定，外观设计所属领域内拥有普通知识的行为人不能从记载[①]的外观设计的物品或申请书后所附附图、照片或模型中确定外观设计的材料或大小时，进而也不能清楚地认识该外观设计，申请人应当在申请书上写明该外观设计的物品的材料或大小。

4. 功能变化前后的内容公开

外观设计的物品形状、附图或色彩可以随该物品的功能而变化，当功能变化前后的该物品的形状、附图、色彩或其组合需要取得外观设计注册时，必须在申请书上写明该事由并记载该物品的功能等内容。

5. 可以省略彩色

在按照规定所提交的附图、照片或模型上附着有外观设计的色彩时，如果绘图为白色或黑色中的一种颜色时，可以省略彩色。根据规定省略彩色时，必须在申请书上将此具体位置点标明。

6. 透明处也要标明

在根据规定提交的附图上绘出的外观设计或提交的照片或以模型来体现外观设计的，如果该外观设计的全部或部分为透明时，必须在申请书上将此特点明确标明。

上述有关外观设计申请时提交的材料或需要注明的内容，并不是强制性的规定。如果申请人就其中的某些内容没有注明或提交，也不能就此认定该外观设计构成了被无效的理由。但是外观设计的范围是通过申请外观设计时提交的相关材料和注明的内容来反映出来的，如果在相关材料中没有反映或提交相关信息，那么显然这对其日后外观设计权利的保护带来不利的影响。

（二）外观设计申请时的特殊规定

1. 优先权的适用

《日本外观设计法》第 15 条第 1 款规定，根据《巴黎公约》有关优先权的规定，在第一个国家的第一次申请之日开始 6 个月以内，又在第二个国

---

① 《日本外观设计法》第 6 条第 1 款第 3 项。

家申请并主张优先权的，那么在第一个国家的申请日就被视为其优先权日。

2. 申请主旨变更时的申请日确定

外观设计申请后可能会出现修改、补正的现象，当该外观设计注册登记后发现修改、补正内容改变了起初外观设计的主旨时，日本外观设计法规定该外观设计的申请从修改、补正之日开始计算①。

3. 外观设计补正被驳回后的新申请

外观设计注册申请的补正被驳回，申请人在驳回决定的副本送达之日起 30 日内就该补正后的外观设计提出新的外观设计注册申请时，该外观设计注册申请日以后提交的该新申请之日计算。

由于外观设计的申请日从新提交的申请之日开始计算，所以为了救济申请人在先提交的申请内容，《日本外观设计法》第 17 条之 3 第 3 款规定，在新提交的申请书中同时有希望就之前的申请获得保护的意思表示的，仅限于此可以获得保护。

4. 外观设计注册中的分案处理

外观设计注册申请人可以将正在被审查或者复审的外观设计注册申请中包含两项以上外观设计的一部分作为一件或两件以上新的外观设计来注册申请。外观设计采取分案处理的，原则上视最初申请注册日为申请日，但是外观设计新颖性丧失以及涉及《巴黎公约》优先权规定时，不再溯及既往，提出申请时为申请日。

5. 对申请内容的变更

发明专利申请人可以将其发明专利申请变更为外观设计注册申请。但是，自该发明专利申请最初被驳回的审查决定副本送达之日起 30 日之后不在此范围之限。实用新型注册申请人可以将实用新型注册申请变更为外观设计注册申请。申请人针对被驳回的外观设计申请提出审查要求，由此而延长的注册期限视为得以相应延长。外观设计申请内容变更时，之前的申请被视为取消。

（三）申请补正

外观设计的注册登记申请有可能存在申请材料不完备的情况，这样就

① 《日本外观设计法》第 9 条之 2。

需要在提交申请材料后进行补正。《日本外观设计法》第 60 条之 3 规定，办理外观设计注册申请、请求或其他与外观设计注册登记手续有关的行为人，仅限于在案件审查、复审或再审的时候，可以对申请进行补正。

但是，如果允许申请人自由地进行对内容的补正，就有可能出现违反外观设计所规定的“先申请优先”的宗旨。所以为了以防对其他申请人的权益带来损害，在允许对申请内容补正时，应当对补正的内容、时间上等给予相应的限制。

首先，日本外观设计法针对内容上的补正，要求仅停留在对申请材料等的记载错误、不明确等的修改或材料补充方面。因此，对申请书的内容和提交的附图等的补正不能对外观设计内容进行实质上的改变。

其次，《日本外观设计法》第 46 条第 1 款、第 47 条第 1 款针对补正的期限规定，申请人在外观设计注册登记手续有关的事项中，仅限于在案件审查、复审或再审的时候，可以对申请进行补正。补正有限定时间期限的，应当在该指定期限内进行补正。

第三，日本外观设计法针对申请人认为提交的材料不充分时，自己可以申请补正材料，同时日本专利厅也可以要求其进行补正。此情形下的具体补正内容如下。

（1）未成年人或者无民事行为能力人，未经法定代理人许可，不能履行相关手续。限制民事行为能力人须征得监护人的同意。法定代理人履行手续时，有监护人的情况下，须征得监护人同意。

（2）代理关系认定以及委托代理人，未获特别授权，不能修改、放弃或撤回外观设计申请或申述，不能请求复审和选任其他代理人。

（3）符合非法人组织等的补正申请、复审申请等相关权利规定。

（4）符合侨居国外者的管理人的补正权利规定。

（5）注册登记申请被驳回，申请的继承、中断或中止等相关补正事项。

三、日本外观设计审查

日本特许厅审查官对外观设计审查与发明专利审查不同，不用等待发出申请审查请求，只要形式上具备了申请条件就将得到实质审查。不具备形式要件的外观设计申请，根据情况或被要求进行补正，或将被驳回申请。

此外，一项外观设计由于容易受到市场流行的影响，而且外观设计一旦被他人知晓就很容易仿造，所以审查外观设计需要短时间内完成，不必要考虑外观设计方案、创新的积累和发展。因此，日本外观设计的内容不要求采用公开方式，这是和外观设计的特殊性质紧密相关的。

外观设计审查时，需要注意对以下几点的审核①：（1）确保迅速、准确、公平及透明的特性，并依照审查指南，统一进行审查；（2）关于在先外观设计以及注册登记要件等的判断方面，要力求保证审查质量的同时做到审查工作精益求精；（3）确保同申请人及代理人保持意思上的沟通，达到有效地审查。

1. 拒绝审查事项

（1）日本专利厅是否拒绝对外观设计注册登记申请，需要确定该外观设计是否违反注册登记要件中关于工业上利用可能性、新颖性、创新非容易性的规定，是否与在先外观设计的一部分相同或近似，是否属于不能注册登记的外观设计，是否属于组物外观设计，是否违反外观设计的申请在先原则，是否违反关联外观设计规定，是否违反共有外观设计其他共有人的权利，是否涉及外国人拥有外观设计的限制性规定等内容；

（2）该注册申请外观设计是否为公约规定的不能取得外观设计注册登记的外观设计；

（3）该外观设计注册申请不具备“一项外观设计只有一项申请”的规定条件；

（4）该外观设计注册申请人不是该外观设计的设计人，并且也未继承该外观设计的注册登记权。

2. 外观设计的实质审查流程

（1）外观设计注册登记申请的认定

从申请书的记载和所附图的图表等方面进行综合判断。

（2）对在先外观设计进行调查

对申请注册登记外观设计的新颖性、创新非容易性、在先外观设计以

---

① 《日本特许厅外观设计审查基准》179 页。

及关联外观设计的构成要件提供判断依据。即对在先外观、公众知晓的形状、附图或者色彩以及这些因素的组合状况进行审查。

（3）对新颖性、创新非容易性等进行考察

考察在先外观设计的内容与申请外观设计相比，是否存在不符合新颖性、创新非容易性、关联外观设计等拒绝注册申请的要素。

（4）发出拒绝理由通知

拒绝理由通知应尽可能地告知对方拒绝的重点，并尽可能地使用容易理解的文字表述。

（5）申请人提交意见书和补正材料

当申请人提交意见书和补正材料时，对其内容进行审查，并做出明确判断。如发现补正是对申请内容的变更的，应对其做出驳回决定。

（6）审查决定

在不能发现拒绝理由时，做出注册登记审查决定。

四、外观设计注册登记

外观设计从注册登记之日起生效，日本外观设计法规定外观设计权利的有效期为自注册之日起 20 年，并且注册登记后应当公开相关内容。

1. 外观设计公报内容

（1）外观设计权利人的姓名或名称及住所或居所；

（2）外观设计注册申请的申请号及申请的年月日；

（3）注册号及注册的年月日；

（4）申请书及申请书后所附附图、照片、模型或样品的内容等。

2. 外观设计注册费

外观设计交纳第一年度的注册费后可以获得外观设计权利注册登记。在该外观设计权利期间内，取得外观设计注册的行为人或外观设计权利人必须每件每年交纳一定金额的注册费；不交纳注册费的，该权利将届时终止。注册费根据年度长短，认交费用也有所不同。日本外观设计交费标准如下：

（1）第 1~3 年，每年 68 500 日元；

（2）第 4~10 年，每年 16 900 日元；

（3）第11~15年，每年33 800日元。

3. 注册费的交纳期限

（1）第一年度的注册费，必须在外观设计注册审查决定或审决的副本送达之日起30日内交纳；

（2）注册费第二年度以后各年度的支付，必须于前一年交纳；

（3）根据注册费交纳人的请求，特许厅厅长可以延长期限，但不得超过30日。

4. 注册费的补交

外观设计权利人不能于规定的期限内交纳注册费的（客观原因），即使该期限已过，但仍然可以于该期限过后6个月内补交。外观设计权利人补交注册费时，除交纳注册费外，还必须交纳与该注册费同额的附加注册费。

5. 注册费补交后的权利恢复

并非权利人自身原因造成不能按规定交纳注册费用的，在该原因消失之日起14日内（国外的2个月），并且在交纳期限经过6个月以内，权利人可以对相关费用进行补交。从补交之日起，该外观设计的权利视为从截止日起恢复。但是，《日本外观设计法》第44条之3规定，因没有交费而失去权利的期间，针对在日本生产或从国外进口该外观设计产品的行为，恢复外观设计权的权利人无权主张自己的权利。

第四节　日本专利的检索

日本专利检索存在免费和收费两种模式。收费专利检索平台根据不同的需求由服务方提供相应的检索服务。而免费检索平台中，检索行为由检索方根据需求，自己实施检索，可以进入以下检索平台检索，检索平台自身对外免费提供检索服务。例如，“J－PLATPAT”、“Google Patents”、“PATENTSCOPE”、Patentfield①、JPDS②、Patent Integration③、NEDO专

① https://patentfield.com/。
② http://www.jpds.co.jp/company/about.html。
③ https://patent-i.com/ja/wiki/search/adv/。

利信息提供系统[①]、J－GLOBAL[②]、IDEAC 知的财产公开系统[③]、专利判决数据平台[④]、专利复审数据平台[⑤]。

免费检索中，日本以往只有日本工业所有权情报研修馆数据库可以实现专利免费检索，该检索平台简称 J－PLATPAT。“J－PLATPAT”是日本专利厅下属组织，免费对外提供专利检索服务，该管理组织全称为“日本独立行政法人-工业所有权情报研修馆”。近些年来，日本专利检索的免费平台除了上述“J－PLATPAT”之外，日本国外的数据库（DB）、“Google Patents（谷歌专利检索平台）”以及“PATENTSCOPE”世界知识产权局专利检索平台也可以进行免费检索，并得到普遍的利用。

当然，通过上述检索平台进行检索，检索出的日本专利技术也存在检索结果上一定程度的内容差异。日本专利厅的“J－PLATPAT”检索平台，在国际专利申请信息检索上往往存在专利信息检索相应的滞后现象。由于国际专利申请对外公开以后，日本知识产权局才会将该专利信息纳入自己的专利信息对外公开平台，所以，这时候有可能出现与“Google Patents”谷歌专利检索平台以及“PATENTSCOPE”世界知识产权局专利检索平台相比信息相对迟延的现象。所以，有关日本专利技术的检索，不能只通过“J－PLATPAT”平台来检索，如果能和“Google Patents”谷歌专利检索平台以及“PATENTSCOPE”世界知识产权局专利检索平台同时使用，检索结果就会相对比较全面。但是，世界知识产权局对外公开的专利检索平台“PATENTSCOPE”和“Google Patents”谷歌专利检索平台以及“PATENTSCOPE”世界知识产权局专利检索平台作为日文的专利申请公开信息检索平台，其信息的“信赖性”与日本专利厅的“J－PLATPAT”检索平台专利检索相对比还是可能存在信息检索遗漏的问题。

因此，针对日本发明专利的技术检索当中将日本专利厅的对外公开专利信息与谷歌对外公开的专利信息以及世界知识产权局对外公开的专利信

① http://kyoto-city.net/dnavi/nedo 特許情報提供システム/。
② http://jglobal.jst.go.jp/。
③ http://idea.db.aist.go.jp/。
④ http://tokkyo.hanrei.jp/。
⑤ http://tokkyo.shinketsu.jp/。

息进行共同检索还是有一定的必要性的。

从对日本专利技术的检索经验出发，如果检索的关键词内容简单，一般通过日本专利厅的“J－PLATPAT”检索平台进行检索比较适宜。如果专利检索的关键词复杂、有需要高度的检索需要存在时，那么单独使用日本专利厅的“J－PLATPAT”检索平台检索就会存在检索信息遗漏的现象。因此，检索要求高的检索内容应当同其他专利免费检索平台共同使用进行检索。例如，通过日本专利厅的免费检索平台“J－PLATPAT”进行专利演算方式的检索后，再共同使用“Google Patents”谷歌专利检索平台以及“PATENTSCOPE”世界知识产权局专利检索平台进行检索，得到的检索结果相对比较全面。

一、日本“J－PLATPAT”检索平台

（一）首页界面

“J－PLATPAT”检索平台支持日文和英文检索，在相应位置可以点击转换成英文检索（网址为：https://www1.j-platpat.inpit.go.jp）。

（二）可检索内容

“J－PLATPAT”检索平台可检索内容包括专利（特许）、实用新型（实用新案）、外观设计（意匠）、商标、专利复审状况及专利申请进展状况。具体内容如下图。

以专利为例，通过“专利实用新案”检索，可以进一步获得需要检索的专利公开公报、实用新型公报、专利公报、实用新型公开公报以及美国、欧洲的专利日文抄录、中文专利的日文抄录内容。

（三）特许·实用新案公报的检索

发明与实用新型公报数据库检索平台如下图，在该检索平台上设有4组检索内容输入窗口，在各个窗口输入“专利文件种类代码”和“文献番号”，点击“照会”（即查找），可同时进行多个文献号码检索。

检索时，日本“专利文件种类代码”和“文献番号”比较特殊，尤

其需要注意的是日本的专利法进行了多次改革，2000 年以后专利号采用公元纪年，而不是之前的“平”和“昭”等形式的表述。比如，“特开平 10－042500”，是表明专利公开公报的代码，第一个字指类型，“特”是指发明专利，如果是“实”，就是指实用新型，如果是“意”，就是指外观设计；第二个字指号码状态，“开”是指专利公开公报号；而这里的“平 10”代表专利的年份，“平”是指日本的“平成年号”，“昭”是指“昭和年号”，“明”是指“明治年号”，“大”是指“大正年号”。

也就是说在 2000 年以前日本使用的专利号都带有各个年代的年号，2000 年以后用公元纪年，不再使用年号。那么检索时就会出现如何转化 2000 年以前的专利号的问题。转化年号时需要掌握以下的换算方式：昭和年号+1925＝公元年；平成年号+1988＝公元年；明治年号+1868＝公元年；大正年号+1912＝公元年。例如：“特开平 10－042500”所包含的意义就是：日本平成年 10 年即 1998 年，专利文献号为“042500”的发明专利的公开公报。

但是，如果是公元 2000 年以后的专利，那么日本的专利文献号就是“特开 2012－042500”。在专利检索平台输入该文献号，点击“照会”就能看到需要查找的内容。

若点击照会后检索的文献存在，则系统设置如下图所示“特开2012－042500”链接。

然后，点击该连接后，即可浏览如下图所示的专利公开公报的全文。

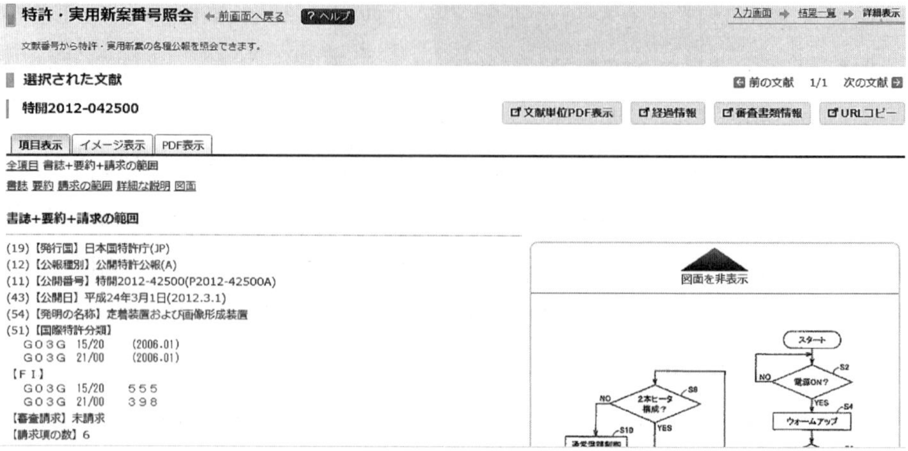

（四）特许及实用新案专利文书检索

以上是知道日本专利公报编号后的检索，“J－PLATPAT”检索平台的特许及实用新案专利文书检索是在不知道专利文书编号的情况下，通过以下多字段多入口的检索方式，获得相关专利文书的方法。本检索平台字段全部以下拉列表的形式展开，读者可根据需要选择。每个检索口之间逻辑关系为“and”关系。该平台系统只能使用日文，如果使用英文检索，可以另行打开英文界面，通过英文进行检索。

例如，检索日本的“太阳能充电手机”专利技术，在检索平台输入相应的内容，如下图。

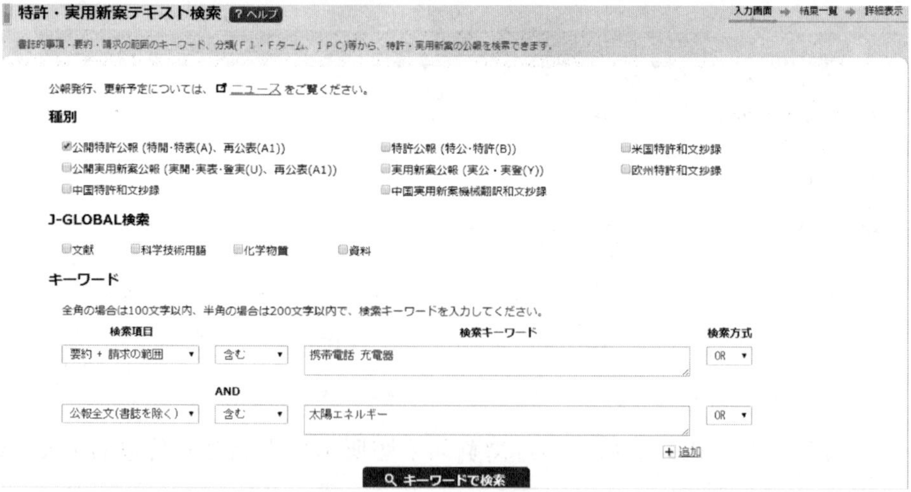

点击检索，可以获得 89 件检索结果，打开检索结果后（下图）可以看到具体的专利文书具体内容。

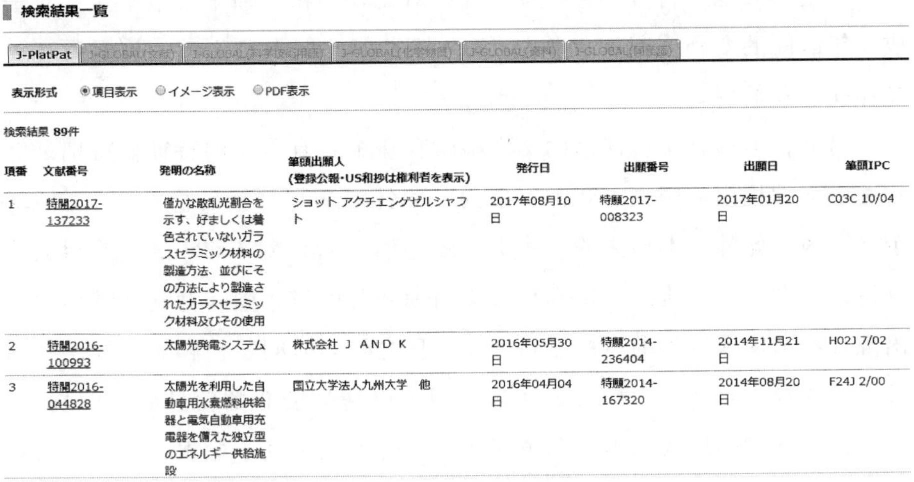

項番	文献番号	発明の名称	筆頭出願人（登録公報·US和抄は権利者を表示）	発行日	出願番号	出願日	筆頭IPC
1	特開2017-137233	僅かな散乱光割合を示す、好ましくは着色されていないガラスセラミック材料の製造方法、並びにその方法により製造されたガラスセラミック材料及びその使用	ショット アクチエンゲゼルシャフト	2017年08月10日	特願2017-008323	2017年01月20日	C03C 10/04
2	特開2016-100993	太陽光発電システム	株式会社 J AND K	2016年05月30日	特願2014-236404	2014年11月21日	H02J 7/02
3	特開2016-044828	太陽光を利用した自動車用水素燃料供給器と電気自動車用充電器を備えた独立型のエネルギー供給施設	国立大学法人九州大学 他	2016年04月04日	特願2014-167320	2014年08月20日	F24J 2/00

点击检索结果的文献番号“特开 2017 - 137233”，可以看到专利公开公报原文，如下图所示。

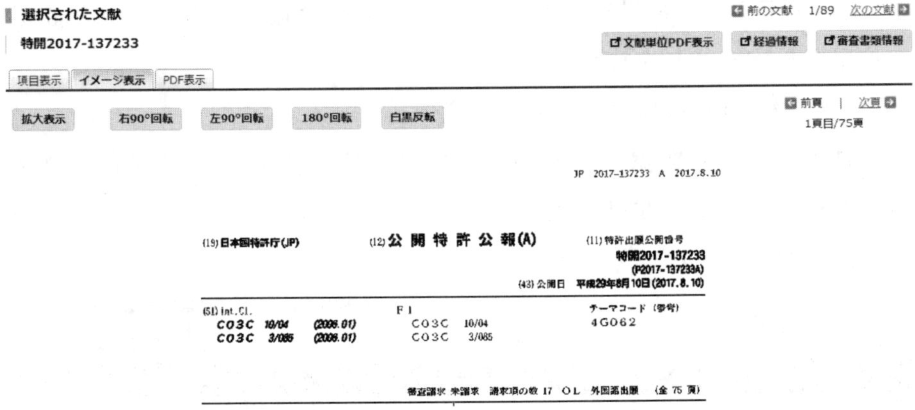

（五）“J - PLATPAT” 检索的特点

1. 优点

日本“J - PLATPAT”检索平台检索，检索方法非常简便，检索遗漏非常少，可以通过专利号索引、分类（国际专利分类法、日本专利厅自己的分类法）索引和关键词索引进行检索。

2. 缺点

与付费数据平台相比，该平台针对日本比较旧的专利文献检索起来就存在一定的问题。付费平台检索内容相对比较丰富，而本检索平台针对平成4年以前的专利文献，也就是1992年之前的旧专利文献，检索后有可能存在遗漏的现象。

另外，本检索平台使用的文字检索存在个数有限制的特征。特别是针对关键词的检索只限在100个字以内，而针对演算公示的检索要求在750个字以内。此外，在检索的方式上，本检索平台针对Excel格式的相关信息检索存在一定的难度。特别是有关国际专利申请，国际专利文献检索会出现日本国内和国外的专利公布文献信息之间的时间差，容易导致仅利用日本国内专利申请平台检索的文献比国际申请后公布的信息滞后的现象。此外，在检索的形式上本平台也存在一定的限制不利于检索，例如，演算式检索被禁止、双重括号的使用也被禁。

所以，针对日本的专利技术的检索，使用了“J－PLATPAT”检索平台后，再通过使用“Google Patents（谷歌专利检索平台）”以及“PATENTSCOPE”世界知识产权局专利检索平台进行检索，综合后得到的检索结果相对比较全面。

（六）“J－PLATPAT”检索的英文平台

日本专利英文数据库“J－PLATPAT”检索平台，可以通过英文表述、专利文献号检索获得英文的日本专利文献具体内容，英文翻译属于机械翻译，存在一定的误差。该检索平台如下。

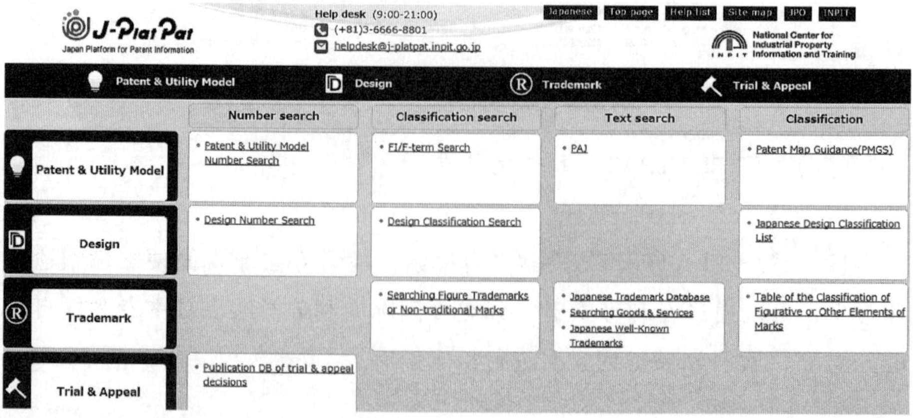

二、“Google Patents”

谷歌专利检索平台是由谷歌公司提供的免费专利数据平台，该专利数据平台可以检索到美国、欧洲、国际申请专利及日本专利、中国专利等17个国家及地区的专利文献。该检索平台的网址为https：//patents.google.com/。

“Google Patents”检索平台特点如下：

（1）针对相近似的专利可以进行全文检索；

（2）该检索系统会自动将类似的同类专利归类到一个类别；

（3）通过该检索平台能够检索到很多国家的专利文献全文；

（4）有关日文的专利文献中，平成五年（1993年）之后的全部文献都可以检索到，平成四年（1992年）以前的专利文献，可以用英文检索到并可以生成Excel表格。

此外，该检索平台可以通过很多形式进行专利文献检索，但是同时也出现检索方法很难，不好灵活使用，并且很难懂的不利之处。另外，该平台检索结果可以生成Excel表格，但是该表格信息中可能出现检索文献遗漏的现象。

由于谷歌公司前些年全部撤出中国大陆网络市场，所以使用谷歌平台进行针对日本专利文献的检索时，在中国国内可能出现检索困难的情况。

三、“PATENTSCOPE”

世界知识产权组织简称WIPO，WIPO是国际专利申请公开公报的发行人，同时也免费提供专利检索服务，“PATENTSCOPE”检索数据平台就属于该组织负责管理。该检索平台的网址为https：//patentscope.wipo.int/search/zh/advancedSearch.jsf。界面如下图。

1.“PATENTSCOPE”专利检索平台特点

“PATENTSCOPE”专利检索平台可以提供日文专利的全文检索。用日语提出的国际专利申请，也可以通过该平台申请。通过“PATENTSCOPE”检索平台可以检索到专利文献的时间比日本国内的检索平台检索到的内容要早。此外，“PATENTSCOPE”检索平台可以将检索画面标示为日语，

检索结果也可以保存，同时该检索结果也可以生成 Excel 表格。

检索可以通过以下方式进行检索：简易检索（Simple）、详细检索（Advanced Search）、构造检索（Field Combination）及多国语言检索（Cross Lingual Expansion）。

特别需要提起的是，“PATENTSCOPE”检索平台还有一项特殊功能——提供翻译服务，通过数种语言翻译软件可以提供不同语言国家的专利文献的机械翻译。

2.“PATENTSCOPE”专利检索平台的缺点

（1）收入的日本较早前的专利不足，存在遗漏的现象。

（2）该检索平台公开的检索内容中，专利权利要求与公开的专利公报内容有时存在出入。

（3）通过“PATENTSCOPE”专利检索平台检索的内容存在遗漏，所以使用该检索平台时，不适合单独检索，尽可能和其他检索平台同时使用。

（4）针对日本时间比较久的专利，存在检索不到的现象。

四、“中韩专利文献机械翻译”

日本特许厅有一项服务，即提供“中韩的专利文献机械翻译”。该服务平台可以通过检索获得中国专利公报，并通过自动机械翻译生成日文，以便于日本专利申请人了解中国专利的申请状况。此外该平台也可以根据公开的专利号进行专利检索。该检索平台的自动翻译服务时间为“早上 8

点至晚上 22 点”，周六和周日等节假日一般不提供翻译服务。该自动翻译网站的地址为 http://www.ckgs.jpo.go.jp/full_text。

（一）中韩专利文献自动翻译平台（下图）

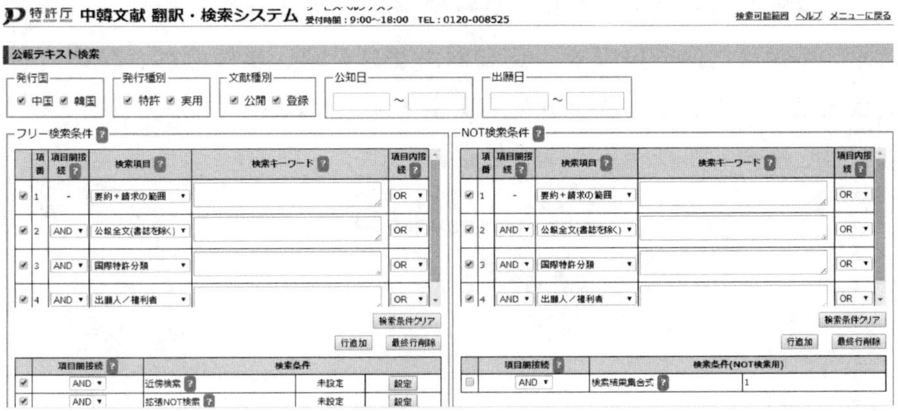

（二）中韩专利文献自动翻译范围（下图）

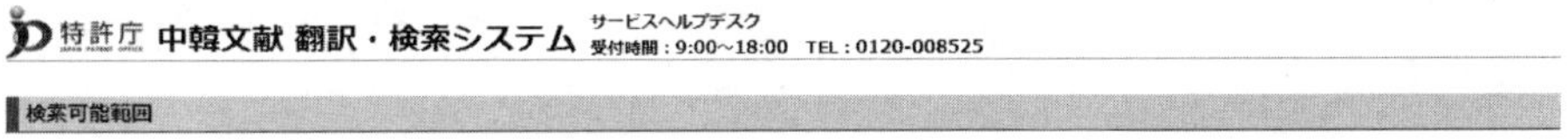

文献種別		検索可能範囲			
		公報番号	発行日	最終更新日	件数
中国文献	特許公開	1387749 ～ 107231787	2003/01/01 ～ 2017/10/03	2017/10/20	6,738,189件
	特許登録	1097427 ～ 106875702	2003/01/01 ～ 2017/09/29	2017/10/20	2,461,502件
	実用登録	2528190 ～ 206542702	2003/01/01 ～ 2017/10/03	2017/10/20	5,947,691件
韓国文献	特許公開	20010084883 ～ 20170109664	2003/01/03 ～ 2017/09/29	2017/10/21	1,948,770件
	特許登録	100000013 ～ 101773752	2003/01/06 ～ 2017/08/31	2017/09/16	1,379,731件
	実用公開	20030000001 ～ 20170003071	2003/03/10 ～ 2017/08/31	2017/09/16	81,945件
	実用登録	200189967 ～ 200484396	2003/01/03 ～ 2017/08/31	2017/09/16	182,610件

五、“NEDO 专利信息提供系统”

“NEDO 专利信息提供系统”是由简称“NEDO”的机构法人提供的免费检索平台。NEDO 的全称为“国立研究开发法人——新能源及产业技术综合开发机构”。20 世纪 70 年代的石油危机后，新能源成为热议话题，在此背景下，该机构于 20 世纪 80 年代成立。该机构有两个主要拓展方向：（1）解决新能源以及环境问题；（2）寻求产业技术能力的强化。该机构属于日本国立的最大级别的技术研究开发管理机构。

“NEDO 专利信息提供系统”的网址为 http://kyoto-city.net/dnavi/nedo特許情報提供システム/。

该网址是对网络上的数据库进行编撰后的“链接汇集平台”。如下图所示，根据不同的分类可检索到“网络信息介绍、软件信息、媒体信息、会议记录以及报告书、统计数据、文字文献、书籍杂志、影像、论文及新闻报道、字典、电子杂志等综合链接信息。”

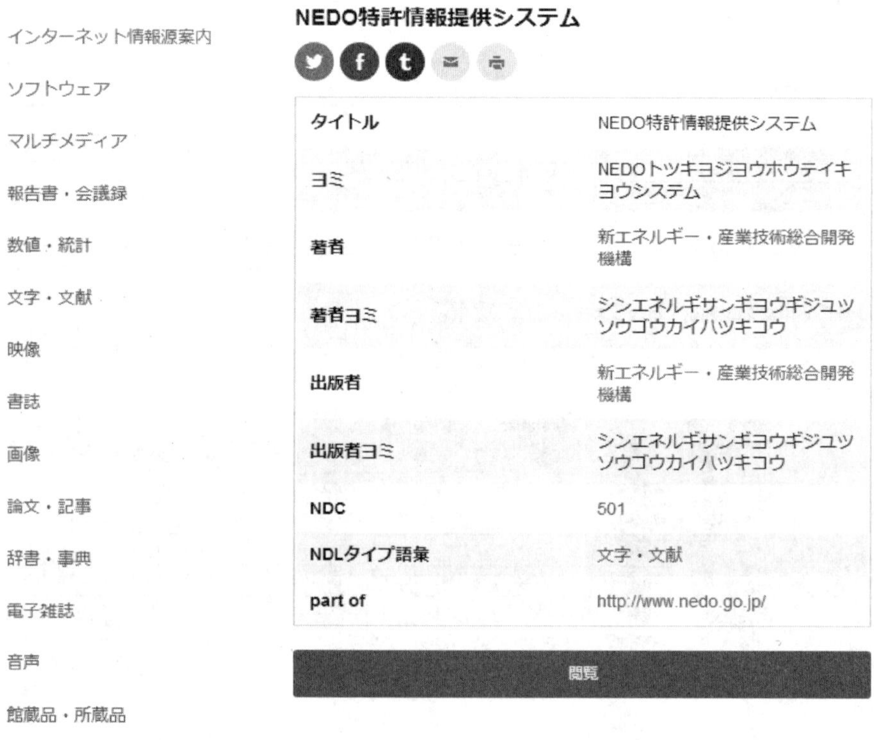

六、“J－GLOBAL”

J－GLOBAL 是由日本政府创立的研究所（JST），全称为“国立研究开发法人——科学技术振兴机构”，开设的检索平台。该平台除了日本的专利检索外，也可以实施文献资料、研究人员检索。该检索平台的网址为 http://jglobal.jst.go.jp/。

J－GLOBAL 界面如下：

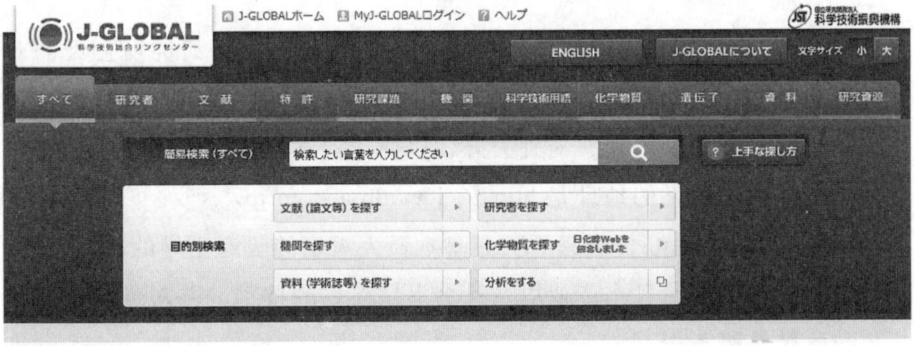

七、“Patent Integration”

Patent Integration 是一种提供专利检索服务和专利分析服务的平台，如下图。该专利检索平台是世界上最大的综合专利检索数据库和专利分析工具，可以在网络浏览器中搜索和分析日本、美国、欧洲、中国、中国台湾的超过 5 500 万份的专利公报。

此外，Patent Integration 专利整合是世界上最大的引用信息数据库，引用信息范围涉及日本、美国和欧洲的 1.2 亿条记录。用户可以通过对搜索结果执行高级专利文本挖掘和统计处理，并在世界各地的大量专利中，搜索自身必要的专利，并可以创建专利图表。

用户登录 Patent Integration 检索平台后，可获得 14 天免费试用检索平台的权利。

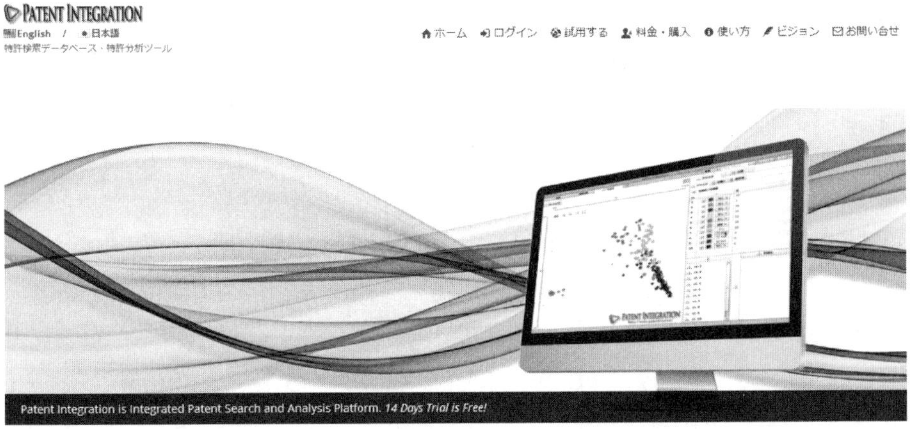

八、“IDEA（知的财产公开系统）”

IDEA（知的财产公开系统）是由日本产业技术综合研究所创设的专利信息检索平台，如下图。其目的是将该产业技术综合研究所开发的技术成果通过该信息公开平台，对外公开，以便于检索技术，实现技术的产业化发展。该检索网站的地址是 http：//idea.db.aist.go.jp/。

“日本产业技术综合研究所”是日本最大级别的政府主导的研究机构，其目的是为了创新给日本产业以及社会提供促进的技术，并对创新的技术提供技术转移服务。

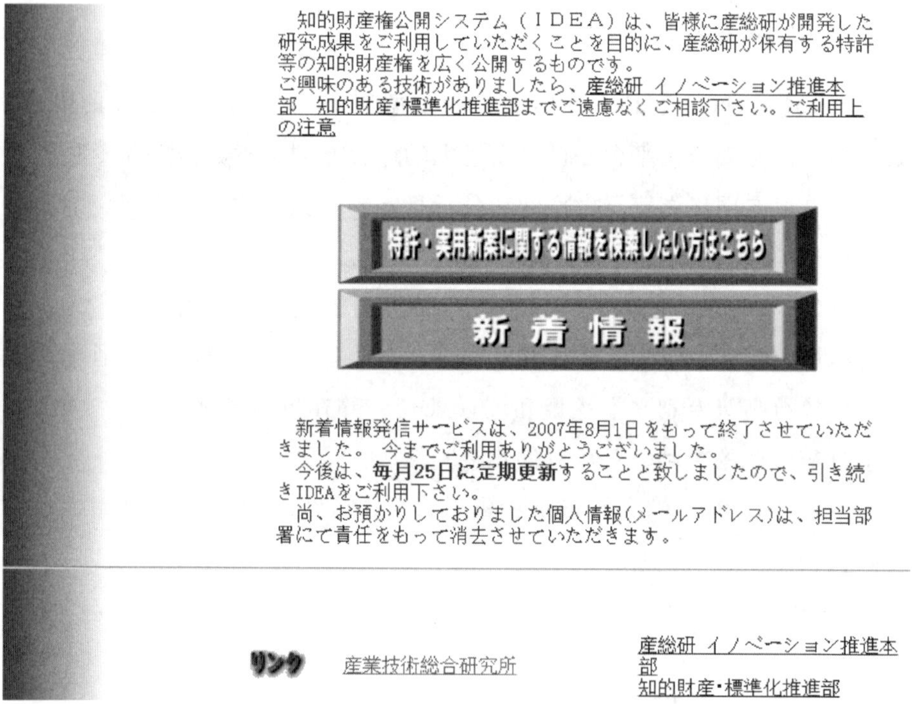

第五章　专利复审与复审诉讼

第一节　发明专利的复审与复审诉讼

日本专利复审是指由日本专利厅设置的准司法机关针对复审对象提出的“对拒绝审查不服的复审”请求、“对专利无效请求的复审”请求以及“对专利补正的复审”不服提出的请求进行审查的程序。复审诉讼是指复审对象针对专利厅的审查决定不服，通过诉讼的形式要求撤销专利厅的审查决定的诉讼程序。

一、对拒绝审查不服的复审

在专利申请被拒绝审查的情况下，专利申请人可以针对专利复审委员会的行为提出不服的请求，要求进行复审。通常，有关行政诉讼当中，针对行政处分当事人可以直接到法院针对行政行为不服提起诉讼。但是，专利申请被拒绝审查，专利申请人针对专利复审委员会的行为提出不服时，只能先向专利厅提起复审，不能直接提起行政诉讼。《日本发明专利法》第 121 条规定，在专利申请人收到拒绝审查的通知时，对审查结果不服，自其接到审查的副本之日起 3 个月以内可以请求复审。

如果专利申请人因不可归责于自身的理由，在上述规定的期限内无法进行复审请求的，在不能申请复审的理由消失之日起 14 日以内（在国外的 2 个月），且在提起复审的期限经过后起算 6 个月以内可以提出复审请求。

二、对发明专利无效请求的复审

专利注册登记以后，其专利权利性质其实并不稳定。由于世界各国公开的文献技术有限，专利申请人在申请专利时进行的检索有可能会不全面，所以检索具有一定的局限性，文献检索如果出现瑕疵，专利的权利就有可能被他人主张无效。专利无效的审查决定由专利复审委员会做出，按程序一旦专利被无效，那么专利的权利也就自始不存在。

专利注册登记后，由于发现该专利不符合专利的构成要件，存在专利无效的事由，任何人都可以通过提起关于专利无效的复审，使专利溯及专利注册登记时消灭，该制度就是专利无效审查制度。有关专利无效的复审，除了专利共有时的专利申请以及冒充申请时的利害关系人以外，任何人发现该专利存在无效的情形时，都可以提出复审要求。《日本发明专利法》第 123 条具体列举了可以就专利无效提出复审请求的具体事项。

1. 可提起专利无效的情形

《日本发明专利法》第 123 条第 1 项中列举的可以提起专利无效审查的情形与拒绝专利申请的事由基本相同。对于专利权利要求有两项以上的专利，提起专利无效时，可以逐项提出请求。

（1）对专利申请内容进行补正时，补正内容不能满足专利法规定条件的；

（2）违反第 25 条（外国人的权利享有）、第 29 条（专利的构成要件）、第 29 条之 2（与在先申请发明专利或实用新型相抵触）、第 32 条（不能获得专利权的发明）、第 38 条（共同申请）或第 39 条第 1 项至第 4 项（在先申请）各条规定的；

（3）该专利的批准违反公约时；

（4）专利不具备专利申请时有关记载内容规定的第 36 条第 1 项或第 6 项（除了第 4 项）的要件，而进行专利申请的；

（5）外文书面专利申请书中的专利说明书、专利权利要求范围或者附图中记载的事项，没有包含在该外文书面申请材料记载的事项范围之内；

（6）专利由非发明人、不是通过继承获得该发明专利权的行为人提出的专利申请的；

（7）批准获得专利之后，专利权人不能依专利法第 25 条（外国人的权利享有）规定享有专利权，或该专利违反公约的；

（8）专利申请书中所附的内容违反提起专利补正复审的相关规定。

2. 专利无效审查的效果

《日本发明专利法》第125条规定当专利被确定无效后，该专利将被视为自始不存在。但是，该专利符合专利法第123条第1项及第7项（专利权人不能依专利法第25条（外国人的权利享有）规定）的，专利权从符合该项规定之时起，视为自始不存在。

专利权消灭后，在一些特殊情形下仍然可以就该专利提起无效审查。这主要是考虑到有可能出现专利存续期间的专利侵权，专利权人会对该侵权行为提出损害赔偿请求。所以作为对抗手段，日本发明专利法允许当事人在此情形下可以通过提起专利无效审查来维护自身权利。但是如果专利损害赔偿的请求过了时效，通常可以说该权利人就不能再要求无效审查了。

日本法院有关专利无效审查案件①中，原告1与原告2就被告拥有的发明专利A分别向专利厅提起无效审查。专利厅根据两原告提交的证据和主张合并进行审查，认为被告所拥有的专利具有创新性，并驳回了原告的无效审查请求。两原告不服，决定提出撤销专利审查的诉讼，但是原告2在法定期间内没有提起诉讼。对此原审法院东京高等裁判所经过审议，认为本案发明专利缺乏创新性，应当认定无效，并做出了撤销专利审查决定的判决。

在判决期间，由于原告2没有提起诉讼，因此专利厅关于原告2做出的无效审查决定是否就有效力，当事人之间产生异议。法院认为“即便是针对原告2的专利厅审查决定已经生效，但是根据专利法第167条规定，两原告并不丧失针对专利厅审查决定提起诉讼应获得的利益”。对此，被告主张原审法院适用专利法第167条错误，违反法律规定，提起上诉。

法院判决驳回上诉，认为“根据专利法第167条规定，专利被申请无效审查后，一旦该审查决定生效，就不能再以同一事实以及同一证据申请无效审查”。也就是说一项专利无效审查提出后，即便另一个已经以相同事实及相同证据提出的无效审查被认定无效，这也不能断定之前的专利无

---

① 最高裁平成12年（2000年）1月27日第一小法庭判决，民集54卷1号，69页。

效审查请求不合法。

对一项专利可以提出无效审查的主体并不受到数量局限，与申请该专利无效有利害关系的人任何时候都可以申请该项专利无效。但是，如果一项专利被认定无效，那么其他的正在进行中的专利无效审查并不能因此而受到不利影响，否则其他的申请人固有的利益会因此而遭受损害。

三、对发明专利订正的复审

专利获准注册登记后，当发现专利含有无效事由、记载有错误、表述不明确、专利的部分内容有瑕疵时，如果将该专利定为无效专利，未免有太苛刻的嫌疑。但是，如果任意地允许专利权人订正已注册的专利，也会造成注册专利权利的不稳定。所以，《日本发明专利法》第 126 条规定，给专利权人对已经注册登记的专利订正的机会，专利权人可以就专利申请中的权利说明书、专利权利要求范围或图标的修改订正事项提出订正复审请求。

专利订正复审请求的事项，仅限于以下列内容为目的：(1) 专利权利要求范围的缩小；(2) 错误记载或者错误翻译；(3) 针对不明确的记载事项的解释。

有关订正的复审请求，日本发明专利法规定在专利无效审查开始受理之日起到做出复审裁定期间不能提出申请。但是，在无效审查的申请程序进行中，可以对专利权利要求范围提出修改。这主要是为了能够一次性地解决纷争。

此外，在针对撤销专利审查的诉讼中，《日本发明专利法》第 126 条第 2 项规定，自提起诉讼之日起 90 日内，专利权人可以向专利复审委员会提出订正审查请求。

在撤销无效复审的诉讼期间，如果有关专利的订正复审已经审查确定的，诉讼中的专利权利要求的范围、专利的说明书、附图以订正后的内容为准，此时①原则上来说，专利无效复审的结果将被撤销。

---

① 最判平成 11・3・9 民集 53 卷 3 号，303 页。

四、发明专利复审的程序

1. 提出专利复审申请书

提出专利复审请求时，必须将记载有请求事项、请求理由等内容的材料提交日本特许厅厅长。《日本发明专利法》第131条规定，向特许厅厅长提交的材料中应当记载下列事项：(1) 当事人及代理人的姓名或名称及住址或居所，以及法人代表人的姓名；(2) 表明为复审案件；(3) 复审请求的宗旨及其理由。

上述复审请求的理由当中，必须记载专利无效的根据和特定事实，并且同时要记载该事实与证据之间的具体关系。在进行申请补正复审时，申请书中必须附加补正的专利说明书、专利权利要求范围或附图。

2. 对专利复审申请的驳回

专利复审申请违反专利法第131条规定的，主审员必须对请求人指定期限，命令其对请求书内容做出补充。当请求人没有依规定在指定的期限内做出补充时，主审员应当做出驳回专利复审请求的决定。该决定必须通过书面文件的形式送达并附上理由说明。

此外，《日本发明专利法》第135条规定，对于复审请求存在不合法的部分，并且同时又不能做出补正的，可以不给予被请求人提出答辩书的机会，而做出审查决定驳回申请。

3. 提出答辩书

当发生专利复审请求时，主审员必须将专利复审请求书的副本送达被请求人，并指定相应期限，要求其在指定期内进行答辩，并且将答辩书送达复审申请人。

4. 复审的合议庭组成

专利的复审通常由3名或5名拥有复审资格的复审人员组成的合议庭来进行审查。合议庭的审查决定，以过半数表决通过。

(1) 复审人员的指定

复审人员由特许厅厅长根据各复审案件的情况来指定合议庭的构成人员。当指定的复审人员出现参加复审存在困难时，特许厅厅长必须解除指定，并由其他复审人员补充代替。

（2）主审员

日本复审案件合议庭的主审员由特许厅厅长在所指定的复审人员中指定一人为主审员，主审员总管有关复审案件的所有事务。

5. 复审人员的回避

《日本发明专利法》第139条规定，复审人员凡属以下各项之一情形时，应当进行回避：（1）复审人员或其配偶，或者曾是其配偶者，或者配偶曾是案件的当事人、参加人；（2）复审人员曾是案件的当事人或者参加人的四代以内血亲、三代以内的姻亲或者是同住的亲戚；（3）复审人员是案件的当事人、参加人的监护人、监护人的监督人、辅佐人、辅佐人的监督人、辅助人或辅助人的监督人；（4）复审人员成为案件的证人或鉴定人；（5）复审人员曾是案件的当事人、参加人的代理人；（6）作为被提出异议的案件的复审人员参与过对案件的审查；（7）复审人员对案件有直接的利害关系。

遇到上述回避原因时，当事人或复审参加人可以提出回避的申请。当复审人员存在妨碍公正复审的行为时，当事人或复审参加人也可以要求其进行回避。

当事人或复审参加人就案件向复审人员以书面或口头进行答辩后，便不能要求复审人员回避。但是其在不知道有回避的原因，或回避的原因在之后产生的，当事人或复审参加人仍然可以要求复审人员进行回避，不在本项限制范围之内。

提出要求进行回避的当事人，必须向日本特许厅厅长提出记载具体原因的书面材料。但是，在专利复审口头审查时，可以用口头提出请求。提出回避的原因，必须自申诉之日起3日以内予以明释。

当提出要求进行回避时，被要求回避的复审人员由其他复审人员根据复审情况做出决定是否进行回避。但是被要求回避的复审人员可以陈述自己的意见。确定是否回避的决定，必须制作书面材料并附上理由。被申请回避的复审人员针对回避决定，不得提出不服的申诉。

当事人对回避决定提出申诉时，在对该申诉做出决定之前，必须中止复审程序。但是对于需要紧急处理的案件的，不在限制范围之内。

6. 关于复审的审查方式

专利无效复审以及注册登记延长的无效复审通过口头审查来进行。但是，主审员根据当事人或者诉讼参加人的申诉或根据职权范围可以有权决定用书面方式进行审查。

上述复审以外的复审案件，通过用书面审查的方式进行审理。但是，主审员根据当事人的申诉或依职权，可以决定用口头进行审查。

依上述规定用口头审查进行复审时，主审员必须规定日期及场所，并在该日期传唤当事人或参加人进行审查。按照规定进行的口头审查，应当公开进行。但是可能有害于公共秩序或道德风尚的情形时，不在此限制范围之内。

7. 复审参加人

《日本发明专利法》第 148 条规定，根据专利法可以申请复审的行为人，在审查终结之前，可以作为复审请求人参加复审。

上述复审的参加人，在该复审被申请人撤销时，仍可继续进行复审程序。与复审的结果有利害关系的，在审查终结之前，可以作为一方的辅助当事人参加复审。该参加人，有权实施一切复审相关程序。复审参加人如遇到复审中断或中止原因时，该中断或中止对于其他复审参加人也产生效力。

申请参加复审的行为人必须向主审员提出参加复审的申请书。当有申请人参加时，主审员必须将参加申请书的副本送达当事者及其他参加人，并指定相应期限，赋予其陈述意见的机会。是否准许参加人参加复审，由复审人员依复审程序做出决定。该决定必须以书面形式做出，并附上理由。针对该决定，复审参加人不得主张不服。

8. 证据调查及保全

根据当事人或复审参加人的申请，或依职权，复审人员可以进行证据调查。在请求复审前根据利害关系人的申请，在审查期间依据当事人或复审参加人的申请或利用其职权，复审人员可以实施证据保全。

主审员依规定利用职权调查证据或保全证据时，必须将调查结果通知当事人及复审参加人，并指定相应期间，给予其申述意见的机会。上述证据调查或证据保全事宜，可以委托应当办理该事务的当地地方法院或简易法院进行。有关调查证据和保全证据的具体程序参照适用日本民事诉讼有关法律的相关规定。

9. 依职权进行审查

当事人或复审参加人在法定或指定的期限内不履行复审相关程序规定，或不按规定参加复审时，主审员有权决定进行审查。在复审期间，对于当事人或复审参加人未申述的理由也可以进行审查。

主审员对复审当事人或复审参加人未申请的理由进行审查时，必须将其审查结果通知当事人或复审参加人，并指定相应期限，给予其申述意见的机会。在复审期间，复审人员对于复审请求人未申请的内容，不得进行审查。

（1）审查的合并或分割

《日本发明专利法》第 154 条规定，当事人双方或一方对于相同的两项以上的复审事项可以要求合并进行审查。合并审查后，还可以再度要求进行审查分割。

（2）撤销复审请求

复审请求在复审裁定做出前可以撤销，但是，提交了答辩状之后，就不得再撤销。对于拥有两项以上发明权利要求的发明，在提出复审请求时，该请求可将发明权利要求分项进行撤销。

（3）审查的结果

当案件已达到可以做出审查决定时，主审员必须将审查的结果通知当事人及复审参加人。在必要的时候，需及时发出通知，根据当事人或复审参加人的申请，或依职权主审员仍然可以再次进行重新审查。审查决定必须在发出通知之日起 20 日以内做出。但是，情况复杂或有其他不得已的理由时，不在 20 日限制范围之内。

在做出审查决定后，复审终结。特许厅厅长必须向当事人、复审参加人及提出参加复审申请而被拒绝的申请人送达审查决定书副本。

（4）复审裁定的效力

复审裁定做出后，在法定期间没有被提起撤销该复审裁定的诉讼，或者虽被提起诉讼但是复审裁定获得终审支持时，该复审裁定对当事人以及第三人产生效力。

针对专利无效复审裁定和延长注册无效的复审裁定，在该决定生效后，任何人不得再就相同事实及相同证据提起复审请求。

（5）复审与诉讼的关系

《日本发明专利法》第 168 条规定，在复审有必要时，其他复审的审查决定或诉讼程序终结之前，该复审可以中止其审查程序。同样在诉讼期间，在必要的时候，法院在专利审查决定确定之前可以中止其诉讼程序。

（6）复审费用的负担

关于专利无效复审以及延长注册无效的复审费用在复审程序终结时，由复审人员依职权做出决定。关于具体复审费用的计算，《日本发明专利法》第 169 条规定准用《日本民事诉讼法》诉讼费用负担的相关规定。

此外，有关对拒绝审查不服的复审以及关于补正内容的复审的相关费用，由申请人承担。

五、发明专利的再审

《日本发明专利法》第 171 条规定，专利复审案件的当事人或者复审参加人，针对复审审查决定，可以请求再审。

复审的请求人及被请求人共谋侵害第三者的权利或以侵害第三人的利益为目的促使复审裁定成立时，第三人可以对此请求再审。

1. 再审的事由

《日本发明专利法》规定，再审的事由准用《日本民事诉讼法》第 338 条第 1 项、第 2 项，以及第 339 条的规定。在下列情况下，对于已经确定的终局审查决定，可以提起再审。但是，当事人已经提起控诉或上诉，或者明知存在再审的法律规定而没有提起再审的情况，不在此限定范围之内。

（1）是违反法律规定组成并做出审查决定的复审委员会时；（2）根据法律规定不能参与审查的审查人员参与审查时；（3）法定代理权、诉讼代理权或代理人欠缺诉讼必要授权时；（4）参与审查的审查员，涉嫌与案件有关的职务犯罪时；（5）妨碍属于刑事上应处罚的自首行为或妨碍对审查带来影响的攻击或防御行为时；（6）作为审查证据的书面材料或其他物品是经过伪造或变造时；（7）以证人、鉴定人、翻译或经宣誓的当事人或法定代理人的虚假陈述作为审查证据时；（8）作为审查基础的民事或刑事判决及其他的裁判或行政处分，在其后的裁判或行政处分中发生变更时；（9）对于能影响审查决定的重要的事项遗漏判断时；（10）提出不服的审查决定与此之前确定的审查决定相抵触时。

2. 再审请求的期限

《日本发明专利法》第 173 条规定，再审的请求人必须在复审裁定做出后，得知再审理由之日起 30 日以内提出再审请求。

在上述期限内，由于不可归责于自身的原因，再审的申请人不能在规定的期限内提出再审请求时，自该事由消失之日起 14 日以内（国外的行为人 2 个月）并且在此期限过后 6 个月以内，可以提出请求再审。

再审请求人依照法律规定以未被代理为由请求再审时，再审期限自请求人或其法定代理人根据通知得知审查决定之日的翌日起算。

从复审裁定之日起算经过 3 年之后，不得要求进行再审。如果复审的理由在审查决定确定后产生的，提起再审的期限自产生该理由之日的翌日起算。此外，有关再审 30 日及 3 年期限的规定，在该审查决定与之前的审查决定相抵触时不适用。

3. 再审的准用规定

日本发明专利法的再审案件中，有关“对拒绝审查不服的复审”“对专利无效请求的复审”及“对专利补正的复审”的规定分别适用专利复审程序中的相关规定。该规定涉及复审的方式、共同复审、有关复审申请的驳回、答辩状的提交、复审合议庭的组成、审查人员的确定、审查人员回避、审查的效力、审查的费用负担等内容。

4. 对通过再审恢复权利的专利的限制

针对拒绝审查不服提起复审并获得终局审查决定、对专利无效请求的审查结果不服提出复审并获得终局审查决定或对专利补正的审查结果不服提出复审并获得终局审查决定后，对此提出再审请求从而恢复专利权的，该专利权的效力，不涉及审查决定后再审专利注册登记前善意的进口行为或者在日本国内生产该产品或取得该产品的行为。此外在此期间内，实施该恢复权利的专利或者准备实施该专利时，在实施该专利或准备实施的范围内享有普通专利实施许可的权利。

恢复专利权的专利，同样不得限制下列对专利权的实施行为：

（1）对该发明专利的善意实施行为；（2）专利为产品发明的，善意地从事生产或转让专利生产所需的物品等或者进口或者申报转让等行为；（3）专利为产品发明的，善意地为了转让或者进口而持有该专利产品的行为；（4）专利为方法发明的，善意地从事生产或转让专利生产所需的物品等或者进口或者申报转让等行为；（5）专利为改进发明的，善意地为了转让或者进口利用该方法生产的物品而持有该专利产品的行为。

六、取消发明专利审查决定的诉讼

针对行政机关的行政处分决定当事人不服时，可以向法院提起诉讼。该诉讼取消第一审审判，直接由东京高级法院专属管辖。并且，有关取消专利审查决定的诉讼，必须从决定做出之日起30日内提出（《日本发明专利法》第178条第3项）。

《日本发明专利法》第178条概括了有关专利审查的诉讼存在形式：（1）针对审查决定不服提起的诉讼；（2）针对被驳回审查请求的复审不服提起的诉讼；（3）针对再审处分不服提起的诉讼。不管哪种诉讼形式，该类诉讼都是针对专利审查结果不服提起的诉讼。

有关针对上述专利复审的案件提起的诉讼，不由基层法院管辖，日本发明专利法规定由东京高等法院专属管辖。相关诉讼程序、诉讼范围等具体内容的规定如下：

1. 原告与被告的适格

《日本发明专利法》第178条第2项规定能够提起撤销专利审查诉讼的原告，仅限于当事人、复审参加人以及申请参加复审或再审而被拒绝的申请人，除此之外的任何人都不能成为适格的原告。

《日本发明专利法》第179条规定，撤销专利审查诉讼中的被告为特许厅厅长。但是，专利无效复审或者延长注册无效的复审，以及针对这些复审的审查决定不服提起再审的案件，必须以该复审或再审的请求人或被请求人为被告。

2. 提起诉讼的期间

日本发明专利法明确规定了提起专利诉讼的期间，必须在审查决定或决定的副本送达之日起 30 日以内进行。该期限被规定为不变期间，目的是为了能够尽快地确定该专利的审查效力。但是，主审员针对因路程遥远或交通不便的特殊情形，可以依据职权在不变期限的基础上增加一定的宽限期限。

当法院受理上述诉讼案件后，必须毫不迟延地将该诉讼事宜通知特许厅厅长。

3. 有关专利审查的诉讼范围

可以提起有关专利审查的诉讼案件，应当针对审查决定提出，除此之外不能提起诉讼。此类诉讼主要是针对专利审查是否违反法律规定而展开，并不直接去判断一项发明技术是否符合专利成立的要件，是否可以获得专利权利。

在日本关于专利审查的诉讼案件中，如果专利复审中没有涉及可能导致专利无效或被撤销的情形时，针对该内容是否在诉讼中进行审查存在争议。例如，该可能导致专利无效或被撤销的情形涉及发明技术在申请专利前已经被公众知晓，但是在专利审查或复审期间并没有成为争议的对象，而在被提起有关专利审查的诉讼时才有人进行主张，在这种情况下，日本最高法院判决①中指出“不能以此为由，主张专利审查有效或者无效”。日本法院的判断理由主要是依据“一事不再理”的原则，但是从法律的目的上来判断，这将严重延迟专利权利确定的过程，也有学者②表示批判。

4. 撤销审查决定

《日本发明专利法》第 181 条第 1 项规定，有关针对专利审查决定或复审裁定或者再审决定不服提起诉讼的案件，如果法院受理后经过审理发现存在诉讼请求的具体事实和依据时，必须做出取消该审查决定的判决。

当有关上述审查决定的诉讼在法院被提起后，法院可以向特许厅厅长

---

① 最判昭和 51・3・10 民集 30 卷 2 号，79 页。

② 大哲也. 特许审决取消诉讼基本构造论. 东京：有斐阁出版社，2003。

就法律适用以及其他事项征询意见。特许厅厅长在获得法院许可的情况下，可以就该案件的法律适用以及其他事项陈述自己的意见。

法院在受理了关于无效审查决定的诉讼后，发现还存在另外的该专利侵权诉讼案件时，如果关于无效审查决定的诉讼最终被确定专利无效，那么该专利权自始不存在。因此专利侵权诉讼案件中当事人的诉讼请求也将不能得到法院支持。此时，已经生效的专利侵权诉讼当事人可以根据民事再审诉讼程序，针对赔偿请求提起诉讼。

法院在受理了关于针对无效审查决定不服提起的诉讼后，当专利权人就提起诉讼后的专利申请订正并要求复审人员复审的，经法院认定该专利订正的复审结果对专利无效认定有影响，并需要进一步审查时，法院可以将案件退回专利审查人员进行审查，并根据该审查结果来判断是否对审查决定进行撤销。

专利审查人员的审查决定或者相关行政决定被撤销后，必须对审查决定或相关行政决定进行再次的审理。若对上述东京高等法院的判决不服，还可以向日本最高法院提起上诉。

5. 关于专利实施费用的诉讼

根据《日本发明专利法》第 83 条第 2 项，第 92 条第 3 项、第 4 项或第 93 条第 3 项的规定，在特殊情况下，需要使用他人的专利时，可以与对方进行协商，协商不成时可以向专利厅厅长申请许可。在获得许可并能够使用专利后，应当向专利权人支付相应专利使用费。如果该专利使用费的确定存在不合理、不公平的现象，专利使用人对该决定所规定的报酬金额不服时，必须自决定的副本送达之日起 6 个月内提起诉讼要求增加或减少该专利使用费的金额。此时，上述诉讼中的被告为普通实施许可权人或专利权人，或者独占实施许可权人或其他人，而非日本专利厅厅长。

第二节　外观设计的复审与复审诉讼

一、外观设计的复审

外观设计复审包括对驳回审查的复审、对补正驳回决定的复审、对注册登记外观设计提出无效请求的复审。

1. 对驳回审查的复审

收到驳回审查决定的行为人对该审查决定不服时，自该审查决定副本送达之日起30日内可以请求复审。但是，并非复审请求人自身原因而不能于上述期限内提出复审请求的情况下，在其原因消失之日起14日内（国外的2个月），并且于该期限过后6个月内仍可以请求复审。

2. 对驳回补正决定的复审

收到驳回补正决定的行为人对该决定不服时，自该决定副本送达之日起30日内可以请求复审。但是，补正的内容符合新的外观设计注册申请要求的情况不在此限定范围。但是，并非复审请求人自身原因而不能于上述期限内提出复审请求的情况下，在其原因消失之日起14日内（国外的2个月），并且于该期限过后6个月内仍可以请求复审。

3. 对注册登记外观设计提出无效请求的复审

（1）外观设计注册登记有下列各项情况之一时，可以请求复审，并且同时该外观设计注册登记无效：

① 该外观设计是否违反注册登记要件中关于工业上利用可能性、新颖性、创新非容易性的规定，是否与在先外观设计的一部分内容相同或近似，是否属于不能注册登记的外观设计，是否违反外观设计的申请在先原则，是否违反关联外观设计规定，是否违反共有外观设计其他共有人的权利，是否涉及外国人拥有外观设计的限制性规定；② 该外观设计注册违反国际公约规定；③ 该外观设计注册申请人不是该外观设计的设计人，并且也未继承该外观设计的注册登记权；④ 外观设计取得注册登记后，该外观设计权人成为不能享有外观设计权利的行为人（外国人）时，或者该外观设计注册登记违反公约规定时。

（2）日本外观设计法规定，任何人都可以申请针对外观设计的无效审查。但是，涉及上述（1）中无效情形的①和③项内容时，申请人仅限于有利害关系的当事人。

（3）外观设计权利保护期过后仍然可以请求无效审查

因为外观设计即便过了保护期而导致无效，但是针对在有效期内的侵权行为,仍然可以追究侵权人的损害赔偿责任。

(4) 当有人提出无效审查请求时,主审员必须将相关事项通知取得该外观设计独占实施许可权的被许可人以及享有该注册登记外观设计的权利人。

外观设计被复审后确定为无效的,则该外观设计的权利被视为自始不存在。但是,该外观设计被提起无效申请后,权利人成为不能享有日本外观设计权利的行为人(外国人)或有违反公约规定时,该外观设计从该规定生效时起视为无效。

二、外观设计的再审及诉讼

外观设计复审后,如果复审结果存在瑕疵,那么就需要有相应制度来进行救济。《日本外观设计法》规定复审确定后,当事人对复审结果可以请求再审。再审的请求程序按照《日本民事诉讼法》第 338 条和第 339 条相关规定执行。

复审请求人与被请求人串通,以损害第三者权利或利益为目的取得复审裁定的,该第三者对已确定的复审裁定可以请求再审。但提起该项再审请求时,必须将复审请求人和被请求人作为再审程序中的共同被请求人。

1. 外观设计再审确权后的善意实施

无效的外观设计权利因再审而恢复效力时,外观设计专利的效力不及于再审结果确定后至再审请求结果注册登记前的外观设计实施行为。此时的外观设计权的效力不及于下列行为:

(1) 善意地实施该外观设计或其近似外观设计的行为;

(2) 善意地实施该外观设计或与其近似外观设计,制造了相关的物品、转让或进口或者转让请求等行为。

无效的外观设计权利因再审而恢复效力时,或者已做出驳回审查的外观设计注册申请因再审而取得外观设计注册时,该审查结果确定后至再审请求登记前,如果在日本国内已经善意地实施或准备实施该外观设计或与其近似的外观设计的行为人,在其实施或准备实施的外观设计和业务范围内,可以取得该外观设计权的普通实施许可权利。

2. 再审的复审审查基准适用

日本外观设计法规定再审的审查基准适用于对外观设计被拒绝审查而提起的复审程序,以及对驳回补正决定不服提起的复审程序。

3. 专利法相关条文的适用

《日本外观设计法》第58条中关于再审程序的规定,如审判请求书的格式、答辩书的提交、再审的参加等都适用日本专利法的相关规定。

4. 对复审提起诉讼

《日本外观设计法》规定,对复审的结果提起的诉讼,有关驳回补正的决定提起的诉讼,以及复审或者对再审请求书被驳回后决定起诉,这些案件的管辖权都属于东京高等法院。此外,关于起诉期限等的规定、被告资格、起诉的通知、审查或撤销决定及判决书正本的送达等规定也适用于上述诉讼的相关规定。

5. 关于报酬数额的诉讼

收到关于外观设计普通实施许可权裁决许可的行为人,对该裁决决定的支付报酬的数额不服,可以提起诉讼,并要求增减该数额。此外,有关起诉期限和被告资格的争议适用于上述规定。

6. 提起复议与诉讼

日本专利法中关于提起复议与诉讼的相关规定适用于日本外观设计法。针对外观设计法的规定而采取的行政处分行为适用提起撤销诉讼的相关规定。该类诉讼必须在针对处分提出异议或审查请求后得到审查决定或裁决时,才能提起诉讼。但是日本外观设计法规定,关于驳回补正内容的决定、审查决定、驳回审查或复审或者再审的请求的决定,不适用上述规定,当事人就此不得提出不服的复议申请。

第三节 专利复审数据平台

"专利复审数据平台"包含自2000年以来的专利、外观设计和商标复审决定全文,并且更新频率是每月一次。该数据平台的网址为 http://tokkyo.shinketsu.jp/,平台界面如下。

“专利复审数据平台”由以下 4 个数据库组成，包含专利、外观设计和商标复审决定全文。该数据平台可以免费使用。

（1）专利审判决策数据库；

（2）实用新型试验决策数据库；

（3）商标审判决策数据库；

（4）设计决策试验数据库。

日本专利厅的“J-PLATPAT”检索平台也可以检索专利复审决定的结果，但与日本专利厅的“J-PLATPAT”检索平台相比，（1）专利复审数据平台提供多种多样的免费检索服务；（2）专利复审数据平台的复审决定书通过日文分类，易操作；（3）专利复审数据平台提供各种检索功能，可以进行如复审结果检索和文章类别检索；（4）专利复审数据平台的高速检索功能可以在短时间内提取所需的复审决定。

第六章　专利的权利效力

第一节　发明专利的权利效力

一、获得发明专利的权利

《日本发明专利法》第 66 条规定，专利的权利从注册登记之日起产生。《日本发明专利法》第 33 条规定，专利的权利可以转让，但在专利的权利上不得设定质权。此外，专利的权利共有时，未经其他共有人同意，一方不得转让其所持有的部分。申请专利时，专利共同发明人也必须共同申请。

技术发明没有申请专利时，就不能以此主张自己的权利对抗第三人。专利的继承也一样，《日本发明专利法》第 34 条规定，专利申请之前在对发明技术的继承中，其承继人若没有提出专利申请，也不能对抗第三人。专利申请后继承该发明专利权利的，除了遗产继承和一般承继外，日本特许厅要求承继人必须提交申报表，否则该权利承继不产生效力。

1. 拟制专利权利

《日本发明专利法》第 34 条之 2 规定，专利提交申请后，申请人可以在专利权利要求书、说明书、权利要求书的范围内设定拟制专利独占实施许可权。当专利申请获得注册登记后，该拟制专利独占许可权视为转化为正式独占许可权。如果，专利申请后设立拟制独占许可，但是专利申请自身被驳回、被撤销、被拒绝审查的情况下，当该行政决定确定时，拟制专利独占实施许可权消灭。

此外，专利申请人还可以设定拟制普通实施许可权，相关制度的具体规定与上述拟制独占实施许可权规定基本一致，没有太大区别。

2. 专利的期限

《日本发明专利法》第 67 条规定，专利的保护期限为 20 年，从专利申请之日起开始计算。其目的是为了防止已经是陈腐化的技术在专利权的保护范围之内。TRIPs 规定专利权的期限是 20 年以上，欧洲规定为 20 年，美国也是 20 年。

《日本发明专利法》第 67 条第 2 项规定，当专利保护期限届满，在特殊情况下，专利的保护期限可以延长。比如在医药、农药等技术领域中，往往一项发明虽然符合授予专利的基本要件，但是医药等产品需要严格地考虑产品的安全性，所以医药等的发明技术在获得专利后，针对该技术安全性的考虑，另外还要求获得有关部门的批准认可。在获得安全性认可后，该产品才可以投入批量生产销售。但是从获得专利后到产品的市场销售期间，该产品由于不能销售，所以在该销售期间，专利权人不能获得该发明技术带来的利益。日本为了保护该类专利保护期限的流失而带来的经济损失，其专利法特别规定了在此种情形下，专利权的存续期间需要给予延长。延长期间原则上是不能实施该专利权的期间，最长为 5 年，专利权的期间满了后，专利的效力消灭。除此之外，遇有下列情形之一时，专利权也可能因此原因而消灭：（1）不交专利费；（2）继承人不存在；（3）专利权的放弃；（4）专利权的撤销。

3. 专利权的共有

《日本发明专利法》第 73 条关于专利权共有的规定中，首先，专利权共有时，各共有者未经其他共有者的同意，不得转让自己拥有的部分或以此为目的而设定质押权；其次，专利权共有时，各共有人除了合同另有约定之外，可以不经其他共有人的同意而实施该发明专利；第三，专利权共有时，各共有人未经其他共有人的同意，不得对该专利权设定独占实施许可权或者对他人许诺普通实施许可权。

二、发明专利权利的效力

《日本发明专利法》第 68 条规定，专利权的特点表现在专利权人可以将专利作为经营业务来实施。也就是说其他人在不经专利权人许可的情况下，不得实施该专利。

专利的效力可以概括为“实施行为”的控制能力。原则上实施包括对专利产品的制造、使用、销售、进口以及为销售目的的展示、出租、占有、派送；对专利方法的实施，包括使用专利方法，或者销售、使用、进口用专利方法获得的产品，以及为销售目的展示、出租、派送、占有专利方法获得的产品。不经专利权人的许可，任何人都不得实施专利权人的专利技术。

《日本发明专利法》中规定实施专利，就是将专利“作为经营业务”来实施，这里就表明对专利权的主张不涉及非商业的单纯的“家庭或个人”的实施专利的行为。

实施专利就是使用、收益、处分专利的权利，没有所有权意义中的“占有”的含义。占有是有体物权，作为专利权保护的对象的专利技术，技术本身的无体技术属性决定了它可以同时为多数人占有，当专利文件公开以后，任何人都可以阅读专利，并占有该技术的全部信息。因此，专利权中不含有占有的权利属性，不能等同于物权的占有的概念[①]。

（一）不视为侵害专利权的行为

《日本发明专利法》规定，以下3种情形不在专利权利的限制范围之内，当事人可以不经专利权人的许可使用专利。

1. 专利权的主张不能限制为实验或研究而使用发明专利

专利权人针对他人在实验和研究上使用其专利的行为，不能主张其专利权，不能制止他人实施上述相关行为。但是以实验研究为明目，从事生产销售准备的行为，这显然是对专利特权的侵害。在日本，有关实验和研究中问题最多的就是医药、农药的科学研究实验，由于医药和农药的研究需要大量的实验数据的支持，提前做准备同时实施已公开的专利技术也是对技术发展的促进。当获得相关行政部门的许可以后，才能够生产销售相关产品。但是，生产、销售也必须获得专利权人的许可。以生产销售为目的的实验研究实施属于对他人专利技术的侵害，也属于非法事实行为。

① 中山信弘. 特许法. 东京：弘文堂出版社，2011：298。

日本有关“专利保护期内的药品制剂案件”中①，法院就对专利权利的保护范围做出了明确的认定。原告是一种药品制剂的专利权人，生产和销售该制剂医药。拥有的该医药制剂的专利保护期于平成8年（1996年）1月21日届满，但是在该专利有效期内，被告为了获得生产许可，生产了与原告拥有专利权的医药制剂相同成分的药剂，并申请了制造许可。原告的专利权保护期限届满后，被告于平成8年（1996年）3月15日获得申请药品制剂的制造许可，此后开始生产销售。

一般药品在日本从申请到获得生产许可所需的时间为2年6个月，由于被告在原告的专利有效期间提交了申请，因此在平成8年（1996年）1月21日甲的专利权届满后，平成8年（1996年）3月15日乙获得了药品制剂的生产许可并开始销售。

原告因此要求被告在平成8年（1996年）1月21日甲的专利权届满后的2年6个月内停止销售争议药品，并根据侵权行为法要求被告赔偿原告专利权届满后的2年6个月内的专利实施费用。

第一审和第二审法院都以专利权保护期限届满为由，驳回了原告的诉讼请求，原告不服提起上诉。日本最高法院判决驳回原告诉讼请求，认为“被告在原告专利权保护期内以生产销售为目的的申请医药许可，进行医药生产销售为目的的试验和研究，符合专利法第69条第1项的法律规定，不构成侵权行为”。

如果在专利保护期间不允许他人进行以申请生产加工为目的的试验和研究，那么势必会使他人在专利保护期结束后的相当长的期间不能自由地使用该发明，这显然不符合专利制度的宗旨。因此，他人在专利保护期内提出申请，在专利保护期结束后准备开始生产的行为不应当认定为专利侵权。

2. 下列情形下使用专利也不在限制使用的范围之内

（1）单纯只是通过日本国内的船舶、飞机或者其他运输工具自身需要而在其装置和设备中使用相关专利。

---

① 最高裁平成11年（1999年）4月16日第二小法庭判决，民集53卷4号627页。

（2）在专利申请时，已经在日本国内存在的物品产品。

某项机械被赋予专利权利，在该专利申请时已经制造的商品，不受该专利技术的限制。

（3）医师或牙科医师的药方配剂行为或者医师或牙科医师的药方配剂的药物，不受将两种以上的医药（对人的病症进行诊断、治疗、处置或者预防而使用的物品）进行混合后制造的医药发明专利或者将两种以上的医药混合后产生的医药制作方法的发明专利的限制。

3. 专利的在先使用

专利的在先使用行为也不受专利权利的限制。《日本发明专利法》第79条规定，因不知道专利申请中的发明内容而自己发明，或因不知道有关专利申请的发明内容而从发明人处得知该发明，并在专利申请时起已经在日本国内从事该发明的业务或准备从事该发明的行为人，在其实施或准备实施该发明及业务目的的范围内，对该专利申请中的专利拥有普通实施许可权。

（1）在先使用的前提条件

日本发明专利法从两方面阐述了在先使用的许可的条件：（1）不知道该技术已经是专利申请中的发明技术，而自己进行发明，并在该专利申请时起已经在日本国内从事该项发明的业务或准备从事该发明业务；（2）不知道有关专利申请的发明内容而从发明人处得知该发明内容，并在专利申请时起已经在日本国内从事该发明的业务或准备从事该发明业务。在这两种情形下，该在先使用人单位等在其实施或准备实施该发明及业务目的的范围内，对该专利申请中的专利拥有普通实施许可权。

这里强调要获得在先使用许可，其在先使用必须是在专利申请时处于不知道该专利已经正在申请中的状态内，否则将不能获得在先使用权利。

（2）在先使用的状况

符合在先使用的条件下，以下两种状况的使用行为将得到日本发明专利法的保护：（1）已经在日本国内从事该发明的经营业务工作；（2）正在准备从事该项发明的经营业务工作。

这里强调已经使用或准备使用发明，如果在专利申请时虽然不知道该项技术已经在申请专利，但是自身并没有从事该发明的经营业务或者也没有准备从事该经营业务的，则不在日本发明专利法许可的在先使用的保护范围之内。

（3）在先使用权的范围

在先使用权人，在原先的专利实施范围内或准备实施该发明及业务目的的范围内，对该专利申请中的专利拥有普通实施许可权。

但是，关于在先使用权的范围如何确定，日本相关法条的文字规定并不明确。如果发生实施行为的变更或转让，应当如何看待在先使用权的范围是一个有争议的问题。

在审判实践中，日本法院判决①中认为，应当将在先使用权利确定时的实施形式和变更后的实施形式进行比较，判断两者之间是否具有“相同性”，如果存在相同性，那么在先使用权的范围就涵盖变更后的实施范围。

《日本发明专利法》第94条第1项规定，与专利实施的经营业务一起，专利的在先使用权在获得专利权人的许可时，或者继承以及一般承继时，该在先使用权利可以转让。但是，如果第三人仅从在先使用权人处获得专利产品的生产设备，并没有与专利业务一同获得专利权的转让，而进行专利产品的生产时，构成对专利权人的权利侵害②。

（二）专利权利的实施许可

专利权人对其发明创新所享有独占性的制造、使用、销售和进口的权利。对侵害其专利权的行为，可以要求侵权人停止侵权并赔偿损失。但专利权人对专利设定使用条件，许可他人使用时，专利权人的固有权利也发生变化。

1. 专利独占实施许可

《日本发明专利法》第77条规定，专利权人可以就其专利权设定独占实施许可权。独占实施许可权人在被设定的规定范围内，拥有实施该发明专利的权利。当与实施的业务一起进行转让时，在取得专利权人的许可时，以及在继承、一般承继的情况下，独占实施许可权可以转让。独占实

① 最二小判昭和61・10・3民集40卷6号1068页（特许百选86案件）。
② 名古屋地判平成17・4・28判时1917号142页。

施许可权人在取得专利权人承诺的情况下，可以对该独占实施许可权设定质押或者可以许可他人获得普通实施许可权。当专利共有的情况下，准用于独占实施许可权的规定。

专利独占实施许可权人可以在专利权人设定的范围内单独实施专利权，专利权人在此范围内也不能够实施专利。但是在专利独占实施许可权人的独占使用范围内，专利权人面对专利侵权行为，专利权人能否要求侵权人停止侵害，日本发明专利法并没有法律规定。日本法院①判例中认为，法律中虽然没有规定，但是从独占实施许可合同的设定宗旨是为了通过他人专利实施而获得专利实施费收入的角度来看，专利权人受到侵害时，专利权人完全拥有排除侵害实现自身利益的必要。此外，如果在专利独占实施许可范围内，专利独占实施许可权人因为某种原因没有制止专利侵权行为，那么此时专利权人又不能主张自己的权利，这显然对专利权人来说将承受利益的损失。所以日本法院判决认为应当承认专利权人在此种情况下，针对专利侵权行为，有权主张对方停止侵权，并对造成的损害进行赔偿。

2. 专利普通实施许可

《日本发明专利法》第 78 条规定，专利权人可以根据其专利权许诺他人拥有普通实施许可权。普通实施许可权人依法律规定或在已设定的行为规定范围内，拥有实施以该发明专利为经营业务的权利。

普通实施许可权人可以根据是否能够独占使用专利而分为“普通独占实施许可权人”和普通实施许可权人。

普通实施许可权人针对他人的侵权行为，既不能要求对方停止侵权，也不能要求对方赔偿损失。普通独占实施许可权人针对他人的侵权行为，可以要求对方损害赔偿，但没有权利要求对方停止侵权。因为普通独占实施许可权人，在设定的范围内拥有独占实施的权利，因此针对在设定范围内的侵权行为可以主张损害赔偿。但是，因为是普通实施许可，所以也就不享有禁止他人实施专利的权利。

此时，禁止他人实施的权利由专利权人享有，专利权人不行使权力

---

① 最二小判平成 17・6・17 民集 59 卷 5 号 1074 页。

的，造成对普通专利实施许可权人的损失，普通专利权人是否可以向专利权人主张损害赔偿，在日本还是一个尚未解决的问题。

（三）专利权实施中的限制性规定

通常情况下，专利权人可以自由地实施专利，也可以许可他人实施专利，在没有获得专利权人的许可的情况下，任何人不得实施专利。但是在一些特殊情况下，日本发明专利法限制了专利权人的专利权限范围，规定在法定实施许可和决定实施许可的状态下，当事人可以不通过专利权人的允许使用该专利。

1. 法定实施许可

（1）在先使用的状况中，法定的普通实施许可权

《日本发明专利法》第 79 条规定，因不知有关专利申请的发明内容而自己发明，或因不知有关专利申请的发明内容而从发明人处得知后成为已有发明，并在专利申请时，在日本国内已经从事实施该发明业务或准备从事该发明业务的人，在其实施或准备实施发明及业务目的范围内，对于该专利拥有普通实施许可权。该普通实施许可权人不用向专利权人支付利益。

（2）根据无效审查的情况，确定的法定普通实施许可权

符合以下各项情形之一的，在专利无效审查结果登记前，不知道专利法第 123 条规定的专利无效的情形，在日本国内从事实施该发明业务或准备从事该发明专利的经营者，在其实施或准备实施发明专利业务的范围内，对被无效的专利或者当时设定的独占实施许可拥有普通实施许可权。① 相同发明的两个以上的专利中，其中之一被无效情况下的原专利权人；② 对于相同发明的无效专利，专利的正当权利者的原专利权人；③ 在前所述情况下，拥有无效专利的专利权的独占实施许可权人或具有《日本发明专利法》第 99 条第 1 项效力的普通实施许可权的权利人。

专利权人或独占实施许可权人，针对拥有上述规定可获得普通实施许可权的特定对象，拥有可以要求其支付相应利益的权利。

（3）外观设计存续期间满了后的法定普通实施许可权

《日本发明专利法》第 81 条规定，在专利申请日之前，或与专利申请

相同日申请并注册的外观设计，与专利申请的专利权相抵触，当外观设计权的存续期满时，原外观设计权人在原外观设计权的范围内，对于专利权或外观设计权的存续期满时存在的专利独占实施许可权拥有普通实施许可权的权利。

此外《日本发明专利法》第 82 条还规定，在专利申请日之前，或与专利申请相同日申请并注册的外观设计，与专利申请的专利权相抵触，当外观设计权的存续期满时，拥有外观设计的独占实施许可权或者具有《日本发明专利法》第 99 条第 1 项效力的普通实施许可权的权利人，在原权利的范围内，拥有该外观设计的普通实施许可权。此时，专利权人或者独占实施许可权人拥有向上述普通实施许可权人获取相应利益的权利。

（4）根据再审查请求结果登记注册前的实施情况确定的法定普通实施许可权

《日本发明专利法》第 178 条规定，当无效的专利经过再审查而获得专利注册登记的，在此之前实施该发明专利的行为人在原实施范围内拥有继续实施该专利的权利。

（5）有关职务发明的法定普通实施许可权

公司职员做出职务发明后，公司有权获得针对该职务发明的普通实施许可权。

（6）转让及对抗要件

法定普通实施许可权转让的，不用注册就可以主张其权利的存在。但是，此时的转让行为必须要将其经营的专利业务一同进行转让，并且仅限于获得专利权人的许可的情形以及继承和其他一般转让的形式。

2. 决定实施许可

（1）3 年不使用情形下的决定实施许可权

《日本发明专利法》第 83 条规定，从注册之日起 3 年以上，在日本国内没有使用的，需要使用该专利的行为人可以向特许厅申请，要求同专利权人或者独占实施许可权人进行协商。如果协商不成的，需要使用的行为人可以要求特许厅进行决定。

（2）使用自身专利时，需要实施他人的专利

《日本发明专利法》第 92 条规定，当自身专利的使用需要实施他人的专利时，可以同他人进行协商。协商不成的，需要使用该专利的行为人可以要求特许厅进行决定。

（3）因公益上需要，可以申请决定实施许可

《日本发明专利法》第 93 条规定，发明专利的实施为公共利益所必要时，拟实施该发明专利的行为人可以向专利权人或独占实施许可权人就普通实施许可权的承诺事项进行协商。协商不成或无法进行协商时，拟实施发明专利人可以请求经济产业大臣决定。

3. 决定实施许可的程序

（1）提交答辩书

需要实施发明专利的行为人，同专利权人或独占实施许可权人就普通实施许可权的承诺事项进行协商，协商不成立时，可以请求经济产业大臣或特许厅厅长进行决定。《日本发明专利法》第 84 条规定，当提出决定请求时，特许厅厅长必须将请求书的副本送达与有关请求的专利权人或独占实施许可权人及其他拥有专利登记权利的行为人，并指定相应的期限，给予其提出答辩书的机会。

（2）听取审议会的意见

在准备做出决定时，特许厅厅长必须在审议会听取审议会的意见。特许厅厅长对于发明专利的实施，如果认为存在实施该专利的正当理由时，不得决定同意请求人获得普通实施许可权。

（3）决定的方式

特许厅实施的决定，必须通过书面形式进行，并且必须附上理由。如果认为必须赋予普通实施许可权的，那么在决定书中应当记述应设定普通实施许可权的范围以及价值数额及其支付的方法及时间。

（4）决定副本的送达

《日本发明专利法》第 87 条规定，进行上述决定时，特许厅厅长必须向拥有专利权利的当事人及非当事人送达决定副本。

将应该设定普通实施许可权决定副本送达当事人时，根据决定的决

定，可视为当事人之间的协商已成立。

（5）价值的委托保管

在决定书中，使用技术需要支付的价值，在下述情况下，必须委托保管。

① 接受价值人拒绝领受，或无法领受时；

② 就利益价值提出诉讼时；

③ 以专利权或独占实施许可权为目的设立质押权时，但仅限于得到质押权人的承诺的情形。

（6）决定的失效

《日本发明专利法》第 89 条规定，拟制接受普通实施许可权的行为人，如果不按照专利法第 83 条第 2 项决定的支付期内支付利益，或不委托付款的（如果将价值以定期支付或其他支付方式支付的，必须支付其最初须支付的份额），该许可使用普通实施许可的决定将失去效力。

（7）决定的撤销

《日本发明专利法》第 90 条规定，依第 83 条第 2 项进行设定普通实施许可权的决定之后，如果出现决定的理由消失及其他原因，使得决定的维持变得不再符合实际情况，或者获得普通实施许可权的行为人，不及时实施该专利时，特许厅厅长依照利害关系人的请求或利用职权，可以撤销决定。当决定被撤销时，普通实施许可权也随即消失。

（8）针对不服决定理由的限制

《日本发明专利法》第 91 条之 2 规定，对于做出的行政决定不服提出异议申诉的，不得以决定的价值作为不服的理由提出异议。

三、日本发明专利“权利的用尽”理论

专利权人或者获得专利实施许可的行为人转让专利产品后，专利产品的所有权人使用或者转让该专利产品时，不再受到专利权利的限制，其行为也不构成专利侵权。这就是知识产权行业内所提到的“专利权利的用尽”理论。

专利权人的专利权利具有独占性，不经过专利权人的许可，任何人都

不得随意利用专利进行专利产品的生产和销售。因此，专利权人为了达到“保护该权益”，或者为了“获得最大收益”，或者“限制竞争对手”，往往会与其他相关商品生产者或者专利产品购买者产生专利权利是否用尽的争议。

也就是说，经专利权人许可生产和销售专利产品，其专利权利的用尽仅限于专利产品转让后的使用和流通等行为，专利产品的生产并不包括在内。因此专利产品的生产行为的定义，专利产品的修理、改造行为是否构成专利侵权等问题就成为“专利权利用尽”的争议焦点。

（一）专利的“权利用尽”

任何人要实施专利，除法律另有规定的以外，必须得到专利权人的许可，并按双方协议支付使用费，否则就是侵权。

但是，专利产品一旦被定价转让后，通常我们认为专利权人的收益已经体现在专利产品的价格上，专利权人的权益已经得到了回报，因此法律不再保障专利权人在特定期间内针对专利享有独占性权利。

权利用尽是专利产品转让后的一项基本原则，如果转让后的专利产品仍然受到专利权人的限制，这不但影响商品的流通，还会导致专利权人从专利产品中获得双重收益，从而过分扩大了专利权人的权力范围。所以，专利产品转让后，原则上专利的“权利用尽”，专利产品的购买人使用或者再转让该专利产品时，不再受到专利权利的限制，其行为也不构成专利侵权。

（二）专利“权利用尽”的例外

专利产品转让后，原则上专利的“权利用尽”，但是也存在专利权利不用尽的例外现象。什么情况下专利产品转让后，专利的权利不用尽呢？这里的专利权利不用尽是针对转让后的专利产品，并不是重新生产的专利产品。例如，一项专利产品的手机，当产生故障后需要进行修理，修理后的该手机是否能重新进行销售。关于这个问题我们不能简单地进行判断，要根据手机坏损的部件是不是该手机的核心部件，该部件是否包含手机生产厂家的专利权利，以及含有专利技术的该部件的生产是否为专利权人所为等具体情况来判定专利权人的专利权利是否用尽。

专利权利如果没有用尽，那么专利权人在转让了专利产品之后，依然可以针对第三人的行为主张自己的专利权利。日本判例中确定专利产品的“再生产行为”是对专利权人权利的侵权，专利权人可以对此主张自己的专利权利。但是，针对专利产品的修理行为，日本往往认定不在侵权范围之内。然而，一项行为是构成对专利权利的再生产还是构成对专利产品的修理更换，需要根据具体案件进行判断。

（三）日本专利权利用尽的范围——“限于国内用尽”

根据专利独立原则，一个国家的专利相对于其他国家来说是独立存在的，不同国家之间对专利的处理结果不影响其他国家的专利权利。一项专利申请在一个国家被驳回，或一项专利在一个国家被宣告无效，这并不必然导致其他国家会做出相同的处理结果，其他国家的专利的权利效力依然存在。

因此，从理论上来说，同一项专利在不同国家其专利权利范围并不能简单地进行等同对待。日本的专利即便与他国的专利相同，其权利效力也仅限于日本国内。所以，日本最高法院在有关专利权利用尽的判例[①]中指出“在国内，专利产品转让后专利的权利用尽，而在国外，专利产品转让后并不能同国内专利因转让而权利用尽相提并论”。这实质上是[②]日本最高法院做出的否定专利权国际用尽的判决结论。

（四）日本“专利权用尽”相关重要判例

日本关于专利的权利是否用尽的判例中，有三个案件比较有代表意义。一是“一次性使用照相机”案件，该案件中法院判决专利的权利没有用尽；二是“药品制剂专利权”案件，该案件中法院判决专利的权利用尽；三是“佳能打印机墨盒”案件，该案件中法院判决专利的权利没有用尽。这三个案件虽然都是专利产品转让后，受让人使用专利产品时是否侵犯专利权人法定权益的案件，但是法院判决没有简单根据专利“权利用尽”原则进行判决。

---

① 判例タイムズ951号，105页。

② “BBS平行进口案件”，最高裁平成9年7月1日第三小法庭判决・民集51卷6号2299页。美国专利权利的用尽否定国际用尽，仅限于“国内用尽”。从1890年的Boesch v. graff, 133 U.S. 687（1890）案件至今，美国法院判决中都否定专利权利的国际用尽。

1. 判例 1 “一次性使用照相机案件[①]”

（1）案情

甲（原告）对市场上销售的一次性使用照相机拥有实用型新型和外观设计的专利权利。然而，乙（被告）却将使用后的照相机回收，并重新装入胶卷后在市场上销售。甲以乙的行为侵犯了其专利权利为由，将乙起诉到法院，要求乙停止侵权行为并进行损害赔偿。乙主张该专利产品因销售后专利权已经用尽，不存在侵权行为。

（2）判决结果

① 法院判决被告行为构成侵权，但只支持原告的部分诉讼请求，并指出本案涉案产品应根据以下理由进行侵权认定。

专利权人或者专利实施许可权人在本国内因专利产品的转让从而实现了专利权的目的，专利权就此用尽。所以，他人之后对专利产品的使用、转让或者转借等行为，不再受到专利权的制约[②]。

② 在专利产品的使用功能结束后，应解释为专利权人针对专利产品拥有行使专利权的权利。首先，对结束使用功能的专利产品，专利权人可以行使专利权并不阻碍商品的市场流通。其次，专利权人不会因此获得双重的利益，另外对结束使用功能的专利产品进行加工后再转让行为也剥夺了专利权人的销售新的专利产品的机会，是对专利权人权益的侵权行为。

③ 针对将构成专利权的核心部分进行替换后的产品，专利权人应当具有行使专利权的权利。但是，此时被追究责任的商品必须与专利权产品具有同一性，否则专利权人也不能行使专利权。专利权人行使专利权的对象不应当涉及构成专利产品的构成部件（如耗材品的电池、灯等）。此外，专利产品如果受到损坏需要修理更换时，该产品也不应当认定与专利产品具有同一性。

④ 有关举证责任划分方面，专利产品使用者只要针对专利权人能够证明其产品是获得了专利权人许可的，那就可以根据专利权利用尽原则避

---

① 东京地裁平成 12 年（2000 年）8 月 31 日判决，判工（2 期）1725，20 页。

② 最高裁平成 7 年（1995 年）（オ）第 1988 号，平成 9 年（1997 年）7 月 1 日第三小法庭判决·民集 51 卷 6 号，2299 页。

免专利侵权。此时，专利权人可以通过主张专利产品的功效已经用完或者专利的重要核心部件被更换等来否定专利权利的用尽。

2. 判例2“药品制剂专利权案件①”

（1）案情

甲（原告）是一种商品（药品）中A制剂的物质发明专利的专利权人。乙（被告）从甲处购买了含有A制剂的商品后，将该商品粉碎加水后提取了主要成分B。乙又将提取的制剂成分B进行精制后，生产出了一种与甲的A制剂有相同用途的商品C，并进行了销售。因此，甲认为乙的行为侵犯了其专利权利，将其起诉到法院，要求乙停止侵权，进行损害赔偿。乙主张制剂成分B是利用甲的制剂A生产的，在其合法获得甲的产品时，甲的专利权利已经用尽，因此其销售产品C的行为不构成对甲专利侵权。

原审法院引用东京最高法院的判决指出“该专利产品的专利权利在商品转让时已经用尽，其权利不能覆盖对其专利产品使用、转让的行为”。但是，同时该法院指出：① 使用专利功效已经结束的专利产品；② 更换专利产品的主要核心部件时，专利产品的权利没有用尽。由于本案中被告的行为不涉及上述两项内容，因此原审法院判决驳回了原告甲的诉讼请求。原告不服，向东京高等法院提起上诉。

（2）判决结果

第二审东京高等法院判决驳回原告诉讼请求，判决中指出：“专利权利用尽是指针对专利产品中所包含的专利实施对象进行使用、转让的权利用尽，合法的购入专利产品后，如果从第三者处购进原料，并利用该原料生产与购入的他人专利产品相同的商品的行为就构成了对他人专利权利的侵权”。即改变专利产品形状的行为是构成对专利产品的修理，还是对专利对象的具体实施，这决定了该行为是否构成对他人专利的侵权认定。

本案第二审法官指出：“被告乙从专利产品中提取物质发明专利制剂B，并进行了精制后，生产的产品中包含的是在原告处购买的制剂A本身，被告乙并没有通过化学反应制造出新的专利制剂A。因此，被告乙的

① 东京高裁平成13年（2001年）11月29日判决，判时1779号，89页。

行为不能被认定为另行生产制剂 A 的行为，乙改变专利产品形状的行为也不构成对他人专利权利的侵权。”

3. 判例 3 “佳能打印机墨盒案件[①]”

（1）案情

佳能公司研发了一次性打印机墨盒，无充填墨粉用开口，在市场上进行销售。Recycle Assist 为了利用墨粉用尽的佳能墨盒，在回收墨盒上开孔，并进行清洗后，重新灌墨，然后进行销售。佳能公司发现重新上市的墨盒后，认为 Recycle Assist 公司回收、加工墨盒并销售的行为侵犯了佳能公司专利权利（JP3278410）。于是 2004 年 4 月以 Recycle Assist 公司为被告，将其起诉至东京地方法院，要求 Recycle Assist 公司停止进口和销售回收墨盒并废弃库存。该案先后经过三个级别法院审理，并于 2007 年 8 月由日本最高法院做出终审判决。

第一审判决内容：东京地方法院于 2004 年 12 月进行一审判决，判决中指出“Recycle Assist 公司对佳能公司墨盒的加工在修理范围之内，Recycle Assist 公司没有侵犯佳能公司的墨盒专利权利，于是驳回了佳能公司的诉讼请求”。佳能对此判决不服，于 2004 年 12 月向东京高等法院上诉。

第二审判决内容：2006 年 1 月，知识财产高等法院经过对案件审查，做出二审判决。判决中法院指出“Recycle Assist 公司对佳能公司专利墨盒本质部分进行的加工、替换行为，侵犯了佳能公司的专利权利”。法院在判决中确定的侵权认定标准有两项，不管符合哪一项，都构成侵权。该两项标准：（a）“产品效用用尽后的再使用”；（b）“是对专利发明本质部分构件的加工、替换”。第二审法院认为 Recycle Assist 公司的回收墨盒行为适用第二项标准。2006 年 2 月，Recycle Assist 公司不服知识财产高等法院的二审判决，向最高法院上诉。

（2）判决结果

终审判决内容：2007 年 11 月 8 日，日本最高法院第一法庭经过审理，做出终审判决。日本最高法院判决维持知识财产高等法院的二审判决内容，指出 Recycle Assist 公司的行为构成侵权，并驳回了其上诉请求。

---

① 东京高裁平成 19 年（2007 年）11 月 8 日判决，判时 1990 号，3 页。

日本最高法院在本案审理中指出“是否再生品构成专利侵权，要判断该产品是否构成对专利产品的生产行为”。法院认定被告公司的行为构成对专利产品的“新的生产”，因此认定 Recycle Assist 公司进口销售回收墨盒行为侵权。日本最高法院对“新的生产”的判断指出四项构成要件：（a）正品的属性（根据功能、结构、材质和用途）；（b）正品专利技术内涵；（c）正品被加工或更换零件的状况（被加工时的状态、加工程度）；（d）该产品的销售状况。

本案日本最高法院审判长指出，佳能专利墨盒为一次使用，并无充填墨粉用开口的产品，而 Recycle Assist 公司在回收墨盒上开孔、清洗、再灌墨行为构成对“佳能墨盒专利功能的恢复”，因此 Recycle Assist 公司的回收、加工墨盒行为应当被认定为是“新的产品的生产”行为。

4. 上述三个案例的特点

上述案例中，一次性照相机案件和佳能墨盒案件都是针对使用结束后的专利产品产生的争议，而且这两个案例有一个共同的特点，即法院判决认定专利权利不用尽，专利权人有权主张专利权利。然而，药品制剂专利案件与其他案件不同，法院判决药品制剂专利权利已经用尽，专利权人不能主张专利权利。

那么，上述案件中的审判结论之间有什么不同，法院又是依据什么进行判断的呢？笔者认为，两者的区别在于“专利的物质属性是否发生了改动”。一次性照相机案件和佳能墨盒案件的专利自身因为被改动，物质属性发生了变化。但是，药品制剂专利案件中，专利产品虽然被改变形状，但是专利物质本身并没有被改动，或发生变化。所以，法院判决指出药品制剂的专利权利用尽，专利权人不能主张专利权利。

（五）日本专利“权利用尽”理论的构成

日本的权利用尽理论源自欧美的知识产权制度，但是在日本发明专利法中并没有“权利用尽”的具体规定①。关于专利权利用尽的理论构成，

① 《美国专利法》中也没有“权利用尽”的法律规定，从 19 世纪开始判例中才开始确定适用该原则。Bloomer v. McQuewan, 55U. S. (14 How.) 539 (1853); Adams v. Burke, 17Wall, 453 (1873).

日本学术界也有不同的观点，审判实践中侵权判断标准也不统一。

1. *有关法律规定*

在日本的《集成电路布图保护法》第 12 条第 3 款、《著作权法》第 26 条之 2 第 2 款，以及《种苗法》第 21 条第 4 款中都有关于权利用尽的法律规定。但是，日本发明专利法、商标法中却没有明确的条文规定。

日本学者主张应当在专利法条文中具体规定“权利用尽”的原则内容，但是迄今尚没能得到实现。然而“权利用尽”理论在专利审判实践中，通过法律解释的形式得到了普遍认可和适用。

2. *学说观点*

日本学术界为了对“知识产权的权利用尽”寻找理论依据，从不同角度提出了不同的学术观点①。这些学说为日本法院审判案件提供了理论依据。

（1）专利的“权利用尽”说

日本主流观点和判例中采用了专利“权利用尽”的学说。该观点指出，从实质上来说，专利的权利从产品转让时起已经消灭。即专利权人制造的产品因为转让，其专利权已经实现了其目的，所以专利产品的专利权也因此而用尽。

（2）所有权转让说

与主流观点不同，所有权转让说认为专利产品的所有权发生转让后，专利产品的所有权人不再受到来自专利权人的专利限制。但是②，所有权转让说没有将所有权和专利权的性质进行区别对待，而将两者混为一谈。所以，该观点在日本并没有得到普遍的支持。

（3）默示实施许可说

默示实施许可说认为，专利产品销售时，权利人已经默示地承认给予购买者实施其专利的权力。但是，在日本默示实施许可说并没有得到学术界的普遍支持。

没有得到普遍支持的原因在于该学说在默示方面，从理论上很难给予

---

① 吉田清岩. 关于专利消尽的原则的基础研究. Patent. 34 卷 12 号，69。

② 中山信弘. 特许法. 东京：弘文堂出版社，2011：370。

圆满的解释。例如，通常专利产品销售时[①]明显不存在默示许可的情形，专利权转让后的默示许可等内容从理论上进行解释和说明也存在相当大的困难。因此，默示实施许可说最终还是承认专利产品购买人有权实施专利产品的相关权利，这与专利权利用尽的主流观点一致，没有任何区别。

（4）目的达到说[②]

目的达到说认为专利权的目的已经达到，专利权人的专利权借此消灭，专利权人不得干涉专利产品购买者的任何权利。

（六）日本法院判例特点

1. 普遍适用专利“权利用尽”法理

日本最高法院的判决[③]中指出，“关于专利权的用尽，在日本国内专利产品发生转让后，专利权就应该用尽，专利权人在转让时即便提出反对消尽的意思表示，其主张也不会有太大的可能得到支持”。一项专利产品，一经转让那么在日本国内其专利权利就一律用尽，专利权人不能够再主张限制他人使用该专利产品。

2. 判例中“权利用尽”的理论依据

日本判例[④]中，对专利权利的用尽的理论依据做了具体的归纳，包括以下三个方面。

（1）利益平衡就是协调“对发明专利的保护”和“社会公众利益”之间的关系

专利权人拥有对专利发明的绝对权力，如果过于对专利权人发明专利进行保护，那么就会对社会公共利益带来损害。所以，协调两者之间的利益均衡是法官审判案件时必须时时刻刻给予关注的重要内容。

（2）维护商品流通就是专利权的性质因产品转让而发生变化，应当维护商品自由流转

转让专利产品后，专利权人的专利权利通常都会发生变化，既然专利

---

① 中山信弘．特许法．东京：弘文堂出版社，2011：371。

② 相泽英孝．知识产权法概说．东京：弘文堂出版社，2010：93。

③ 最高裁判所判例解说民事篇，平成 9 年度（中）793 页。

④ 最高裁判所第三小法庭平成 9 年（1997 年）7 月 1 日判决，民集 51 卷 6 号，2299 页，《特许百选 106 案件》。

权人的目的原则上已经达到，那么就不能允许专利权人再对专利产品主张权利。如果不这样，那么专利产品的自由流通将受到阻碍，妨害正常的商品交易。

（3）禁止获得双重利益就是专利权人在流通领域没有必要获得双重的利益保护

专利权人在生产和销售专利产品时，其专利权益已经通过专利产品价值得以回收，如果已经转让后的专利产品所有人依然还会受到专利权人的限制，那么就可能使专利权人获得双倍的专利权益。所以，应当禁止专利权人获得双重利益。

3. 判例中“权利用尽”存在例外现象

专利权利因专利产品转移而“权利用尽”，这是一项基本原则。但是，并不是所有专利产品转让后一律专利“权利用尽”，专利权利在特殊情况下存在例外，权利并不用尽。

（七）日本关于“专利权用尽”的例外

专利权利原则上随着专利产品的转让而消尽，专利产品的购买人获得专利产品后，可以使用或转让该专利产品，当产品出现损坏，购买人可以修理或改造该产品。如果专利产品损坏到无法使用的状态，那么专利产品购买人就可以销毁该产品，并重新购买新的专利产品，而不能实施针对该专利产品的“再生产行为”。

但是，如果针对使用功效结束的专利产品，购买人认为该产品的部分机械还能使用，只要更换其他部分零件就可以恢复该产品的功能，此时对专利产品进行修理、改造、加工后又重新将该产品投入市场的行为是否构成专利侵权，对此不能一概而论。如果修理、改造、加工行为构成对专利产品的“生产行为”，那么该行为将构成专利侵权，专利权人有权主张“专利权利不用尽”。日本的专利权利用尽的案件主要集中在对专利产品修理、改造、加工的行为是否构成侵权的认定方面①。日本专利权利不因产品转让而用尽的“例外认定标准”通常要考虑以下几点构成要素。

① 中山信弘. 特许法. 东京：弘文堂出版社，2011：372。

1. 尊重专利权人设定的产品使用意图

就前述的“一次性照相机”案件中，当专利权人将一次性照相机投入市场后，不久专利权人发现有其他经营者将用完的一次性照相机进行改造后，装上新的胶片再次投放市场。专利权人将对方告上法庭，准备追究其专利侵权责任。但是，对方主张一次性照相机转让后专利权利已经用尽，不存在侵权行为。日本法院判决[①]中指出，专利权人将产品设定为一次性使用并附有注意事项的说明，因此专利权人并没有赋予其他人可以无限制地对该专利产品自由使用的权利。所以，考虑到专利权人对专利产品使用的意图，法院指出超越专利权人设定的专利产品使用范围的行为人，不能任意主张专利权用尽。

那么，专利权人为了获得“利益最大化”而设定的专利产品使用限制是否都必须遵循，这还要看专利权人的限制措施是否涉嫌垄断和违反其他法律规定。

2. 要根据专利产品的功效等进行综合判断

就上述案例中“佳能打印机墨盒”而言[②]，墨盒为一次性使用产品，当使用一次后，该墨盒的功能就已经结束。专利产品的功效何时结束，不受专利制造者的意思表示限制，应当根据专利产品的功能、构造、材质、用途等客观性质，专利发明的内容（特别是专利权利范围）及专利产品使用形态等来综合判断。

日本法院判决中也指出，“一次性照相机的产品功效要根据社会普遍观念来认定，即该相机使用一次后，其功效就已经结束”。如果在此状况下，产品使用人依然还要通过其他方式继续使用时，法院就有可能判决认定此时专利权利没用尽。

也就是说，专利产品其功效结束后，已经不能再使用，这不仅要从社会普遍观念上来认定，还要从其功能、构造、材质、用途、使用形态等方面来进行综合判断。如果相机不是“一次性使用照相机”，那么对相机的修理改造行为或许都很难认定构成侵权。

---

① 东京高判平成 13 年（2001 年）11 月 29 日判决，判例タイムズ1104 号，259 页。
② 东京高裁平成 19 年（2007 年）11 月 8 日判决，判时 1990 号 3 页。

3. 是不是对构成专利本质部分的部件进行更换①

对构成专利的本质部分的部件进行更换的，专利权人应当可以主张其专利权利。相反，专利产品的部件如果不属于专利权人专利的本质部分的，那么专利权人就不能主张专利权利没有用尽。如果更换的部件并非单独构成专利，而是数个部件组合而成为一项专利的，那么对其中的一个部件的更换就不能说构成专利侵权。

对构成发明专利的本质部分的部件进行更换的判断标准主要看更换后和更换前的专利产品是否具有相同性。

4. 是否构成对专利产品的再生产

构成对专利产品的再生产还是修理更换，对专利权利是否用尽有着至关重要的意义。一次性照相机案件中，更换胶卷后的一次性照相机重新投放市场后，可以说该修理后的照相机与专利权人的照相机完全相同，形式上看是对使用完的照相机的修理行为，但是这样的修理不但影响专利权人的专利销售，而且本质上就是专利产品的再生产行为。

通常，我们说对专利产品的修理更换不构成对专利权利的侵犯，此时专利权利因专利产品转让而用尽，专利权人不能对专利产品的修理更换人主张专利权利。而对专利权利产品的再生产的行为构成对专利权的侵权，专利权人可以主张其专利权利，此时专利权不因专利产品的转让而用尽。由于专利产品只有专利权人才有权加工制造，获得专利权产品的行为人通过对专利产品主要部件的更换等行为，造成其产品达到了与专利产品相同的性质时，我们说该行为构成对专利权人权利的侵权，此时专利权利不因为转让行为而用尽。

（八）日本关于“专利权利不用尽例外”的争议

日本法院案例中虽然确定了专利权不用尽的判断标准，但是在日本学术界尚存在很大的争议。以下是对“专利权不用尽例外”的日本法院判决内容和学术争论意见的内容归纳。

---

① 末吉亙. 实务知识产权法讲义. 东京：民事法研究会，2008：160－163。

1. 专利“权利用尽”的理论目的

专利“权利用尽”理论保护的权益范围，从其侧重点上来看，该理论与其说是保护专利权人的利益，不如说是为了限制专利权人的权利范围，维护专利产品使用人等的权益。所以，关于专利权利是否用尽产生争议时，我们应当着重考虑保护专利产品使用人等的权益。

而且，与专利“权利用尽”相关的争议往往因为专利权人设定一些专利产品使用上的限制性条件而产生，因此从科技发展、消费者保护、科技的发展等角度来看，专利的“权利用尽”作为原则得到广泛的认可是该理论发展的趋势。

2. 专利侵权的审查重点

专利权利不用尽的争议主要涉及对专利产品的修理、部件的更换、加工等行为是否构成对专利产品的再生产。如果构成对专利产品的再生产，那么专利权利就不用尽，如果不构成专利产品的再生产，那么专利权利就用尽。

实际上，如何区别对待一个行为是否构成“再生产”或者“修理、加工”，判断起来并非容易之事。在欧美国家也存在相同问题，日本学者①认为判断的关键是要根据专利的技术标准来进行判断，从技术上来看，争议产品如果是对专利技术重要部分进行更换的，就构成对专利产品的再生产，否则就应当认定为修理、加工等行为，不构成对专利权利的侵权。

3. 尊重专利权人销售上的意思表示

专利权人为了利益最大化，往往对产品采取一定形式的限制性措施。比如，上述案例中的“一次性使用照相机”，专利权人会对照相机的使用次数进行限制。这种限制本身不违反任何法律规定，虽然有过度浪费资源的嫌疑，但是其本身并没有什么不妥之处，除非限制行为涉嫌违反《反垄断法》所限制的“搭售”行为或者出于安全考虑等因素。否则，专利权

---

① 林いづみ，川田笃：“关于日本美国德国就再生产、修理同权利用尽的比较研究”，*Patent*，62卷1号，67页。北海道大学田村善之教授在日本专利代理人会议发表上指出“被告的加工修理行为即使不在专利权人设定的专利发明内容之内，但只要该修理加工行为不涉及专利的本质部分的属性，那么该行为就应当认定涵盖在权利用尽的范围之内”。

人对专利产品使用人等使用专利产品上的限制性措施就可能涉嫌违反法律规定，也将不能得到法律的保护。

（九）日本专利“权利用尽”法理的启示

“专利权利的用尽”应当作为专利权的原则来看待，除特殊情况（如医药的安全性、禁止医药器材的再使用等）外，不应当扩大专利权利用尽的例外的范围。在判断专利权利是否用尽时，应当以专利核心内容来考量，即便不涉及专利核心内容也有专利侵权的可能性。专利权人针对专利产品的限制性措施往往诱发专利权利用尽争议，该限制性措施不违反《反垄断法》等法律规定，原则上应当认定有效。专利权利是否用尽，不单单是欧美，在日本也存在认定上的困难，所以应当谨慎判断，有效地把握专利“权益平衡”，进行政策上的综合性决断。

1. 专利权利用尽的核心是“权益的平衡”

专利“权利用尽”理论实质上是为了保护“专利权人”和“专利产品购买使用人”的权利，同时也是为了平衡两者的权益。所以，“专利权利用尽”理论研究和审判实践自始至终都需要认真看待这个平衡的含义，公正、合理地处理两者的权益争议。正确把握和领会专利权利用尽的核心内容“权益的平衡”，并不是件容易做到的事，实际的争议案件当中不能体现权益的平衡将最终决定争议处理结果的公平、正义。

2. 对专利“权利用尽”的限制措施的意义

专利产品转让后，专利权人对专利产品的权利用尽，专利权人不得再干涉专利产品使用人的权利。但是，专利权人由于利益的驱使往往会通过各种形式限制专利产品的流通转让。限制专利产品流通转让行为如果不违反《反垄断法》规定的，通常可由专利权人自由实施。

（1）合同中销售地域限制性约定的效力

专利权人与专利产品购买者之间约定销售地域，该约定受到《合同法》的保护，应当有效[①]。但是，该约定如果违反《反垄断法》的规定，则合同约定无效。

专利权利在专利产品第一次转让时已经消尽，专利产品受让人再次将

① 中山信弘. 特许法. 东京：弘文堂出版社，2011：372。

该专利产品进行转让的，此后专利产品受让人的权益不应当受到来自专利权人的任何干涉。即使专利权人和第一次专利产品受让人约定销售地域，只要该约定不违反《反垄断法》，即便此后专利产品被跨区域交易，那么专利权人也只能追究合同当事人的违约责任，不得干涉其他交易人的权利。

（2）对专利产品使用形式采取的限制性措施

专利权人生产专利产品时，通常会在专利产品的使用期限和使用条件上采取限制性措施，限制专利产品的使用范围。比如，一次性使用的打印机的墨盒，生产厂家往往不会让墨盒反复使用，或者使用期限过长。因为使用期限越长，越能够反复使用，对专利产品制造商而言获得利润的机会就会越少。采取限制性措施对消费者来说，带来了不便和成本的增加，但是对生产者来说却意味着利润。

对于类似限制性措施，除了“产品安全性考虑”以及不违反《反垄断法》规定以外，专利权人的限制行为可以说无可非议，消费者不认同可以不购买，或者对比类似产品后进行选择性购买。

（3）权利不用尽的判断标准（构成“再生产”的认定）

专利权利不用尽的情形主要涉及专利产品使用期间的修理、改造行为，这些行为如果构成对专利产品的“再生产”，那么专利权利此时不用尽，专利权人有权制止专利产品持有人的修理改造行为。

如何判断修理、改造行为构成对专利产品的“再生产”，对此不管是欧美还是日本，判断起来都存在现实的困难。欧美和日本的法院以及学者从不同的角度，试图对“再生产”进行系统性的认定。但是，综合考察后其主要标准不外乎包括以下内容：

首先，修理、改造对象是否涉及专利核心内容。① 涉及核心内容：如果涉及专利核心内容，那么对专利核心部分的修理、改造行为就很容易构成“再生产”。② 不涉及核心内容：如果修理、改造行为不涉及核心内容，那么就很难构成专利产品的“再生产”。在上述判断基础之上，如果要认定存在侵权行为，那么就需要对修理改造后的专利产品的功能、构造、材质、用途等客观性质以及专利发明的内容、专利产品使用形态等做进一步的分析和综合性论证。

其次，就要看专利权人是否对该部件实施了限制措施。如果专利权人的限制措施不违反《反垄断法》规定或出于“产品安全性考虑”，那么专利产品使用人就应当遵循专利权人的限制措施。例如：专利部件能否替换，专利部件是否存在使用期限、使用次数上的限制等。如果该专利产品的核心部件不能替换，那么将该部件进行替换的行为就是“再生产”行为。如果能够替换，那么替换该部件的行为就不构成“再生产”行为。但是，如果改造该部件本身，之后再将改造的部件进行替换的行为就属于“再生产”行为。前述关于“墨盒”的案件中，墨盒可以替换，替换成其他类似产品的行为不构成“再生产”行为。然而该案件中，被告并没有单纯地替换墨盒，而是在使用完毕的墨盒上开孔重新装填后进行销售，显然这样的修理改造行为实质上就是“再生产”行为。

（4）侵权判断时“专利价值认定”的重要性

一项产品的销售价格中包含有多重价值成分，包括生产商的商誉价值、生产成本价值及专利研发价值等内容。专利产品在销售时，其销售价格中包含了专利的价值成分，所以专利权人的专利研发收益通过产品转让得到了回收，专利权利由此也用尽。因此，一旦认定专利侵权，在确定侵权人的损害赔偿额时，一定要从多重价值成分中特定专利侵权的损害额度。

（5）侵权性质认定的综合判断的必要性

专利产品经合法销售后，其专利权利原则上就已经“用尽”，专利产品购买人如何使用或转让该专利产品是其自由，不应当受到任何的干涉。但是，专利产品购买者不能持有专利产品进行“生产行为”。与该生产行为相关的争议，基本上都与专利产品的修理或改造有关，也就是修理改造行为使原本用尽的专利权利得以复活，从而使专利权利不再用尽。

如何认定再生产行为，前述内容已做介绍，但是上述判断标准仍然需要在侵权性质认定上进行综合性判断。例如，日本药品制剂专利权案件中，A 制剂物质发明专利被提取后添加到类似产品中使用，该使用 A 制剂的行为改变了商品形状，原本应当用以认定侵权。但是，法院认为之后的产品是从专利产品中提取物质发明专利并进行了精制后制造的，该产品中包含的是在专利权人处购买的制剂A本身，该行为并没有通过化学反应制造出新的专利制剂A，因此，被告乙的行为不能被认定为另行生产制剂A的行为，乙改变专利产品形状的行为也不构成对他人专利权利的侵权。虽然，该案件或许可以从专利的形状或性质上寻找答案，即有形状的专利修理、改造与无形状的专利的修理、改造在认定“再生产行为”的结果上不一致。无形状的专利物质即便涉及专利内容，但是被进行修理、改造后，仍然不构成专利侵权。

所以，在判断专利权利是否用尽时，根据具体情况，进行理论分析后，往往在确定侵权与否上都要根据专利的形状、特征、性质及功能等内容，从公平、合理的角度权衡利弊，进行政策性综合判断。

四、日本发明专利平行进口

专利权人对专利产品拥有进出口的权利，进出口的权利和权利用尽相联系，现实生活中产生争议较多的就是平行进口问题。日本发明专利法中没有关于平行进口的法条规定，审判实践中日本法院的判决基本上没有对平行进口进行过于严厉的限制。

在日本学术界也有针对平行进口的争论，有观点认为应该承认平行进口的存在，也有观点提出否定的说法。肯定说[①]认为，应当让具有国际性的专利产品自由地进行交易买卖，专利权人以国别为标准而设置的价格规定应当被撤销。否定说[②]认为，国际市场并不是单一的存在，专利权人因国别设定价格是合理的行为，承认平行进口将造成难以阻止专利侵权产品的进口。

（一）日本有关专利平行进口的[③]判例——“BBS平行进口案件”

原告为一家德国公司（BBS公司），被告为一家日本公司。德国公司在日本申请了进口产品的专利，但是其专利产品被一家日本的公司在德国

① 中山信弘. 工业所有权法. 东京：青林书院出版社，1980：376。
② 相泽英孝：“並行輸入に関する最高裁判所判決について” 知財フォーラム31号。
③ 民集51卷6号2299页·特许百选106案件。

购买后，平行进口到日本，因此引发了本案的争议。德国公司主张日本公司的进口行为侵害了其在日本的专利权利。

1. 该案涉及以下几个争议点①

（1）专利产品在国外的销售行为受不受专利地域性和独立性原则的影响

日本法院认为针对平行进口能否行使专利权，这在日本是一个专利法解释的问题，与公约中规定的专利独立性原则以及专利的地域性原则没有任何关系。

（2）专利产品在国外的销售行为对国内来讲是否适用权利用尽的理念

法院的判决中基本承认专利产品的销售行为不管是国内还是国外都受到专利权利用尽的理念的影响。在国内专利产品的转让受权利用尽的影响，在国外专利产品的销售也受到权利用尽理念的影响。但是，在国外销售的专利产品平行进口到国内时，如果专利权人和专利权产品购买人之间存在特殊约定，那么该专利产品的进口将受到限制。

（3）本案如何理解权利用尽条件下禁止专利权人的双重利得

专利产品在转让时，因专利权人通过产品的利益已经获得专利的收益，所以专利权因专利产品的转让而用尽。但是如果专利权人限制专利产品的进口，那么是否就构成双重利得，就此日本法院认为这与专利权利用尽条件下的禁止双重利得的宗旨存在区别。因为专利权人在国外的专利产品是根据国外的专利申请获得的权利，而日本国内的专利权利与其国外的专利权利并不能说是都是出自相同的发明专利，所以在不同的两个权利上不存在双重利得现象。

2. 该案件日本法院的判决核心内容

在BBS平行进口案件的判决中，日本最高法院认为德国公司如果同日本公司之间有特别进口限制性约定的，可以主张自身专利权利，限制日本公司进口。如果两者之间没有任何约定，那么德国公司就是默许日本公司进行平行进口，因此也就不能主张专利权利，并且也不能限制日本公司进行商品进口行为。在该案件中，日本法院做出的判决的核心内容可以归

① 末吉亙. 实务知识产权法讲义. 东京：民事法研究会，2008：306－307。

纳如下。

① 针对专利产品的进口，专利权人是否做出保留性约定

专利产品出让人对销售地或者使用地等内容没有特别约定的，视为专利权人许可专利产品受让人在日本有权利支配该专利产品。

② 专利权利出让人对销售地或者使用地与受让人没有特别的约定

专利权人在销售专利产品时，可以自由地同专利产品受让人约定专利产品可以使用的地点等事项，该事项完全可以由当事人意思自治来决定。

③ 专利权人的子公司或者关联公司等的专利产品转让行为的性质

专利权人的子公司或者关联公司等的专利产品转让行为如果能够等同于专利权人的行为，那么该转让专利产品的行为应当视为与专利权人的转让行为具有等同的效力。

④ 专利产品进口与最初专利产品转让地的专利权存在与否没有任何关系

从保护专利产品受让人自由转让专利产品的角度出发，专利产品进口与最初专利产品转让地是否存在专利权没有任何联系。

3. 日本专利平行进口理论的发展趋势

从理论发展的趋势上看，日本学者倾向于扩大专利平行进口的认定范围的趋势。通过 BBS 平行进口案件我们也可以看到，法院的观点也是承认平行进口的，并且对限制平行进口的行为认定为“默示承认”，这就进一步保护了专利产品进口人的权益，扩大了平行进口的范围。但是，从 BBS 平行进口案件的性质上来说，该案件属于德国公司起诉日本公司要求禁止日本公司平行进口，因此，日本法院的判决也存在倾向于保护其本国企业利益的可能性。如果是日本公司起诉德国公司要求禁止德国公司进行平行进口行为，那么日本法院的判决是否会有所变化不得而知，然而这种可能性还是存在的。有关日本平行进口的争议点归纳如下。

① 平行进口行为是否区别对待国内与国外的专利权利用尽

日本国内针对平行进口，将其从国内和国外两个层面加以区分来考虑，但从理论上来看应该不存在这样区分的必要，日本学者中山教授也就此提出了质疑。

② 专利权人能否通过专利实施约定限制专利权利用尽的范围

从专利权利用尽的理论上来看，专利权利因专利产品的转让而用尽，但专利权人能否通过专利实施约定限制专利权利用尽的范围却是一个有争议的问题。除了特殊情形下（医疗安全等）可以认定专利权利不用尽外，以保护消费者权利和社会公共利益，究竟什么情形才构成特殊情况，其理论依据是什么，也值得进一步探讨和研究。

③ 有许可平行进口的约定时，专利权人的约定形式

即便承认通过许可平行进口的约定可以限制他人进行平行进口，那么如何约定，其形式是什么样的，需要合同约定还是在产品上标注即可，如何标注等都需要进一步的研究和探讨。

④ 不存在许可平行进口的约定时，专利权人能否限制进口

广泛地承认平行进口或许是一个发展趋势，那么如果没有关于平行进口的约定或标注限制性条项时，又怎样来保护专利产品的受让人的权利，这也是一个值得讨论的课题。日本 BBS 平行进口案件中，法院认为没有约定就是为“默示许可”的判决，可以说具有相当强的现实意义和价值。

（二）有关日本商标的平行进口——“Fred Perry 案件”

平行进口（Parallel Imports）是国际贸易和知识产权保护领域中的一个重要的话题，随着全球化的进程，平行进口对很多国家来说越来越密切。是否许可平行进口，理论争论和各国法律实践未形成一致的对策，甚至很多国家法院对平行进口的态度也前后充满了矛盾。美国判例法称平行进口为“灰色市场商品”，即未经美国知识产权所有人同意而进口至美国的、在美国境外制造，并包含了有效的美国知识产权的商品。

将商标权人正规产品从国外平行进口，这可能对商标权人的利益带来损害，容易产生纠纷。

1. 日本最高法院有关商标平行进口的判决

日本 Fred Perry 案件①是日本最高法院有关商标平行进口做出的重要

① 最高裁平成 15 年（2003 年）2 月 27 日第一小法庭判决。

判决。"Fred Perry"商标最初属于英国法人乙（被告）注册的驰名商标，平成7年（1995年）11月29日该商标所涉及世界110个国家的商标权（除了日本以外），后被转让给了另一英国法人丙。该英国法人丙是日本法人甲（原告）的全资子公司，日本法人甲平成8年（1996年）1月25日又从英国法人乙处转让获得了"Fred Perry"商标在日本范围内的商标权利。此前，日本法人甲仅是日本国内"Fred Perry"商标的独占许可使用权人。

所以，本案甲（原告）就是拥有"Fred Perry"商标权的日本法人，同时也是日本以外国家的"Fred Perry"商标所有权的英国法人注册资本100%的出资人。被告乙为"Fred Perry"商标的最初拥有人。

被告乙与本案涉案产品的生产人新加坡公司之间关于附有"Fred Perry"商标的服装生产委托合同签订于平成6年（1994年）4月1日，合同期限为3年。也就是在日本100%控股的子公司获得"Fred Perry"商标的平成7年（1995年）11月29日起，本案商标在原合同约定范围内被告乙仍然拥有相应的"Fred Perry"商品销售的权利。

因此，被告乙于平成8年（1996年）3月左右开始至7月前后，将印有中国制造的服装进口到日本，并于6月开始进行销售。本案中国制造的服装是由被告乙委托新加坡公司生产的产品，该产品由新加坡公司委托中国进行加工生产，附有中国生产标志。

原告甲认为被告乙的进口销售行为侵犯了其商标权，进口商品是假冒侵权产品，申请海关禁止相关产品的进口，并将乙起诉至法院。被告乙主张涉案产品非假冒产品，其进口行为缺少违法性。

日本最高法院驳回被告诉讼请求①，具体判决内容如下：平行进口行为的非商标权人的第三者，从事进口与注册商标指定的商品相同的产品，且该产品附有与注册商标相同的标志的，如果该行为没有获得日本商标权利人的许可，那么该进口行为就构成侵权（《日本商标法》第2条第3款，第25条）。但是，即便是具备上述侵权构成要件，如果存在以下3个要素的，该进口行为可以被认定为缺乏违法性而不构成商标

① 特许实务日记：http://d.hatena.ne.jp/Nbenrishi/20070425。

侵权。

(1) 该商品的商标是在国外由商标权利人合法使用添付，或者该商标在国外得到商标权利人许可合法使用。(为商标权人的产品)

(2) 在国外的商标权人与日本的商标权人是同一人，或者从法律上、经济上可以视其为同一人关系，且该国外商标和日本的注册商标都拥有相同出处。(商标属于同一商标权人)

(3) 日本商标权人可以直接或间接地对该商品进行品质管理，该商品的品质与日本商标权人的保证的商品在品质上没有实质性差异。(品质保证功能)

但是，新加坡公司的商标使用合同实施行为虽然获得许可，拥有使用本案商标3年的权利，但是该公司在没有得到商标权人许可的情况下，擅自在合同约定地域之外的中国工厂委托加工涉案商品，这完全是超出了合同的许可使用范围，是对商标出处功能的损害。商标许可使用范围对保护商品的质量极为重要，针对本案商品，商标权人不能进行管理，因此本案商品与商标权人保证的商品品质相比可能存在实质上的差异，有可能对商标的商品品质保护功能带来损害。

因此，日本最高法院认为“本案商品的进口行为，不能被认定为非假冒产品而获得平行进口许可，不能说其缺少实质上的违法性”。

2. 日本商标平行进口理论研究

(1) 肯定说与否定说

针对平行进口行为日本法院有两种观点：一是肯定说，即承认进口效力不侵犯商标权人利益；另一个是否定说，即侵犯商标权人权益不承认进口。

肯定说承认平行进口的效力，有关判例[①]认为，“进口正规产品销售的行为，对日本商标权的出处表示，品质保证没有侵害，所以该行为不具有实质上的违法性”。

---

① “パーカー事件”大阪地判昭和45年（1970年）2月27日无体集2卷1号，71页、“ラコステ事件”东京地判昭和59年（1984年）12月7日无体集16卷3号，760页、“BBS事件”名古屋地判昭和63年（1988年）3月25日判时1277号，146页、“ゲス事件”东京地判平成2年（1990年）12月26日无体集22卷3号，873页。

否定说不承认平行进口的效力，有关判例[①]认为，“从国内外商标权利人的相同性或者法律上或者经济上不具有密切关系等地方着手，不准许平行进口”。

但是，在日本平成15年（2003年）2月27日的“ブレッドペリー事件”（Fred Perry案件）[②] 中，日本最高法院在一定的条件下承认了平行进口的效力。认为如果对本国的商标权人没有什么不利的影响的情况下，可以考虑允许这样的进口存在。允许平行进口的要件有3点：① 该进口商品是从外国的商标权利人或者商标权人处获得使用许可的合法的权利商品（正规的商品）；② 外国商标权人和国内的商标权人是相同主体，或者两者在法律上或经济上是相同的主体关系；③ 国内的商标权人直接或者间接地对该商品的品质能够进行管理。

所以，在日本如果进口的商品不是正规商品，该商品是违反了商标许可合同的进口行为，或者国内商标权人不能对进口商品的品质进行管理，进口商品的品质同国内商品的品质存在差异时，日本将禁止平行进口。

（2）权力滥用认定

商标权人根据具体事项行使其权利，可以要求他人停止侵害，进行损害赔偿。如果该权利行使违反了公平的竞争秩序，那么就构成对权力的滥用，该权利的行使也将不能获得准许。

此外，如果注册登记商标权通过无效审查肯定会被认定为无效的商标，在此情形下该权利人仍然通过主张商标权对他人提出损害赔偿请求的，也属于对权力的滥用行为。

（三）日本专利和商标的平行进口问题[③]

专利产品的平行进口和商标产品的平行进口不同，附有商标权人商标的产品如果被平行进口会对商标权人的识别商品来源功能、保证商品品质

---

① “マーキュリー事件”东京地判昭和48年（1973年）8月31日无体集5卷2号261页、“テクノス事件”东京地判昭和53年（1978年）5月31日无体集10卷1号216页、“クロコダイル事件”大阪地判平成8年（1996年）5月30日判时1591号99页、“キャロウェイゴルフ事件”东京地判平成10年（1998年）12月25日判时1680号，112页。

② 最判平成15年（2003年）2月27日民集57卷2号，125页。

③ 日本法在线：http://www.japanlawinfo.sdu.edu.cn/html/minshangfa/20071202/343.html。

功能、广告功能及商业信誉带来一定的影响，所以专利权人或商标权人往往会采取一些措施限制平行进口。

1. 日本专利平行进口

各国的物价水平不同、专利权利人针对自己的专利产品也会在各个国家设定不同的价格，为了赚取差价利益，有些商家会将外国销售的专利商品进口到国内销售。如果通过在当地的专利权人购入向日本国内“平行进口”，就会出现专利权人不能实现自己的价格政策的情况，甚至会影响到专利商品形象，如果和外国企业签独家总代理，那么该代理店商品销售量也可能急剧下降，所以专利权利人就会想方设法阻止平行进口，以维护自己的专利权利，而知识产权就成为阻止平行进口品流入的主要手段。

日本的专利权人自己或者获得他许可的人在外国制造销售的实施品，对于未得到该专利权人的许可，第三人向日本国内的进口行为，日本的专利权人可否主张侵害日本专利权，是否国际间“权利用尽”，是否可以要求对方禁止进口，进行损害赔偿？对此，前述的权利用尽案件中已经介绍。专利权人自己或者获得其许可的人在国内制造、销售专利发明的实施品的情形，一般应当理解为专利权被用尽，所以，针对专利实施品的流通，专利权人也不能行使专利权。

例如关于专利的判例“BBS 平行进口案件”的最高法院判决指出，日本的专利权人就同一发明尽管在德国也拥有时，同一专利权人在德国制造、销售的商品向日本平行进口的，即“不受专利权限制”。除非专利权人销售时明确表示禁止国外销售，否则即视为“默示性”、“授予”他人平行进口。该案件的特点可以归纳如下。

(1) 国内外的专利权人实际是同一人

该案件专利产品不是由第三人生产，不是侵权产品，所以不能直接禁止进口，问题争议之一就是产品是“由子公司或者关联公司等通过可视为和专利权人相同的人，在国外让渡专利制品的情形”。国内外的专利权利实质上属于同一个专利权人，然而实际上专利权人的专利权利已经通过专利产品的销售得到了报酬，之后购买专利产品的人如何处置专利产品，已经因为专利权利的用尽，不再受到专利权人的限制。

（2）出于保护国际商品的流通

该判决指出“应当保护专利制品受让人对自由流通的信赖”。专利权人在国外销售专利产品时，既然没有针对专利产品设置某种限制而让该商品流通，那么，无论在流通地方是否跨国境，都不能允许专利权人通过行使日本的专利权来限制产品的国际流通。

（3）专利权人并没有明确标示限制销售地点

专利权人不允许平行进口，需要在该制品上“明确标示”。但是，有外观上专利权人没有任何标记，通过其他形式也没有发现类似限制性规定。所以专利权人销售时不禁止，之后又主张限制平行进口理由不充分。

2. 关于日本商标的平行进口

专利权利以保障对权利人发明技术的排他性市场需求的机会为目的，而商标虽然也被赋予权利，但是它始终是手段，最终对商标来说，其主要还是以保护商品出处、商标的识别功能、商业信誉等为目的，需要不同对待。

（1）正版商品不禁止平行进口

日本法院判决①指出，正版商品的平行进口由于不侵害商标权的出处识别功能，不构成商标权侵权。此外，派克钢笔的案件中，派克公司在日本注册有商标“PARKER”②，被告在国外购买了派克公司外国销售的钢笔，平行进口运回日本进行销售，因为派克钢笔属于公司生产，附着派克公司的商标，所以商品的出处不会发生混淆，日本法院同样没有禁止该钢笔的平行进口。此外还有“LACOSTE”商标案件③，日本法院也认为是正版商品，不禁止平行进口。

（2）产品质量缺陷影响商标权人权益

前述日本最高法院“Fred Perry 案件”判决中，指出涉案商品商标和日本的注册商标是同一出处，应当不存在假冒侵权嫌疑，但是，从日本的

---

① FredPerry 案件，平成 15 年（2003 年）最高裁民集第 57 卷第 2 号第 125 页。

② 派克笔案件，大阪地裁昭和 45 年（1970 年）2 月 27 日无形财集第 2 卷 1 号第 71 页。

③ 鳄鱼商标案件，东京地方法院 1984 年 12 月 7 日无形财产集第 16 卷第 3 号第 760 页。

商标权人的商业信誉角度考虑，日本商标权人对于该商品必须可以直接或者间接地进行商品品质管理，而本案商标权人在该商品的品质管理方面并没能直接或间接地实现管理，所以，日本最高法院判决认定本件商品侵害了商标出处标示功能及商标品质保证功能，禁止本案商品平行进口。

但是，有趣的是本案产品是在中国生产，然后销售日本，并被提起诉讼，理由是产品质量有问题，进而被禁止平行进口。然而，类似案件在日本被告在商品额外标注了“USA APPROVED”[①]，但是，日本法院判决指出“这样的附加性标示，不能评价为侵害商标出处功能，乃至妨害商品品质以及商业信誉的行为，进而做出了不存在商标权侵害的判决”。

(四) 专利权利用尽与平行进口根本问题

专利权利用尽涉及国内及国外的权利用尽问题，平行进口问题主要指的是商品跨国境进口问题。在日本权利用尽与平行进口都没有在法律条文中体现出来，所以有关平行进口及权利用尽一直是日本学术界争论的一个重要的课题。

有关平行进口和权利用尽，日本法院判例也有一定数量的积累。有关平行进口的问题，WTO 的《有关知识产权的协定》制定期间就讨论了很久，但是最终也没有一个明确的结果。该协定第六条规定在知识产权争端当中，不涉及权利用尽的问题。因此有关权利用尽、平行进口的态度，各个国家采取的态度也不一样。

由于专利具有的独立性原则的特性，专利在一个国家权力用尽，并不代表在别的国家相同的专利权利也用尽，所以在其他的国家相同的专利能否平行进口，根据进口国的法律制度从理论上说该专利权利并没有用尽，在平行进口的问题上，该进口国专利权利因为没有用尽，所以进口国是否准予平行进口需要该国家通过法律制度加以明确。商品平行进口时，关键是要考虑进口国专利权利能否针对进口商品产生法律约束力。

因此，从理论上来说，针对权利用尽以及平行进口，没有法律规定的日本知识产权制度也是不符合法律制度发展的规律，以及社会经济发展的

① “BODYGLOBE 案件”，东京地裁平成 15 年（2003 年）6 月 30 日判例时报 1831 号，149 页。

需要的。日本学者普遍认为最终解决办法还是应当从立法的角度来给予处理解决。

有关日本的平行进口，国外的产品是否由于权利用尽可以进口日本销售，根据以往的日本判例，答案也是极具相对性的。根据专利的独立性原则，以往的日本判例都指出国际权利不用尽，这样的判决对权利人来说非常有利。但是到了二十世纪八九十年代以后，由于日本国内物价与国外的巨大差距，导致平行进口增加，日本的法院判例也开始逐渐倾向于承认平行进口，但还是以保护本国企业利益为重心。所以，判决中承认专利权利的国际用尽，或否定平行进口，也显得含糊其词，标准并不统一。也就是说判例同意专利的平行进口，同意权利用尽，但是负有特殊条件，这些条件的成就，根本目的是保护日本本国企业利益，为日本本国服务。日本最高法院承认专利权利国际用尽的 BBS 判例据推测也是参考了英美的相关判例的结果。

(1) 国际化发展与平行进口

现今社会，国际化程度得到快速发展，很多企业都在国外创办生产中心，寻求发展空间，平行进口也是在这样的国际化进程当中产生的一种现象。该现象的实质问题就是企业对其产品的地域价格垄断，企业为了谋求利益最大化在不同国家生产相同的专利产品，价格设定按照各个国家的实际情况有高有低。这样，当一个国家的产品价格相对廉价，对价格较高的国家来说就会产生商业吸引作用，价格低的国家产品就有可能被进口到价格比较高的国家进行销售。企业为了保护自己的利润，往往会主动限制产品的自由流通，其手段往往通过专利的地域性来限制产品的自由流动，以谋求实现利益最大化。但是这种行为对消费者来说，剥夺了消费者获得廉价产品的机会，不利于保护消费者的利益。但是，如果禁止平行进口又会给企业带来丰厚的利润，企业利润可以进行技术开发，从这个角度来说对国家经济发展也是有一定帮助的。可是禁止平行进口的结果，又有可能造成企业的商品垄断，对经济发展带来不利。那么，如果承认平行进口，就会促使企业将生产据点迁移到价格成本相对低廉的地区去生产，然后将产品输出到价格比较高的地方来销售。但是，现实问题是很多国家存在关税壁垒、流通技术、法律制度等方方面面的差异，所以这样的统一自由的国际市场事实上也很难产生。因此，平行进口是许可还是不许可，需要一个国家结合自身的实际情况从法律上、政策上进行判断。

（2）专利产品的平行进口与商标的关系

在日本，基层法院审判的商标类产品的平行进口案件中，基本上承认平行进口，日本的学者也大都支持这样的观点。但是，专利方面日本的法院态度虽然承认专利权利国际用尽，但是负有一定的条件。如果专利方面禁止平行进口，那么就会导致与商标产品的平行进口处理方式上相抵触。由于现实中很多专利产品上附有该生产商的商标，如果商标同意平行进口，而专利不许可，就会产生很多的难题。

然而，有些日本有学者指出同意商品商标平行进口，若是不同意发明专利、实用新型、外观设计的平行进口，这也能对平行进口制度进行补充，进行限制。

（3）平行进口的发展趋势

作为平行进口专利权利用尽的制度研究，从今后世界各国的发展趋势来看，能建立一个统一的专利、商标平行进口制度是值得肯定的。但是，现在很多国家和地区采取的态度并不统一，这样的制度制定起来需要国际上很多国家步调一致，制定国际性条约来解决。然而，这种条约的缔结由于各个国家出于自身利益考虑并不能达成共识。因此，短期内国际条约的设立是无法实现的，然而从长远的角度来看，承认平行进口、权利用尽必定是该问题发展的一个总趋势。

五、发明专利的保护范围

专利保护的范围原则上要根据专利申请时的权利要求内容来确定。《日本发明专利法》第 70 条规定，发明专利的技术性范围，必须以专利申请书中附加的专利权利要求范围记载事项为依据来进行确定。确定专利的保护范围时，通常要通过对专利说明书的记载内容以及附图来进行考察，特别是对专利权利要求范围的字面意义表述进行解释。但是，专利申请时提交的专利摘要不能作为专利保护范围考量的要素。

对于发明专利的技术性范围，当事人可以要求日本特许厅进行判定。根据规定专利厅在接到要求时，必须指定三名复审人员进行判定。如果该请求是来自法院的委托的，同样特许厅也必须指定三名复审人员进行鉴定。

经过特许厅的判定，认为专利权人、独占实施许可权人或普通实施许可权人的发明专利属于专利申请日之前利用他人的发明专利、实用新型或外观设计的技术，或者其专利权在专利申请日之前与有关他人的外观设计或者商标权相抵触的，该专利权人、独占实施许可权人、普通实施许可权人不得以此为业实施该发明专利。

（一）日本发明专利的技术范围的认定

1. 以专利的权利要求为原则

专利的权利要求必须明确记载发明专利的技术范围，在判定发明专利的技术范围时，权利要求内容将作为确定权利范围的依据来使用。

2. 通过对相关材料进行解释

虽然专利的权利要求内容将作为确定专利技术范围的依据来考虑，但是专利的技术范围却往往与专利的权利要求范围并不统一。所以确定专利保护范围时，通过对专利说明书的记载内容以及附图进行考察，并通过表述专利权利要求范围的文字意义的解释来确定专利的权利范围。但是即便如此，仍然存在专利的技术范围难以确定的情况。

因此，解释的方法以及可以参考的材料的范围如何确定，就成为一个有争议的问题。可参考的材料记载的内容，基本上是特定的，但是对文字的解释需要从客观上来考虑，不能一概而论。

（1）专利技术范围相对小于专利权利要求范围

通常对专利技术范围进行解释时，专利的技术范围会被认为比专利权利要求的范围要小。

（2）对专利说明书的内容进行解释

专利技术范围往往需要通过对专利说明书、附图进行考察，并根据文字的意义，进行解释来确定。

（3）禁止反悔

专利申请人通常情况下，在专利申请时会对自身的专利与在先技术的区别进行细致说明，该说明往往会将自己的发明技术限制在一定的范围内，以突出自身的特点。然而，在专利获得注册登记后，专利权人主张专利权时，往往会对自己的专利权利范围进行扩大解释。此时，专利权人扩大解释专利权利范围的行为就是对专利申请时的意思表示的违反，因此这样的主张不能得到保护。在专利申请时，申请人可能没有细致地表述相关专利权利要求范围的具体内容，即便如此也不能说其可以对专利权利内容进行随意地扩大解释。

（4）参照公开技术

发明专利的构成要件中要求发明专利需要具有新颖性，专利申请时的公开技术将成为判断一项发明是否具有新颖性，是否可以获得专利权利的重要依据。在判断专利技术范围时，也同样要对公开技术进行考察，将公开技术的要素排除在专利技术范围之外，然后对专利的技术范围进行判定。

（5）对功能性的权利要求内容的限制

功能性的权利要求是指，对专利技术范围的记载，是通过产品的功能性或抽象的语言表述来主张权利范围的要求。由于在功能性的权利要求中，有可能存在将专利说明书中没有公开的技术思想为主的技术范围包含在内，进而扩大专利权人的技术保护范围的现象，所以针对功能性的权利要求内容不明确、不能实际实施，或者没有详细的专利说明内容的专利，争议当事人一方可以以此为由，对该专利的权利性质提出抗辩。

（6）产品发明专利的技术范围

产品发明专利的技术范围是否仅限于通过专利权利要求中记载的方法生产出来的商品，是个有争议的问题。在日本判例①中，法院指出“是否构成侵权，不是考虑是否按照专利说明中的生产方法进行生产为宗旨，而是要看根据该生产方法生产的产品是否与专利产品具有相同性”。专利权

① 东京地判 10・9・11 判时 1671 号 137 页。

人对侵权产品是不是按照专利产品的生产方法进行生产并具有相同构造，从而构成相同性承担举证责任。

（二）均等论

从原则上来说，专利权利要求的范围记载要明确，发明专利的技术范围应当在专利权利要求中进行界定。但是由于界定需要通过文字解释来实现，仅从解释的角度来看，一些专利侵权行为完全可以通过避开文字解释的内涵而达到不被追究责任的目的。所以解释有可能给发明专利带来不确定性，不利于保护第三人的权利。所以，需要一种方式或理论，以此来区别和确定发明专利的技术范围。因此，要解决这种不合理现象，就产生了一种被称为“均等论”的理论解决办法。

均等论即对象产品即使与专利权利要求范围内的专利产品等不同，存在差异，但只要满足一定的构成要件，对象产品与专利的请求范围中记载的专利构成要件构成均等关系，就可以认为该对象产品技术范围落入专利技术保护的范围之内。

该专利权利要求范围从字面上进行判断，允许在某种程度上扩大解释，以此达到对发明专利的适当保护。因此，从法律上如何明确该具体判断标准，就需要对构成均等论的根据、成立要件、判断构造等内容进行细致划分。均等论的核心内容就是要在专利权人的利益和第三者的利益中间寻找一个调和点。

均等论作为一种判断标准，以往的日本判例中很少被使用，自从 20 世纪 80 年代以后，受到美国专利制度的影响，日本开始重视该理论研究。平成 8 年（1996 年）日本大阪高等法院在针对 t－PA 的判决①中，利用均等论认定了专利侵权成立后，平成 10 年（1998 年）日本最高法院在判例②中也利用该理论进行侵权判定。自此，该理论在日本审判实践中正式确定适用。日本最高法院在平成 10 年（1998 年）的判决中指出，要满足均等论的理论框架，就需要符合以下基本构成要件：（1）该技术部分不是

① “t－PA 案件”，大阪高判平成 8 年（1996 年）3 月 29 日知的财集 28 卷 1 号，77 页。

② 最三小判平成 10・2・24 民集 52 卷 1 号，113 页（特许百选 73 案件）。

本质部分；（2）置换的可能、作用效果相同；（3）能够容易联想到；(4) 不能从公众知晓技术中容易地推断；(5) 不存在从意识上可以进行排除的特别情况。

1. 该技术部分不是本质部分

该内容提出专利权利要求的范围与对象产品的不同之处不是发明专利的本质部分，与其他技术进行置换，从整体上看与专利技术的技术思想相比属于不同的技术部分。日本法院指出如果该技术部分不是本质部分，那么均等关系也不成立。

对象产品技术是不是专利技术的本质部分，判断困难时，通过置换可能性以及能够容易联想到的标准进行判断，也可以得到对象产品技术不是专利技术的本质部分。相反，如果对象产品技术不是专利技术的本质部分的，那么对象产品多数情况下不具有置换可能性以及不能够容易联想到。因此，是不是专利技术的本质部分的判断，对均等关系的成立与否来说非常重要。

2. 置换的可能、作用效果相同

即使将对象产品的不同部分进行置换，该置换部分依然能够达到相同发明目的，能够产生相同的作用和效果的情况下，对象产品与专利技术之间的均等关系成立，对象产品构成对专利技术的侵权。

3. 能够容易联想到

专利的权利要求范围对行业内专业人员而言，能够很容易地联想到。即对象产品的技术效果对业内专业人员而言，若很容易就能联想到，则该对象产品的技术发明就缺乏进步性。

对于业内专业人员，在日本专业人员是指普通的技术人员。

此外，“容易联想到”具体涉及哪个时间段，也存在意见上的分歧。一种认为是专利申请时，一种是侵权行为时，日本的主流观点是侵权行为时。随着技术的进步，业内专业人员的知识也会增加，均等的范围也会扩大，因此容易联想到的时间以侵权行为时来判断比较妥当。日本最高法院也采用侵权行为时的判断时间标准①。

---

① 中山信弘. 特许法. 东京：弘文堂出版社，2010：407。

4. 不能从公众知晓技术中容易地推断

对象产品在专利申请时，不与公众知晓技术相同或者行业内制造者不能够从公开技术中容易地推断出该技术。

5. 不存在从意识上可以进行排除的特别情况

对象产品等在专利申请时，不属于从专利权利要求的范围中能够意识到的除外特别情形。专利权人申请专利时，需要认识到对象产品不包含在申请专利的权利范围之内，此外还需要专利权人在专利申请时进行判断，并在专利补正、订正时，采取了针对对象产品将其从专利权利要求范围中排除的行为等措施。

日本的均等论观点受到德国的影响很大，德国的该理论在 1986 年的判决中得到确认。在美国，从 1990 年开始相关案件也有所增加，但是在美国避开专利权利要求范围谈论均等论的说法很难得到支持，美国判例认为均等论是根据各个范围的构成要件来判断的，所以，美国和日本还是存在一定的区别。

最近，在日本的基层法院审判当中，对“均等论”的肯定性判例不断涌现，可以说这个论断在日本已经逐渐成为固定模式。

6. 日本最高法院关于“均等论”的案件①

该案件中，原告拥有名称为 A 的发明专利，被告生产的产品涉嫌对其的该专利构成侵权。原告认为被告的产品完全落入其专利权利要求的保护范围，或者与其专利是相同的性质，因此要求被告停止侵权，进行赔偿损失。

第一审法院判决②认为“被告的产品与原告发明专利的权利要求范围相比较，其中有一部分不同，从均等论的角度出发，不构成适用均等论的前提条件，所以被告的产品不能说落入原告的技术保护范围，因此驳回原告的诉讼请求”。原告不服提起上诉。

第二审法院从原告专利和被告产品的构造、功能等方面进行分析，指出两者的产品构成虽然存在不同，但是从相互转换和转换的容易程度上来

---

① 最判平成 10 年（1998 年）2 月 24 日民集 52 卷 1 号，113 页。

② 东京地判平成 3・4・19 民集 52 卷 1 号 175 页。

看，被告的产品落入原告的专利保护范围，采纳了原告的诉讼请求。被告乙不服提起上诉。

第三审日本最高法院判决指出，第二审法院在判决中没有明确均等原则适用的必要要件，因此撤销原判决，发回重申。

同时，日本最高法院认为"在判断对方的产品是否落入专利权利的保护范围时，应当根据专利申请的权利要求范围来进行判断。如果专利权利要求的构成与对象产品存在不同，就不能说对象产品落入权利的保护范围；如果专利权利要求的构成与对象产品存在不同，但是在满足以下条件的情况下，就可以认为对象产品与专利发明实质上符合均等论的构成要件，落入专利权利要求的保护范围，构成对他人专利的侵权"。（1）与对象产品不同的专利发明部分不属于专利发明的本质部分；（2）如果将专利发明与对象产品不同的部分进行调换后，专利发明的目的仍然可以实现，可以产生同样的效果；（3）对不同部分进行调换后可能产生的上述效果，该技术领域内拥有一般技术知识的员工在生产该类产品时，能够很容易地想到上述技术效果；（4）对象产品不能与专利发明申请时对外公开的技术相同，或者该生产者的产品在今后的生产加工时，能够被很容易地推断出自己的技术同他人的专利申请时公开的技术是相同的；（5）对象产品不存在有意排除落入他人专利发明保护范围的特别理由。

（三）与他人的发明专利之间的关系

《日本发明专利法》第72条规定，专利权人、独占实施许可权人或普通实施许可权人在该发明专利申请日之前与他人的发明专利、实用新型、外观设计相同或者与该外观设计近似，或者该专利权与有关该专利申请日之前申请注册的他人的外观设计权、商标权相抵触时，不得以此为业实施该发明专利。

这里主要突出两种关系，一个是利用关系，另一个是抵触关系。专利权如果是利用或与他人在先权利相抵触的，不能以此专利为业，实施该专利。利用关系涉及专利申请之前已经获得注册登记的发明专利、实用新型和外观设计（包括与该外观设计近似的外观设计），抵触关系涉及专利申请前已经获得注册登记的外观设计专利权和商标权。

第二节 外观设计的权利效力

一、外观设计权利的限制

日本外观设计法适用专利法中关于权利因为公益上的原因被限制的规定。具体包括：(1) 为了试验和研究而实施注册登记的外观设计；(2) 仅仅是通过日本国内的船舶、航空器或者为这些运输工具自身需要而在其装置和设备中使用的外观设计；(3) 注册登记时，日本国内已经存在的外观设计。除此之外，在下列情况下，日本外观设计的权利也受到相应的限制。

(一) 与在先权利相抵触的外观设计，其权利受到限制

《日本外观设计法》第26条第1款、第2款规定，已经注册登记的外观设计在其注册登记前，该外观设计利用了他人注册登记的外观设计或者与其近似的外观设计、发明专利、实用新型，或者该外观设计的内容与他人的专利权、实用新型权或商标权、著作权相抵触时，那么该外观设计或与该外观设计相近似的权利实施将被禁止。

上述利用他人的外观设计、发明专利、实用新型的行为是指在完成自身外观设计的时候，必然要实施其他人的相关权利，这两种权利不存在重叠。诸如轿车的外观设计和该轿车的车灯的外观设计，这两款设计可以说是不同的两个外观设计。然而，如果该轿车的外观设计中已经有了近似的车灯的设计，即便该汽车的外观设计没有明确是否包含车灯，后者的车灯设计也不能单独获得外观设计保护。

上述外观设计的内容与他人的发明专利权、实用新型专利权或商标权、著作权相抵触是指不管是发明专利还是实用新型专利等，这些权利都通过不同的形式获得了相应的权利注册登记，各个注册登记的权利形式不同，但内容是重叠的。诸如绘画作品中的行为人物形象受到著作权的保护，但如果该人物形象被注册登记为商品的外观设计时，显然该外观设计权利的实施要受到法律的禁止。

《日本外观设计法》第 33 条第 3 款规定，当一款外观设计是利用他人注册登记外观设计、发明专利、实用新型，或与他人权利相抵触的时候，如果权利人任意地不许可后者使用，那么后者可以向日本专利厅申请做出裁决。但是，该外观设计如果与商标权或者著作权产生抵触时，就不能利用专利厅裁决制度获得许可使用。

（二）外观设计权利实施中受到的限制

1. 独占实施许可权

外观设计的独占实施许可权可以通过权利人设定来实施。但是，日本的外观设计法中规定，针对原外观设计以及关联外观设计设定独占实施许可权的，只能就相同个人，在相同时间设定。在设定的外观设计独占实施许可权范围内，拥有独占实施许可权的行为人享有对外观设计的独占排他的专有实施许可权利，即便是外观设计所有权人自身在设定的外观设计独占专用权范围内也没有权限实施该外观设计。

在针对原外观设计以及关联外观设计以外的主体设定独占实施许可权时，该外观设计权利人即使对他人设定了外观设计实施许可，但仍可以对外观设计侵权行为要求采取停止侵权、损害赔偿、恢复信誉的相应措施。

就外观设计的该特点，日本法院审判实践上也有相同的判例。日本最高法院的判例①认定，即便是设定独占实施许可权之后，专利权人依然享有针对专利侵权行为行使要求其停止侵害的权利。

2. 普通实施许可权

普通实施许可权包括三项实施行为，即普通实施许可权、法定普通实施许可权及裁决普通实施许可权。

（1）普通实施许可权

普通实施许可权是指外观设计权利人针对他人设定许可范围，许可他人使用该外观设计的许可方式。

（2）法定普通实施许可权

法定普通实施许可权是指由下列法定内容构成的外观设计权利的实施许可方式，具体包括：① 职务作品创新；② 在先使用；③ 在先申请；

① 最判平成 17 年（2005 年）6 月 17 日平 16（受）997 民集 59 卷 5 号 1074 页。

④ 外观设计无效审查申请登记前的外观设计实施行为；⑤ 外观设计保护期满后的实施行为；⑥ 通过再审恢复外观设计权限的情形。

（3）裁决普通实施许可权

裁决普通实施许可权是指一款外观设计如果同权利人的外观设计在利用基础条件以及权利范围上存在抵触，而且外观设计的权利人却任意地不许可后者使用其外观设计，那么后者就此可以向日本专利厅申请做出准予使用的裁决。

3. 对于通过再审恢复权利的外观设计权利的限制

外观设计被无效后，又经过再审恢复了权限，此时在审查结果确定后到该外观设计注册登记前，如果出现相关外观设计产品善意地进口、在日本国内制造或者获得与该外观设计相近似的商品时，上述行为不在该外观设计权利限制范围之内。

4. 判例法中关于外观设计权利的限制

（1）权利用尽

通常我们所说的权利用尽是指当知识产权产品转让后，原知识产权权利人所拥有的部分或全部排他权利因此而用尽。其原因就是该权利产品的目的已经通过产品转让而得以实现，所以该外观设计的权利也就同时用尽。

在日本，权利用尽原则并不是在任何情况下都当然地适用。日本“一次性照相机案件”表明虽然权利产品的目的已经通过转让达到，但是该产品的权利并不就此用尽①。在该案件中，生产一次性相机的厂家发现有人将其生产的一次性照相机回收后，并将该照相机的电池和胶卷进行更换后重新投入市场的现象。为此，一次性照相机的厂家便将改装者告上法庭，要求其停止侵权，赔偿损失。法院审理后认为，知识产权的权利用尽原则在该案件中是适用的，但是根据知识产权产品的客观性质、交易形态以及使用状态在社会生活当中反映出来的实际状况来分析，获得知识产权产品转让后的当事人并不能因此获得对该产品无限制的权利。法院认为根据该一次性照相机的客观属性，后者对一次性照相机的更换已经超出了知识产

① 东京地决平成 12 年（2000 年）6 月 6 日判时 1712 号。

权权利人在销售该产品时设定的范围。因此，权利人在此案件中的权利并不用尽，权利人可以对侵权人主张自己的权利，要求其停止侵权，赔偿损失。

此外，在日本“墨盒案件”① 当中，日本最高法院也认为知识产权权利用尽的对象仅限于日本国内的知识产权产品的转让行为之中。如果权利人主张对转让后的产品拥有知识产权，那么就要看该转让后的产品是否与原产品缺少统一性，是否该转让后产品被加工以及部件被更换。如果该产品在转让后存在被加工、被更换现象，并能判断出该产品是一个新的产品时，知识产权权利人就此可以向侵权人主张其应有的知识产权相关权利。是否构成一个新的产品，日本最高法院在该案件中认为，要根据该产品的属性、知识产权权利的内容、加工实际情况及零件更换的状态进行综合的判断和考量。产品的属性要根据产品的功能、构造及用途、耐用期间、使用状况来认定，加工及零件更换要根据知识产权产品被加工时的状态、加工的内容及程度、更换的零件的耐用期间、该零件在使用中的功能以及经济价值来考虑。

（2）对公众知晓外观设计及权力滥用的抗辩

《日本外观设计法》第 3 条第 1 款第 1 项规定，在申请外观设计注册登记时，若存在已为公众知晓的相关外观设计，该申请将不能获得注册登记。同时已经获得注册登记的外观设计也构成该外观设计的无效事由。存在相关公众知晓的外观设计，仍然还申请注册外观设计的，则构成对知识产权的权力滥用。

日本法院审判实践中不乏类似的案件，具有代表意义的就是“金属板②”案件和“橡皮绳③”案件。在“金属板”案件中，经法院认定原告在提起外观设计注册申请时已经存在为公众知晓的外观设计，而原告在知道该事实的情况下，依然申请注册登记该金属板纹路的外观设计，并以此向被告申请损害赔偿，这显然是权力的滥用。

---

① 最判平成 19 年（2007 年）11 月 8 日平 18（受）826 判时 1990 号 3 页。
② 大阪地判平成 7 年（1995 年）10 月 31 日知的裁集 27 卷 4 号 736 页。
③ 东京地判平成 9 年（1997 年）4 月 25 日知的裁集 29 卷 2 号 435 页。

在“橡皮绳”案件中，原告起诉被告认为被告生产的短裤内的橡皮绳外观侵害了自己申请注册的外观设计，要求被告停止侵权、赔偿损失。但是，经法院查证认为，原告申请注册的外观设计在注册登记之前已经存在相同或近似的外观设计，原告由于疏忽并没有发现相关设计，因此原告的诉讼请求虽然不构成权力滥用，但是由于其外观设计权利本身存在瑕疵，固原告的诉讼主张没有得到支持，该案件最终被法院驳回起诉。

二、外观设计权利实施许可

外观设计的权利属于该外观设计权利所有人享有，任何人需要使用该外观设计，都必须获得该外观设计权利人的许可。外观设计权利人可以通过合同赋予他人独占实施该外观设计的权利，也可以赋予他人排他实施的权利。如何设定和赋予他人相应的实施权利，由该外观设计权利人决定。在一些特殊情况下，外观设计权利人实施该权利的范围也会受到相应的限制。以下是日本外观设计法规定的外观设计权利实施中关于外观设计权利人以及与外观设计实施相关人员的权利义务的具体规定。

（一）独占实施许可

1. 权利人的权限

《日本外观设计法》第 27 条规定，外观设计权人可以就其外观设计权同他人订立独占实施许可协议。但是，将该外观设计以及与其有关的关联外观设计设立独占实施许可权的，必须将该外观设计和所有的关联外观设计独占许可赋予相同个人。在独占许可范围内，独占实施的被许可人有以独占实施该注册外观设计或其近似外观设计为经营业务的权利，而外观设计权利人无权实施该外观设计。

拥有独占实施权利的被许可人有针对侵权行为要求侵权人停止侵害、赔偿损失、恢复信誉、返还不当得利的权利。然而，外观设计权利人是否也有相关权利，日本判例[①]中认为，给他人设定了外观设计独占实施许可权时，虽然权利人的实施许可权受到了限制，但是外观设计权利人针对外观设计侵权行为依然可以提出“停止侵害、赔偿损失、恢复信誉”的

---

① 最判平成 17 年（2005 年）6 月 17 日民集 59 卷 5 号 1074 页。

请求。

2. 权利人权利无效时关联外观设计的独占实施许可设定

权利人没有支付注册费用导致外观设计权利无效，或者该外观设计被无效，以及权利人放弃该权利的，与该外观设计相关联的外观设计可否设定独占实施许可，《日本外观设计法》第 27 条第 3 款有详细规定。如果将所有的关联外观设计都同时赋予相同个人时，可以设定独占实施许可。这主要是考虑到为了让已经设定的权利关系具有稳定性，如果关联外观设计同时赋予相同个人，那么就必须维持该设定的状态。

3. 独占实施许可权的转让

独占实施许可权转让时，该独占实施许可权必须与所实施的业务一起进行转让，并且同时仅限于得到权利人承诺以及继承等的情况下，独占实施许可权才可以转让。

4. 独占实施许可权的质押

独占实施许可权人在取得权利人承诺的情况下，可以对该独占实施许可权设定质押或者对他人许诺普通实施许可权。

但是，独占实施许可权为他人共有时，各共有人未经其他共有者的同意，不得转让自己拥有的部分或以此为目的而设定质押。此外，该权利在共有时，各共有人合同中另做规定的情况除外，可以不经其他共有人的同意而实施该外观设计权利。各共有人未经其他共有人的同意，不得对该外观设计设定独占实施许可权或者对他人许诺普通实施许可权。

5. 独占实施许可权的放弃

当独占实施许可权人在得到质押权人或得到外观设计权人许可的普通实施许可权人承诺的情况下，可以放弃独占实施许可权。

6. 独占实施许可权变动的注册登记效力

当独占实施许可权在设定、转让（因继承及其他一般承继除外）、变更、终止（因混同或外观设计权终止的除外）或处分受到限制时，若不进行注册登记就将不能产生权利效力。

在独占实施许可权的继承及其他一般承继的情况下，权利人应当不失时机地将相关事宜申报给专利厅官员。

（二）普通实施许可

《日本外观设计法》第 28 条规定，外观设计权人可以就其外观设计权与他人订立普通实施许可协议。这就说明外观设计普通实施许可是由当事人之间通过订立契约来完成，法律并不要求必须进行注册登记。在《日本外观设计法》规定或所订立的许可范围内，普通实施许可的被许可人有权实施以该注册外观设计或与其近似外观设计为业务的经营行为。

关于普通实施许可权的共有、放弃和注册登记的效力，《日本外观设计法》准用了日本专利法的相关规定。

1. 普通实施许可权共有

在普通实施许可权为他人共有时①，各共有者未经其他共有者的同意，不得转让自己拥有的部分或以此为目的而设定质押。

2. 普通实施许可权质押

当普通实施许可权人在得到质押权人承诺的情况下，可以放弃普通实施许可权。

3. 普通实施许可权注册登记的效力

普通实施许可权进行登记后，针对登记之前的该外观设计权或者独占实施许可权或者之后取得该外观设计独占实施许可权的行为人，普通实施许可都产生效力。即普通实施许可权人有权在获得许可的范围内实施外观设计相关权利。

但是，“通过职务创新获得的外观设计实施许可、先使用条件下的普通实施许可、先申请条件下的普通实施许可、无效审查请求注册登记前实施的普通实施许可、外观设计权等的有效期届满后的普通实施许可、通过裁决获得普通实施许可”的权利人，即便没有注册登记，也享有实施外观设计的权利。

此外，普通实施许可权的转让、变更、取消或者对处分的限制或以普通实施许可权为目的的质押权的设定、转让、变更、取消或者处分的限制，若不进行登记，则不得对抗第三人。

---

① 《日本外观设计法》准用《日本专利法》第 73 条第 1 款规定。

在日本审判实践中有一个具有代表意义的案例①，即当事人之间签订有普通实施许可合同，但是该普通实施许可合同中既规定了普通实施许可人享有独占使用该外观设计的权利，又规定了外观设计权利人无权实施该外观设计的内容。从形式上看该普通实施许可合同就和独占实施许可合同没有明显的区别，那么此时普通实施许可权人可否针对外观设计侵权行为提起停止侵害、损害赔偿的请求呢？日本该判例的审判结论是普通实施许可权人无权提起停止侵害、损害赔偿的诉讼请求，但是可以根据自身固有的权利向侵权人提出相应的损害赔偿。

（三）先使用条件下的普通实施许可（权利申请时）

先使用状态是指不知道他人就该外观设计已提出外观设计注册申请，而独自创新出该外观设计或与其近似的外观设计，或者不知道他人就该外观设计已提出外观设计注册申请而从该外观设计或其近似外观设计的设计人那里得知该外观设计，并在他人提出外观设计注册申请时（包括外观设计注册申请时被要求材料补正，并将申请时间定为材料补正时的情形），在日本国内已实施或准备实施该外观设计或其近似外观设计的行为人，在其实施或准备实施的外观设计和业务目的范围内，可以无偿取得该外观设计的普通实施许可权利。

日本判例法②中就与在先使用的外观设计相近似的外观设计是否拥有普通实施许可权做出了判决，认为近似外观设计也享有在先使用范围内的普通实施许可权利。

（四）先申请条件下的普通实施许可（权利注册登记时）

先申请条件下的普通实施许可是指不知道他人就该外观设计已提出外观设计注册申请，而独自创新出该外观设计或与其近似的外观设计，或者不知道他人就该外观设计已提出外观设计注册申请而从该外观设计或其近似外观设计的设计人那里得知该外观设计，并在外观设计权利注册登记时，在日本国内已实施或准备实施该外观设计或与其近似的外观设计的行为人（排除在先使用的情形），仅限于下列情况，在其实施或准备实施的

① 大阪高判昭和 61 年（1986 年）6 月 20 日无体集 18 卷 2 号，210 页。
② 大阪地判平成 12 年（2000 年）9 月 12 日判时 1748 号，164 页。

外观设计和业务目的范围内，可以无偿取得该外观设计的普通实施许可权利。

上述限定的情况是指：

（1）该外观设计注册申请日之前，亲自就该外观设计或与其近似的外观设计提出注册申请，并就该注册申请中的外观设计采取业务实施或准备实施该外观设计的行为人；

（2）亲自就该外观设计提出注册申请，并由于违反外观设计注册登记要件不能取得外观设计注册，通过审查或者复审遭到拒绝的行为人。

（五）无效审查决定前的外观设计实施行为

针对复审后被无效的外观设计，如果获得该外观设计实施许可权的权利人在不知道该外观设计存在被无效的原因的情况下，获得该外观设计实施许可权的，该权利的效力如何认定，日本外观设计法做出了具体规定。

符合下列各项情况之一的行为人，在无效审查规定的复审结果确定之前，不知道该外观设计存在被无效的情形，并在日本国内已实施或准备实施该外观设计或与其近似外观设计的，在其实施或准备实施的外观设计和业务目的范围内，可以取得该外观设计权或该外观设计无效时已成立的独占实施许可的普通实施许可权。

（1）在两件以上相同或近似的注册登记外观设计当中，其中之一的注册登记被无效后的原外观设计权人；

（2）外观设计被无效，在有关相同或近似外观设计中给予拥有正当权利的外观设计人以外观设计权限的原外观设计权人；

（3）属前（2）规定的情况的，在无效审查的请求被确定时，已取得被无效的外观设计权利的独占实施许可或该外观设计权利，或拥有可以与独占实施许可相对抗效力①的普通实施许可的被许可人。

此外，该外观设计的所有权人或其独占实施许可的被许可人有权根据规定从普通实施许可人那里获得相应报酬的权利。

---

① 先取得并注册登记的普通实施许可权的行为人，其权利可以对抗其后获得独占实施许可的权利人。

（六）外观设计权的有效期届满后的普通实施许可

1. 实施许可为无偿实施

在外观设计注册申请日之前或同日提出外观设计注册申请，并取得注册登记的外观设计中，该注册登记外观设计的近似外观设计部分与在先提出或同日提出外观设计注册申请并取得注册的外观设计权相抵触时，先申请或同日申请并取得注册的外观设计权有效期届满后，在原外观设计权的范围内，原外观设计权人可以取得该外观设计权或其外观设计权有效期届满时已成立的独占实施许可的普通实施许可权。该普通实施许可为无偿实施。

此外，外观设计注册申请日之前或同日提出申请并取得注册的发明专利权或实用新型权利与该外观设计权相抵触的，上述规定准用于该发明专利权或实用新型权的有效期届满时的情形。

2. 实施许可为有偿实施

在外观设计注册申请日之前或同日提出外观设计注册申请并取得注册的外观设计权利中，与该注册外观设计近似的外观设计部分和先提出或同日提出的外观设计注册申请并取得注册的外观设计权相抵触时，先申请或同日申请并取得注册的外观设计权有效期届满后，在届满时已取得该有效期届满的外观设计独占实施许可的被许可人或该外观设计权人，或拥有可以与独占实施许可相对抗效力的普通实施许可的被许可人，在原权利的范围内，可以取得该外观设计权或该外观设计权的有效期届满时已成立的独占实施许可的普通实施许可。

与外观设计 A 相近似的外观设计 B 包含在其他外观设计 C 的近似范围内，外观设计 A 的注册申请如果和外观设计 C 的申请是同日或者在其之前，那么外观设计 A 的权利实施就不会侵害外观设计 C 的权利。但是，外观设计 A 的权利存续期间届满后该外观设计权利归于终止，在没有特别规定的情况下，外观设计 B 的权利实施将侵害外观设计 C 的权益。如果这样那么势必对外观设计 A 的权利实施人的权益带来损害，为了使外观设计 A 的权利实施人的利益不因外观设计 A 的期限届满而受到影响，《日本外观设计法》第 32 条规定 A 外观设计独占实施许可权人或者注册登记普通实施许可权人可以有偿地将其权利作为普通实施许可权来实施①。

外观设计注册申请日之前或同日提出申请并取得注册的专利权或实用新型权与该外观设计权相抵触时，前款规定准用于该专利权或实用新型权的有效期届满时。该外观设计权人或独占实施许可的被许可人有权从根据前规定中取得普通实施许可的被许可人那里收取相应的报酬。

（七）获得普通实施许可

1. 协商解决

注册登记的外观设计或与注册登记外观设计近似的外观设计由于与他人外观设计权利相抵触不能作为业务来经营的，为了能够实施该注册登记外观设计或与其近似的外观设计而需要取得普通实施许可或取得专利权或实用新型权的普通实施许可时，外观设计权人或其独占实施许可的被许可人可以请求与该外观设计权利人进行协商解决。

2. 特许厅厅长进行裁决

根据上述规定的协商不能达成一致或不能进行协商时，外观设计权人或独占实施许可的被许可人可以请求特许厅厅长进行裁决。向特许厅厅长进行裁决申请的，该外观设计权利人必须在要求提交答辩书的期间，并经特许厅厅长指定的期限内请求特许厅厅长进行裁决。

3. 禁止裁决规定

在上述需要裁决的案件中，如果订立普通实施许可可能损害他人或外观设计权人或独占实施许可的被许可人的利益的，特许厅厅长不得做出订立普通实施许可的裁决。

（八）因再审而恢复外观设计权的普通实施许可

无效的外观设计权因再审而恢复权利时，或者已做出恢复的外观设计注册申请因再审而取得外观设计注册时，在该审查确定后至再审的结果被注册登记前，在日本国内善意地实施或准备实施该外观设计或其近似外观设计的行为人，在其实施或准备实施的外观设计和业务目的范围内，可以取得该外观设计权的普通实施许可。

---

① 涩谷达纪．知识产权法讲义（第2版）．东京：有斐阁出版社，2007：631－632。

三、外观设计的近似性判断

《日本外观设计法》第23条规定，外观设计权利人有权使用其注册登记的外观设计开展经营业务，针对侵害其外观设计专有权利的行为，可以要求侵权人停止实施侵权行为或采取防止侵权的措施。但是，外观设计权人如何证明他人商品的外观与自己的外观设计相同或近似，判断起来并不容易。

（一）日本外观设计近似性判断概述

判断两项外观设计是否相同，只要将其中一项外观设计是否构成侵害他人的另一项外观设计权利进行直接对比就可以相对较容易地得出结论。但是，现实生活当中，外观设计侵权往往并不是完全相同，很多情况下判断外观设计是否构成侵权，需要判断两者是否构成近似。

日本外观设计侵权判断当中，近似性的认定通常要从“相同物品”和“近似物品”的角度来展开。相同物品中的外观设计相同或近似构成对注册登记外观设计权利的侵权，与近似物品的外观设计相同或近似也构成对注册登记外观设计的侵权。日本没有考虑不同物品的外观设计是否构成对注册登记外观设计的侵权的事例。

日本最高法院在案件①中，在关于外观设计是否构成近似的审判实践中指出，“与注册登记的外观设计相近似的设计是指该体现外观设计的物品同注册登记的外观设计相关物品是相同和近似的，该物品对一般消费者来说能使其产生与注册登记外观设计相近似的美感的设计”。此外，从日本最高法院20世纪90年代和2000年后陆续出现的判决中可以看到，日本法院逐渐开始重视对外观设计的“要部”是否具有共通性②、新颖性以及创新非容易性等具体内容的认定和考察。

在判例和学术研究的基础上，有关外观设计的近似性的判断理论在日

---

① 最判昭和49年（1974年）3月19日民集28卷2号308页。

② 东京高裁平成7年（1995年）9月26日，判时1556号130页。该案件是有关“出勤卡案件外观设计要部的认定”的判决，案件中原告就一项出勤卡A的外观设计向专利厅提出专利申请，专利厅受理后，针对该申请做出拒绝审查的决定。原告不服提出再审请求，专利厅以该申请不成立为由做出裁决。

本逐渐形成多种学说。有混同说、创新非容易性说、要部共通性说、美感说等。以两项外观设计是否存在令人混淆因素为重点展开认定的学说称为“混同说”，以外观设计的创新是否具有非容易性来进行判断的学说被称为“创新非容易性说”，是否具有相同美感的学说被称为“美感说”，也有考虑外观设计要部是否具有共通性的“要部共通性说”，以及在创新上是否具有共通性的“创新共通性说”的多种论断。上述学说当中，日本的外观设计近似性的判断主流观点①为“混同说”。

由于日本外观设计专利注册采取实质审查的制度，所以在上述学说的基础上，日本特许厅对外观设计制定出了详细的审查标准，其中就有关于外观设计近似性的认定标准。

下例中东京高等法院的判决就参考了日本特许厅的审查标准。该案件是有关“服装用箱子外观设计”案件②。

案件中原告拥有名为“服装用箱子”的外观设计专利权，被告是生产销售A或B类型的服装用箱子的厂商。原告认为被告生产的箱子外观上与其外观设计专利近似，于是起诉被告到法院，要求被告停止侵权，赔偿损失。

第一审判决法院③认为本案被告乙生产的产品A、B不构成对原告的外观设计专利权的侵权，驳回了原告的诉讼请求，原告不服，提起上诉。

第二审东京高等法院判决撤销原判决，支持了原告的诉讼请求。东京高等法院判决理由如下。

（1）外观设计侵权是指该外观设计产品在市场流通过程中，消费者对两项外观设计产品产生混淆，外观设计权人的专利权利因此而得不到保护的行为。所以，在判断该外观设计权利是否受到侵权需要从两项产品的整体进行观察。最能引起消费者注意的地方也称为“要部”，该要部通常根据该外观设计产品的性质、目的、用途、使用形态来认定。外观设计是否构成近似需要从涉案产品的要部是否能给消费者带来不同的美感来进行

---

① 末吉亙．意匠法．东京：中央经济社出版，2008：61。
② 东京高裁平成7年（1995年）4月13日判决，判时1536号，103页。
③ 新潟地判平成6年（1994年）8月9日判决，判时1536号，108页。

判断。

（2）本案外观设计产品的服装用箱子的要部需要从箱子的装纳物品的目的，在屋内使用，或者放在衣柜内使用的特点出发来确定外观设计的要部。所以，本案的外观设计产品的要部应当从服装用箱子的正面、侧面，或者斜面进行观察，特别是要从正面以及侧面方向对外观设计产品进行观察。因此，本案外观设计的要部应当从产品的正面方向和侧面方向进行观察，在该部分当中最能够吸引人注意力的部分就应当是外观设计产品的要部。

（3）本案外观设计和涉案产品 A、B 的要部的构成具有共通性，对观察人来说，两者整体上都有立体感和透明性，并且作为家庭用品利用起来简洁方便，整体构成合理，能给使用者美的印象。

（4）本案外观设计和涉案产品的外观具有极其近似的外观，而且两者的不同点仅为一些细小的地方，从整体上观察涉案外观设计产品时，观察者能够获得的整体美感并不会因为这些细小的差别而发生改变。

（5）被告主张原告外观设计的整体构成当中有三处是已经公开的外观设计，该部分应当从原告外观设计当中排除。对此法院认为，原告外观设计中即便存在已公开的外观设计或类似的外观设计，但这也不能成为理由，立即认定该部分需要从外观设计要部中删除。

（6）因此，本案外观设计与被告产品 A、B 在外观设计的要部方面的基本构成形态以及具体构成形态具有共通性，拥有相同的美感，给消费者带来类似的印象，能够引起消费者对产品的误认。

（二）日本特许厅外观设计近似性审查标准

“日本特许厅外观设计审查标准①”主要是以该外观设计物品是否为相同种类为前提，当该外观设计产品属于相同或近似的产品范畴时，就进一步审查两外观设计是否构成相同或近似。近似性判断主要是以该外观设计最吸引人注意的部分为重点，以该部分被称为该外观设计的“要部”，并通过确定的“要部”来判断两项争议外观设计是否具有共通性。最后，在考虑上述因素的基础上，全面综合地判断外观设计的近似性。

① “日本特许厅外观设计审查标准”，日本特许厅：http://www.jpo.go.jp/indexj.htm。

1. 判断外观设计近似性的主体

《日本外观设计法》第 24 条第 2 款规定判断外观设计是否近似的主体是“需求者”（即消费者、交易者），该需求者在商品的交易流通环节和外观设计产品关系紧密，所以日本判断外观设计是否近似的主体应为“需求者”。

外观设计近似性判断受到人为感官上因素的影响较大，因此在判断两项外观设计是否近似时，一定要注意不能受到主观原因的影响，所以要站在“需求者”的立场上，客观地进行判断。

2. 外观设计近似性判断的方式

日本外观设计近似性判断的具体方式主要考虑以下 4 个方面的要素：

（1）外观设计产品的认定及近似性判断；

（2）对外观设计形态的认定以及形态中共通点和差异点的认定；

（3）对外观设计形态的共通点以及差异点的个别评价；

（4）对外观设计整体的近似性判断。

3. 前提条件

日本外观设计近似性判断的一个重要的前提条件就是要求“外观设计产品在用途和功能上要具有相同性或近似性”。以用途和功能作为判断近似性的考虑对象时，日本专利厅认为不必要详细比较考虑其用途和功能，只要判断该外观设计产品的形态所表现的价值范围内该外观设计的用途和功能具有共通性即可。如果外观设计产品在用途（使用目的、使用状态）和功能上不具有共通性的，那么该外观设计就不是近似外观设计。

此外，日本经济产业省制定有外观设计《产品目录》，但是日本特许厅认为该目录仅仅是对产品的划分形式，不是直接规定外观设计产品构成近似的依据。

4. 对外形进行观测

对外形进行观测是指针对外观设计形态的认定以及形态中共通点和差异点的认定。

日本专利厅针对外观设计形态的认定，以及形态中共通点和差异点的认定主要通过 4 个方面来进行。

（1）用肉眼观测

通常对事物的观测，人们以肉眼观测为基础，对外观设计的观测也不外乎如此。由于人们大多数情况下通过肉眼来观察一项产品的外观，因此该外观设计产品是否具有美感，这就往往影响着人们是否决定购买该外观设计产品。但是，如果特殊情况下通过肉眼不能直接认知该外观设计时，日本特许厅规定仅限于通过肉眼能认知的形式来观测。

所以，一项外观设计是否与他人外观设计相近似，原则上应该借助肉眼观测来确定，而不是借助其他的观测方式。除非特殊情况，肉眼不能认知或需要借助其他方式，但该方式也要通过肉眼能够认知为条件。

（2）具体观察方法

外观设计通过肉眼来观测，但是对产品外观设计如何进行观测，观测方法的侧重点是什么，这都需要有具体的规定。日本特许厅规定观察方法应当采取通常的方式，要考虑购买时、使用时的具体状况。原则上外观设计的整体具有相同的观察重要性，但通常看不见的外观设计产品背面以及底面与可以看到的正面、侧面、平面相比，侧重的比例相对较小。

（3）对形态进行认定

对外观设计形态进行认定，就是对外观设计的物品整体的形态（框架、基本构成状态）及各个部位的形态进行认定的过程。

（4）对共通点和差异点进行认定

对共通点和差异点进行认定，就是将两个外观设计产品的整体形态及各个部位形态的共通点和差异点进行认定。

5. 对具体内容的分析

经过上述观察确定了外观设计产品之间的共通点和差异点后，下一步就是对该共通点和差异点进行分别详细的评判，以确定两项外观设计是否构成近似。

（1）对是否能引起人们注意的部分的认定和评价

是否能引起人们注意的部分通常是外观设计特点所在的体现。日本特许厅认定是否具有引起他人注意的标准从两点进行判断：① 该部分占外观设计整体中的比例大小；② 从该外观设计产品的特性出发，判断其是不是能给人们以视觉上巨大影响的部位。

具体判断形式如下。

① 外观设计占整体比例的评价

如果该外观设计占产品整体的比例大，那么就会在很大程度上引起人们的注意。如果该部分在两个外观设计产品中区别不大或没有实质区别，那么这两项外观设计就有可能构成近似。

② 关于产品在尺寸上的大小差异的评价

如果两个外观设计存在尺寸大小上的差异，但是如果该差别并不影响外观设计产品的用途和功能，即便存在尺寸大小上的差异，日本特许厅认为这也不能认定为能够强烈引起人们的注意。

③ 就该产品的特性而言，是否为容易观察的部分

外观容易被观察到，这就意味着该部分容易引起人们的注意。日本专利厅认为容易观察的部分可以通过两点来确定：（a）在购买或选择的时候，是否能被容易地看到；（b）对需求者（消费者、交易人员）来说，是不是有兴趣进行观察的部分。但如果该部分仅代表产品的功能特征的，那么该外观设计将不能得到认定。

④ 针对产品的内部形态的评价

外观设计产品的内部形态通常不被放在外观设计的要素内来考虑，因为外观设计主要是通过购买时和使用时的外观表现来认定，所以内部一般不作为引起人们注意的部分来考虑。但是特殊情况下，比如使用时容易被看见的部分，日本专利厅以浴室的外观设计为例，认为浴室的内部使用时会注意其形态，所以该内部形态是能够引起人们注意的部分。

⑤ 仅产品流通时，视觉能观察的形态

一项外观设计如果只有在流通期间才能看到，如一部分在使用时将被放入其他物体之内进行使用的情形。那么，此时使用时不能看到的部分与能看到的部分相比，不能看到的部分能引起人们的注意力的程度就会相对比较小。相反，即便是外观设计部分在流通时能看见，但该外观设计部分在外观设计整体中所占的重要度很高，那么在最终判断外观设计近似性的时候，判断结论受该要素巨大影响的可能性也不能排除。

（2）与在先外观设计进行对比

与在先外观设计进行比对，关键在于找出两者之间的共通点和差异点。

① 以在先外观设计调查为前提进行两者共通点的判断

如果申请注册登记的外观设计与在先外观设计相比，存在共通点，并且该外观设计共通点与市场上遍布的产品外观没有区别，那么，就可以认定该外观能够引起人们的注意程度比较小。

② 以在先外观设计调查为前提进行两者之间差异点的判断

两个外观设计存在差异，由于在后的外观设计与在先的外观设计不同，所以在后的外观设计更能引起人们的注意，其价值也就会得到人们的肯定。

（3）针对带有功能意味的形态以及材质而产生的形状的处理

① 对功能的形状的判定

在外观设计中，为确保物品的功能而不得不采用的外观设计造型，该外观设计造型不能获得外观设计法的保护。

② 考虑到产品的功能方面的要素而加入的附图

近些年在日本很多产品如座位控制键、仪器操作盘等器件，不再像以往由凹凸不平的按键构成，而是由一个平面的附图所表现的外观产品所替代。那么，该带有附图的外观产品是否可以构成一项外观设计呢？这也要考虑该外观产品的附图和其用途、功能的关系。如果附图的形成和该产品的用途、功能密不可分，是该产品必备的形态的，那么该附图将不能获得外观设计的保护。

③ 对介于材质本身的纹理色彩的评判

日本特许厅认为物品材质的附图、色彩原原本本地反映在外观设计当中时，由于该附图、色彩就是该物品中常见的特点，因此该附图、色彩对外观设计整体美感的影响可以认定为微乎其微。

6. 综合判断

综合判断是对外观设计整体的近似性进行判断。两项外观设计的共通点和差异点确定后，仅此通常不能得到外观设计是否构成近似，要对各共通点和差异点进行综合的判断才能得出最终的结论。日本特许厅在考虑综合因素时，通过根据以下五个特点来进行考察。

（1）有关共通点和差异点的综合判断

在考虑某项外观设计的共通点或差异点给予外观设计近似性判断带来的影响大小的时候，如果该外观设计以外的部分对外观设计整体的美感影响程度比较小，那么该外观设计的共通点或差异点对近似性判断的影响就比较大，反之亦然。

（2）要与外观设计相关物品整体形态相关

两项外观设计是否构成近似，原则上要从物品整体的形态上来考虑。从整体上看，与外观设计有关的物品在整体上要有共通性，如果整体外形差异比较大，那么如果能够吸引人注意的外观部分存在共通性，这也能判断两项外观设计构成近似。

（3）申请中的外观设计的公众知晓状态

外观设计是将公众知晓的形态进行组合而成，即便如此也不将该公众知晓的部分单纯地排除在外进行考虑。如果该组合部分能够具有新颖性，那么也能认定该物品的外形能够构成一项外观设计。

（4）外观设计的构成要素之间的关系

外观设计的构成要素包括形状、附图、色彩，至于哪一个要素对外观设计影响大，很难得出一个简单的结论。不过在这些要素中，能够比较大地吸引人注意力的要素应该对外观设计的影响也比较大。

通常形状和附图需要人们的创新才能得到，但是色彩不是创新的成果，而是选择的结果。所以外观设计的构成要素中，色彩引起人们的注意力的成分要小于形状和附图。

（5）相同物品与既存物品的近似性外观设计审判案例之间的关系

相同物品与既存物品的外观设计审判案例之间即便是存在相同的共通性或差异性，但是由于各个物品的特性存在差异，所以在外观设计整体考虑当中，引起人们注意的部分究竟是共通点还是差异点以及其所引起人们注意的程度也会有所不同。因此在相同物品中，即便存在相关的近似性判断的案例，但是也不能依照其结论简单地下定结论。

（三）判例研究

1. 有关学习用书桌是否构成对他人外观设计的利用案件[①]

该案件中，原告是一项关于学习用书桌的外观设计专利权人，被告是生产和销售书桌的商家，也生产销售 3 种书桌。原告认为被告生产销售的书桌与其外观设计专利近似，要求其停止生产，并赔偿其损失。

对此，被告主张其生产销售的书桌的外观设计是其申请注册的自有外观设计，与原告的外观设计权利无关。原告主张被告的外观设计是使用或利用了其外观设计产物的行为，构成侵权。

法院经过审理，判决支持了原告的诉讼请求，指出“对外观设计的利用是指某项外观设计的构成要素中包含其他外观设计或者类似的外观设计，该外观设计的实施必然构成对他人外观设计的实施”。

《日本外观设计法》第 26 条规定，此种情形下，要根据双方的外观设计权利注册的先后来进行解决，后申请的外观设计或者类似的外观设计不能对抗先申请的外观设计的专利权利。

2. 旋转台盘外观设计专利产品的认定案件[②]

该案件中，原告就一项唱片播放器“旋转台盘”的外观设计向专利厅提出申请，结果遭到专利厅的拒绝审查。专利厅认为该申请不具备外观设计的构成要件，做出拒绝审查决定，原告不服，以专利厅为被告提起诉讼。

专利厅拒绝审查的理由是“本案旋转台盘不是生产加工成品，也不是可进行替换的零配件，所以该产品为未生产加工完成的产品。因此根据《日本外观设计法》第 3 条第 1 款规定，本案外观设计不具有工业上利用的可能性，不能将该产品认定为具有外观设计特征的产品”。

原告针对被告专利厅的审查决定不服，认为：(1) 本案外观设计产品是唱片播放器使用的旋转台盘，是生产加工成品；(2) 本案旋转台盘与马达是不可分割的，所以本案外观设计同装有马达的产品具有同一性；(3) 本案外观设计的平面和侧面部分为视觉重点观测部位，以此构成本案

① 大阪地裁昭和 46 年（1971 年）12 月 22 日，无体裁集 3 卷 2 号，414 页。
② 东京高裁昭和 53 年（1978 年）7 月 26 日判决，无体裁集 10 卷 2 号，369 页。

外观设计配件的生产成品。

东京高等法院判决撤销专利厅的审查决定。判决主要理由如下：

(1) 没有支持原告关于“即使外观上没有显现马达，通过图解也能得出与装有马达的产品具有同一性”的主张。

(2) 关于本案外观设计产品是否为零配件，该零配件构成外观设计的专利产品的条件是什么？对此日本东京高等法院指出“需要具有两个条件：① 要具有可互换性；② 通常该产品可以独立成为交易的对象”。

(3) 日本法院根据本案外观设计产品在专利申请前后的实际使用状况，外观能体现马达设备或者外观不能体现马达设备的特点，对该产品的最终判定为：“本案外观设计产品具有互换的可能性，也能满足通常条件下是可以独立进行交易的产品的要件，所以本案外观设计产品可以认定为符合法律规定构成要件的一项外观设计产品配件。”

第七章　对专利侵权的救济

第一节　发明专利侵权

专利权利只有专利权人拥有使用，其他人在没有获得专利权人的许可情况下实施专利的，构成对专利权的侵害。专利的权利源于专利发明技术，专利发明技术的范围包含在专利权利要求当中，原则上专利侵权是侵犯专利权利要求的所有范围。

《日本发明专利法》第 100 条规定，专利权人或独占实施许可权人，对于侵害自己专利权或独占实施许可权以及有可能进行侵权的行为人，可以要求其停止侵权或预防侵权发生。专利权人或独占实施许可权人，针对侵权行为，可以要求侵权人废弃侵权产品（改进发明的发明专利，包括通过侵权行为产生的产品），废除提供侵权行为所用的设备，以及要求侵权人采取预防侵害所必要的任何措施。

一、发明专利侵权概述

要求停止侵害专利权利的请求类似于物权中的排除妨害请求权，但该请求权不同于损害赔偿请求权[①]。主张损害赔偿请求权时，被侵权人需要对侵权的故意或者过失进行举证，然而停止损害请求权并不要求被侵权人举证。专利侵权的侵权者有没有故意、过失暂且不问，只要专利权受到了侵害，就可以要求其必须停止侵害。《日本发明专利法》第 103 条规定，对他人的专利权或独占实施许可权进行侵害的，推定其侵权行为存在过失。

---

① 相泽英孝. 知的财产法概说. 东京：弘文堂出版社，2006：70－80。

要求侵权人停止侵权，可以向法院申请“停止侵权”禁令。法院要赋予专利被侵权人相应权利，做出暂定处罚需要有充足的证据才能决定，所以该项禁令实施起来很困难。在日本，专利侵权案件处理当中，当事人也很少能从法院获得“停止侵权”禁令许可。特别是一些商品生命周期很短的商品，不能采取上述“停止侵权”措施，对该类商品的救济也显得很不充分。

从理论上来说，日本专利权侵权被分为两大类，即直接侵权与间接侵权。直接侵权就是对专利的“产品发明”“方法发明”及“改进发明”的侵害，间接侵权就是指侵权不直接针对专利本身，但是通过间接的侵权行为也可以对专利的权利带来损害的行为。比如，不生产专利产品，但是生产制造专利产品的器械的行为就构成对专利权的间接侵权，该侵权行为在日本同样受到法律禁止。间接侵权在日本以往的法律规定中，作为共同侵权问题来处理解决，现行日本发明专利法将该类型侵权定性为“视为侵权行为”。

1. 诉前禁令

知识产权诉前禁令是指知识产权权利人在起诉前请求法院做出的要求被控侵权人不为一定行为的命令，以及时制止正在实施或即将实施的侵害权利人知识产权或有侵害可能的行为。

《日本发明专利法》第 100 条第 2 项规定，提请诉前禁令的，可以要求对方“停止侵害、清除侵权物、拆除违法设备、采取预防侵权的必要措施”。诉前禁令被称为物权性质的请求权，不考虑侵权行为人的故意和过失，只要客观上存在侵权行为就可以提出申请。该请求权的申请必须以存在现实的侵权行为或者可能存在侵权行为才能提出，可以提出诉前禁令的申请人，包括专利权人及独占实施许可权人，通常普通实施许可权人没有权利申请诉前禁令。

诉前禁令提交后，由法院对提交内容进行审查，48 小时之内做出裁定。诉前禁令对权利人来说没有任何负担和成本，但“诉前禁令①”对被申请人而言，一旦启动将会给被申请人带来深远的影响，会严重影响被申

① 最裁平成 11 年（1999 年）7 月 16 日民集 53 卷 6 号，957 页。

请人的生产或生活。相反，针对申请人而言，非及时公正的诉前禁令也会严重影响到专利权人的专有权益。因此，法院在决定是否启动“诉前禁令”时，理应慎之又慎。

2. 日本知识产权海关保护

知识产权海关保护是世界贸易组织规则知识产权边境保护制度的重要内容，知识产权海关保护是指海关依法禁止侵犯知识产权的货物进出口的措施。在世界贸易组织《与贸易有关的知识产权协议》（Agreement on Trade-Related Aspects of Intellectual Property Rights，TRIPS）中被称为知识产权的边境措施（Border measures）。日本作为 WTO 成员国，平成 6 年（1994 年）针对商标权人、著作权人、著作权邻接权人的知识产权保护，制订了相应的保护制度。平成 15 年（2003 年）专利权人的权益保护也被立法开始给予保护。平成 17 年（2005 年）日本关税法修改，之后《日本关税法》第 69 条之 11 规定，禁止进口的商品包括侵害专利权、实用新型权、外观设计权、商标权、著作权、著作物邻接权、集成电路布图设计权、育种者权的产品，以及《反不正当竞争法》第 2 条中记载的物品。针对这些物品，日本海关可以采取没收、废弃或重载运回的方式处理。

知识产权海关保护中，权利人也可主动提出申请请求海关实施知识产权保护，采取保护措施的申请。海关也可以依职权，对进口货物、出口货物进行查验，发货人、收货人或者其代理人应当按照国家规定，向海关如实申报与进出口货物有关的知识产权状况，并提交有关证明文件。海关实施知识产权保护时，有义务保守有关当事人的商业秘密。

依申请保护，是指知识产权权利人发现侵权嫌疑货物即将进出口时，根据规定向海关提出采取保护措施的申请，由海关对侵权嫌疑货物实施扣留的措施。由于海关对依申请扣留的侵权嫌疑货物不进行调查，知识产权权利人需要就有关侵权纠纷向人民法院起诉，所以依申请保护也被称作海关对知识产权的“被动保护”模式。

依职权保护，是指海关在监管过程中发现进出口货物有侵犯知识产权的嫌疑时，根据法律的规定，主动中止货物的通关程序并通知有关知识产权权利人，并根据知识产权权利人的申请对侵权嫌疑货物实施扣留的措施。由于海关依职权扣留侵权嫌疑货物属于主动采取制止侵权货物进出口，而且海关还有权对货物的侵权状况进行调查和对有关当事人进行处罚，所以依职权保护也被称作海关对知识产权的“主动保护”模式。

特别是近些年来，由于网络技术的发展，很多著作权人的作品都通过互联网被输入和输出，由于该类知识产权不像有体物那样必须通过海关才能进入一个国家，所以对海关来说，查处起来基本上不可能。但是，通过网络进入一个国家后，如果构成知识产权侵权，那可以通过其他途径进行保护，而非知识产权海关保护。

二、发明专利的直接侵权

《日本发明专利法》第 2 条第 3 项，把发明分为“产品发明”“方法发明”“改进发明”。直接对“产品发明”“方法发明”及“改进发明”带来侵害的行为，就是直接侵权行为。

1. 产品发明侵权

产品的发明专利的效力，及于在产品的生产、使用、转让、出租等环节，或者为进口或转让提交申请等行为之上。在没有获得专利权人的许可，通过上述行为实施专利的，构成对专利的直接侵转让权。

(1) 生产制造

专利产品的侵权只要涉及对专利产品的生产、使用、转让、进口等行为的，在没有经过专利权人的许可的，都构成对专利发明的侵权。然而，是否构成生产制造专利产品，在某些情况下很难界定。有关专利产品的修改和改造是否构成生产专利产品存在争议。例如，专利产品使用结束的物品，对其进行改造使用行为是否构成侵权，日本判例①中指出专利法所设定的专利者的权益受到了损害，所以对此类行为也认定为专利侵权。

此外，在日本有关手提袋把手案件②中，原告拥有手提带把手的实用新型的专利权利（昭和 53 年（1978 年）8 月注册登记），被告昭和 57

① 东京地裁平成 16 年（2004 年）12 月 8 日平成 16 年（ワ）8557 号。
② 大阪地裁昭和 59 年（1984 年）10 月 30 日，判タ543 号，263 页。

年（1982 年）1 月开始制造生产、转让和转借该专利类似产品。原告主张被告的产品落入了其专利权利要求的保护范围，要求其停止侵权，销毁产品，赔偿损失。被告提起反诉，主张其行为是在咨询专利代理人后所实施的，因此不存在过失。此外被告还指责原告其侵害专利权利的行为属于对其商业信用的不法侵害的不正当竞争行为，给其带来了损害，并要求原告赔偿损失。法院采纳了原告的部分诉讼请求，驳回了被告提起反诉的全部主张，法院在判决理由中指出被告乙的产品构成侵权。对于被告是否应当承担赔偿责任，法院认定被告的法人代表在生产侵权产品时已经知道原告拥有专利权，因此推定被告存在行为上的过失，应当承担赔偿责任。

此外，本案中被告主张其行为是在咨询专利代理人后所实施的，因此不存在过失。法院认为“被告乙虽然就自己的行为是否构成侵权咨询了专家，并得到了不构成对原告甲专利侵权的鉴定结论，但是这并不能改变侵权事实，并且被告也没有足够的证据来推翻法院对判决内容的认定”。

（2）使用

专利的使用包括对专利产品的使用以及对专利方法的使用，使用专利产品和使用专利方法应当获得专利权人的许可。但是，现实生活中对有体物的使用很容易判断，而特别是对化学物质的使用，判断起来相对就更困难。

日本法院判决中，对于“果冻专利[①]”产品的变形，是构成专利使用还是专利生产给出了确切的认定。本案中，原告是一种名为“置换果冻”的制剂 A 的物质发明专利的专利权人。被告购买了制剂 A 后，将该制剂粉碎加水后提取了该果冻的主要成分 B。又将提取的制剂成分 B 进行精制后，生产出了一种与制剂 A 具有相同用途的制剂 C，并进行了销售。因此，原告认为被告的行为侵害了其专利权利，将其起诉到法院，要求乙停止侵权，进行损害赔偿。

被告主张制剂成分 B 是利用原告的制剂 A 生产的，在其合法获得原告的产品时，专利权利已经用尽，因此其销售制剂 C 的行为不构成对专利的侵权。

---

① 东京高裁平成 13 年（2001 年）11 月 29 日判时 1779 号，89 页。

原审法院引用东京最高裁判的判决指出“该专利产品的专利权利在商品转让时已经用尽，其权利不能覆盖对其专利产品使用、转让的行为”。因此，原审法院判决驳回了原告的诉讼请求，原告不服提起上诉。

东京高等法院第二审判决中指出：专利权利用尽是指针对专利产品中所包含的专利实施对象进行使用、转让的权利用尽。合法地购入专利产品后，如果再从第三者处购进原料，并利用该原料生产与购入的他人专利产品中包含的专利实施对象相同的产品的，就构成了对他人专利权利的侵权。本案被告利用购入原料生产的产品与原告专利产品不同，即其产品中改变原告专利产品形状的行为是否构成对专利产品的生产，或者是不是对原告专利的具体实施，这将成为判断被告行为是否构成侵权的依据。

本案被告从专利产品中提取物质发明专利制剂 B，并进行了精制后，生产的产品中包含的是原告处购买的制剂 B 本身，被告并没有通过化学反应制造出新的专利制剂 B。因此被告的行为不能被认定为另行生产制剂 B 的行为，被告改变专利产品形状的行为也不构成对他人专利权利的侵权。

（3）转让

转让行为是对专利权所属关系改变的一种行为，由专利所有权人将专利所有权转让给另一方的行为。该转让行为可以是无偿的，也有可能是有偿的。

专利权的转让一般是针对有体物，因此针对计算机软件程序这样的无体物的转让区分起来就存在一定的难度。有体物的转让后，转让人手中不留有转让物品，而软件程序转让以后，出让人手中仍然留有程序。虽然软件程序的转让存在一定困难，但是，日本平成 14 年（2002 年）法律修改时将程序也写入了专利转让的内容当中。

（4）进口

进口是指将外国的货物通过国境由国外进入国内的行为。进口行为要受到海关的检查，如果进口产品存在知识产权侵权，该侵权就由海关来行使职权进行保护。在有关专利产品进口问题中，平行进口是被经常提及的问题。由于专利的地域性特点，各个国家的专利是相互独立的，即便是同一个专利权人在不同国家申请的同一个专利，根据各个国家的法律制度，最终得到注册登记的同一个专利技术，在各个国家也不能说它是相同的。所以针对平行进口问题，由于各个国家采取的制度不相同，所以不能一概而论。未经专利权人许可，生产的产品涉嫌专利侵权的，应当被禁止进口。专利权人能否禁止未经其允许进口专利产品，欧洲国家对此内部都有认可平行进口的政策，其他国家很多都没有一个明确的立场。

平行进口从某种程度上说是一个政策性调整的问题，各个国家权衡利弊制定相应的政策应对，所以至今尚没有一个统一的解决办法。

2. 方法发明侵权

方法的发明包括制造产品的方法和其他的方法发明。专利的方法发明与专利产品的生产方法不同，通常方法发明是指对产品的检测方法等的发明。例如，测量方法、分析方法、测定方法等。

方法发明申请注册人可以用方法和产品来记载专利的权力范围。通过产品来申请，就涉及产品，如果以方法来申请注册，那么方法的范围涉及产品，所以产品和方法的范围不可能全部等同。但是，方法发明涉及产品，方法专利的效力是否涉及产品，这是一个问题点。即便是如果没有方法专利就不可能产生产品的，那么对该专利的侵权也应当只是侵害方法专利，不应该针对对象产品①。如果不这样理解，那么方法发明的发明人就会成为产品发明的发明人了，这显然有悖于专利法律制度。

3. 改进发明侵权

改进发明兼有产品发明和方法发明的特性，是指对某种产品的生产、栽培、改良方法，化学物质的生产方法等的发明。在没有获得专利权人的许可，对上述方法的使用，以及使用、转让或申请进口等利用该方法生产的产品的行为，构成对该专利的侵权。

利用该方法生产的产品如何界定，是现实中存在的一个难点。利用专利方法直接生产出来的产品是不是最终生产的产物，例如这期间有二次、三次的产物的产生的，针对这个问题，如何确定利用该方法生产的产品就存在不确定性。

这种问题在日本主要涉及化学物质，非化学物质一般最终产物不会出

---

① 最判平成 11 年（1999 年）7 月 16 日民集 53 卷 6 号 957 页。判时 1686 号，104 页。

现二次、三次产物的现象。如果化学物质的最终产物是改进专利的产品，那么擅自利用最终产物和方法的行为，当然构成对改进专利的侵权。但是如果该化学物质的产物存在二次、三次中间物质的，那么该中间物质被作为改进专利的产品时，该产品就会得到专利法律的保护。但是，该化学反应的最终产物是否也能得到专利法律的保护，结果就存在不确定性。

三、日本发明专利间接侵权

1. 日本间接侵权概述

不直接对专利的“产品发明”“方法发明”及“改进发明”进行侵害的行为，在日本被称为“视为构成对专利的侵权”的行为，学术上也称为间接侵权、拟制侵权、帮助侵权。《日本发明专利法》第 101 条具体界定了间接侵权的构成要件，包括下列 6 种情形。

（1）就专利产品发明而言，仅以生产专利产品制造所需的物品为业，并对其进行制造、转让等，或者申请对其进行进口、转让等行为。（1 号）

（2）就专利产品发明而言，如果以生产专利产品所需的物品为业（排除在日本国内已经广泛地流通的物品），且明知该物品为解决发明专利课题不可缺少的物品，对其仍然进行生产、转让或者申请对其进行进口、转让等行为。（2 号）

（3）就专利产品发明而言，以转让等或者以出口该专利产品为业，并持有该专利产品的行为。（3 号）

（4）就专利方法发明而言，仅以制造使用专利方法所需的物品为业，并对其进行转让等，或者申请对其进行进口、转让等行为。（4 号）

（5）就专利方法发明而言，以生产专利方法所需的物品为业（排除在日本国内已经广泛地流通的物品），且明知该物品为解决发明专利课题不可缺少的物品，对其仍然进行生产、转让或者申请对其进行进口、转让等行为。（5 号）

（6）就制造产品的方法发明而言，以该方法生产的商品为业进行转让等，或者以出口为目的，并持有该商品的行为。（6 号）

上述行为都属于间接侵权行为，这些行为不直接构成对专利权利要求的侵害，属于预备侵权行为。针对这些预备行为，不能一概而论，不区分行为性质轻重进行笼统的责任追究。但是，如果因上述行为性质轻微而放置不管的话，实质上对专利权的保护带来的危害也是非常大的。间接侵权行为的法律责任追究目的是为了保护专利权利，但是针对间接侵权行为，如果过于扩大适用范围的话，也容易造成不当的处理结果。

2. 间接侵权的主观和客观特性

（1）因客观事由而产生的间接侵权

《日本发明专利法》第 101 条 1 号、3 号、4 号、6 号规定的内容，属于专利侵权的间接侵权客观事由的范畴。该类间接侵权根据侵权行为的特征又可以分为“生产专利产品所需的物品”的侵权和“持有生产专利产品所需的物品”的侵权两种类别。

① 生产专利产品或使用方法发明所需的物品的行为（1 号、4 号）

就专利产品发明和方法发明而言，以生产专利产品或方法发明所需的物品为业，并对其进行制造、转让、进口或者申请进行展示等行为，虽然这些行为没有直接涉及生产、转让专利产品或使用方法发明，但是为生产、转让专利产品或使用方法发明创新了条件，提供了制造使用所需的物品，因此对该类行为也应当予以禁止。

② 持有生产专利产品或方法发明所需的物品的行为（3 号、6 号）

就专利产品发明和方法发明而言，以转让、出口专利产品或通过方法发明获得的物品等为业，持有该产品的行为，属于被禁止的范畴。

（2）因主观事由而产生的间接侵害（2 号、5 号）

《日本发明专利法》第 101 条 2 号和 5 号规定了属于当事人因主观事由而产生的间接侵权行为。

关于专利产品的发明和专利方法的发明，如果以生产专利产品或使用方法发明来制造为专利所需的物品为业（排除在日本国内已经广泛地流通的物品），且明知该物品为解决发明专利课题不可缺少的物品，是发明专利以及是实施发明专利中使用的物品，仍然进行生产、转让、进口或为了转让而进行展示的行为，构成对专利权力的间接侵权。在这些侵权行为的特点中，明显存在侵权人主观上的意思表示。

3. 间接侵权的从属说、独立说和折中说

针对间接侵权行为，如果该侵权行为不涉及直接侵权，那么单独的间接侵权行为是否构成专利侵权，在日本理论和实践中存在争议。有三种学说，即从属说、独立说、折中说。“从属说”以直接侵权为前提，直接侵权不成立的，就不成立间接侵权。“独立说”认为有没有直接侵权都无关紧要，满足《日本发明专利法》第101条的规定就成立间接侵权。“折中说”根据专利权人和间接侵权人之间的利害得失来判断是否构成侵权。

那么到底站在从属说的立场上来判断间接侵权有意义呢？还是站在独立说的立场上来判断间接侵权有意义？对此，在日本学界观点并不统一。就从属说而论，因为从属说要求必须存在直接侵权，间接侵权是以直接侵权为前提，没有直接侵权就不存在间接侵权。然而，站在这个观点上考虑间接侵权也存在很多局限性。例如，在不存在直接侵权前提下，为厂家提供为生产专利产品而使用的零配件的行为就不属于侵权行为，但是，这为侵权行为做了准备，在尚未产生直接侵权的前提下，如果不追究该类行为的责任，就显然不利于保护专利权人的利益。相反如果站在独立说的立场来判断，因为不考虑直接侵权等要素，只要行为构成间接侵权就要追究法律责任，然而，有些行为虽然只存在间接侵权，但也不一定都需要被追究责任。

不管站在独立说还是从属说的角度来看待这个间接侵权行为，都会产生不合理的结果，所以日本很多的判例也多是站在两个学说的基础上，根据案件的实际情况进行妥善解释来解决实际问题。因此，日本学者就提出了一种折中说的说法，折中说根据专利权人和间接侵权人之间的利害得失来判断是否构成侵权。折中说的观点在日本得到了较为广泛的支持。

4. 日本法定间接侵权行为的法律适用

《日本发明专利法》第101条共规定了6项间接侵权行为，这6项侵权行为的法律适用情形都不相同，有的要考虑主观要素，也有的仅考虑客观要素，该条中的每一项间接侵权行为的认定都有具体的条件要求。

（1）间接侵权101条1号和4号的法律适用

第101条的1号和4号间接侵权规定中不考虑主观因素，只要间接侵权行为符合 1 号、4 号的规定就会认定追究间接侵权的责任。1 号规定行为人生产为实施专利必须的物品的，例如专利的配件等，如果生产这样的产品，那么就构成间接侵权，不考虑他的主观因素，其是否知道该物品是侵权产品。4 号规定方法专利中，行为人生产了为实施方法专利必须使用的物品，或在该方法专利中实现方法专利的技术效果必须使用该物品的，只要生产该物品就构成间接侵权，不考虑生产该物品时生产者的主观要素。

该 1 号、4 号要求行为人生产的该物品只能在该专利产品上使用，如果该物品在其他的产品中也能够利用的，那么该产品就不能作为间接侵权的对象处理。显然，这在侵权认定上有可能造成范围涉及面太广，如果一项产品与专利权利没有任何关系的，也有可能被认定为专利的侵权行为。所以 1 号、4 号中规定的仅限于专利产品生产需要的物品以及实现方法专利中必须的物品的认定方法显然过于抽象，而日本现实的审判实践中也经常出现类似案件。涉嫌侵权的产品除了在专利产品中可以使用以外，在其他的方面也有实用价值的产品，被法院认定为非侵权产品。因此，这样的规定在日本也遭受了很多的批判，因为这样的规定实用价值并不高，很多案件判定侵权很困难。

(2)《日本发明专利法》第 101 条 2 号和 5 号的法律适用

由于，《日本发明专利法》第 101 条 1 号和 4 号的法律适用范围不确定，所以日本发明专利法修改后，又加入了 2 号和 5 号的规定。《日本发明专利法》第 101 条不考虑行为实施者的主观要素，只根据行为人所生产的商品客观要件来判断是否成立间接侵权。《日本发明专利法》平成 14 年（2002 年）在 1 号和 4 号规定的基础上，又将主观要件也写入间接侵权行为的认定当中，这就是《日本发明专利法》第 101 条 2 号和 5 号的规定。该 2 号和 5 号规定要求主观上要知道是为侵权提供协助，知道仍然还要生产销售涉案产品，涉案产品只能使用于专利产品或专利方法发明，该产品必须是非通用品。符合上述要件的行为人就属于法律间接侵权行为人。

上述规定要求行为人主观上存在恶意，必须是知道生产行为是禁止行为。如果行为人由于过失生产产品的，由于主观上没有故意，过失行为不构成主观性行为认定要件。那么，行为人对自己生产的产品是否有义务调查，并判断其是否构成侵权行为，对此，日本学者指出行为人没有此项义务。行为人是否知情，举证责任由专利权人负担，专利权人如何举证也是件很困难的事情。在日本，权利人的举证责任通常是针对行为人发放警告书来确认其主观上的恶意。

(3)《日本发明专利法》第 101 条 3 号和 6 号的法律适用

就专利产品发明和方法发明而言，以转让、出口专利产品或通过方法发明获得的物品等为业，持有该产品的行为，属于被禁止的间接侵权行为。

《日本发明专利法》第 101 条 3 号和 6 号规定是日本平成 18 年（2006 年）新修改内容，通过该法条的修改，行为人以转让或者出口为目的，持有侵权产品的也属于间接侵权行为。

5. 间接侵权行为的刑罚①

有关间接侵权的案件，日本法院审判实践中适用诉前禁令，诉前禁令不针对教唆和帮助行为人。如果专利间接侵权行为存在教唆和帮助行为人，那么其责任应当根据日本民事不法行为法来追究责任，情节严重涉及刑事犯罪的，还将追究刑事责任。

针对间接侵权主要行为人，《日本发明专利法》平成 18 年（2006 年）法律修改时将追究刑事责任写入法条。追究刑事责任的目的是为了保护专利权人的利益，也是为了加大针对知识产权间接侵权行为的处罚力度。日本刑法中将间接侵权行为命名为“知识产权间接侵权罪”，针对间接侵权行为，日本法律规定将单处或并处以 5 年以下有期徒刑，或 500 万日元以下罚金。

四、发明专利的损害赔偿

发明专利权人的损害赔偿请求权是一种债权法意义上的请求权，该请

① “井盖交换方法案件”，东京地裁平成 16 年（2004 年）8 月 17 日判时 1873 号，153 页。

求权要求有损害事实存在，存在侵权行为，侵权行为和损害事实之间存在因果关系，同时侵权行为人主观上存在故意和过失。

《日本发明专利法》第103条规定，侵害他人专利权或者独占施许可权的，构成侵权行为，该侵权行为推定存在过失。如果侵权人不想承担责任，必须证明自己没有过失，如果不能证明自己没有过失，就要承担损害赔偿责任。日本实用新型法不要求侵权人承担推定过失责任，原因在于日本的实用新型采取的非实质审查制度，侵权行为人是否存在过错，要由专利权人来证明。

日本发明专利中采取的这种推定过错责任原则，不区分大企业还是中小企业。任何企业在销售产品时，都必须从公开的资料中确定自己的产品是否构成对他人专利权利的侵权。由于调查工作量比较大，日本很多企业都将专利调查委托给具有专业特性的机构来实施。但是，即便委托专门的机构进行专利侵权调查，也不能够免除由于专利调查机构不能查尽所有专利技术，从而导致公司产品销售构成专利侵权的后果。

（一）损害赔偿请求额的确定

专利权人或者专利独占实施许可权人因专利侵权人的故意或过失行为遭受损失的，针对侵权人可以要求其承担赔偿责任。赔偿金额按照《日本发明专利法》第102条特别规定来执行。

由于被侵权人的损失的算定存在举证困难的特点，从极端的例子来看，由于侵权产品在市场上销售活跃，从而带动专利权人利益的案例也不可否定，此时如果单纯以销售数量来确定损害赔偿金额方式来补偿损失，显然也有不合理、不当之处。

对于侵权行为的赔偿请求，《日本发明专利法》第102条1~4项具体规定了损害赔偿额的计算准则。

（1）第102条第1项：专利权人遭受的损害按照侵权人的销售数量乘以专利权人在没有侵权情况下销售的产品单位利益来计算；

（2）第102条第2项：专利侵权人获得利益的，推定该利益为专利权人的损失；

（3）第102条第3项：作为专利侵权赔偿的最低额度，不论专利权人是否实施专利，专利权人都可以按照专利实施费用来要求侵权人进行赔偿；

（4）第 102 条第 4 项：可以不根据上述推定来判定损失额，而是按照损害发生的实际状况来确定专利权人可以获得相应的赔偿额。

上述 1~4 项的规定，其内容主要还是以销售数量为基础，来推定损害赔偿金额。

（二）以权利人遭受的损失进行赔偿

《日本发明专利法》第 102 条第 1 项规定，专利权人遭受的损害按照侵权人的销售数量乘以专利权人在没有侵权情况下销售的产品单位利益来计算。但是，在计算该损失时，要考虑专利权人是否存在不能销售全部或其中一部分的具体原因，如果存在因侵权行为而导致专利权人不能达到销售预期的上述情况的，还需要根据该情况做相应的扣除。是否存在该原因的举证责任由侵权人来承担。

损害赔偿额计算公式如下。

$$\text{侵权人销售数量} \times \text{专利权人单位利益} - \text{专利权人不能达到预期的销售额} = \text{损害赔偿额}$$

该条内容是平成 10 年（1999 年）日本发明专利法修改时新增加的条款，其要求没有侵权情况下销售的产品单位利益乘以侵权人销售的数量，同时要求考虑专利权销售状况，作为扣除要素来确定的专利侵权的赔偿额。如果侵权人的利益非常少，价格低廉、产品品质粗略，那么对专利权人来说利用第 1 项法律规定，至少获得的赔偿额要比侵权人获得的利益多。

存在因侵权行为而专利权人能够实现的销售产品，是指权利人的产品本身因侵权行为而没有销售成功，没有销售成功应当不存在单位利益，没有单位利益就不能根据上述公式确定损害赔偿额。此时，权利人的损害额可以按照销售产品的替代品来计算。但是，替代品必须是同一个专利权的产物，与侵权产品具有市场竞争关系。

如果专利权人的产品尚还没有在市场销售，而且侵权产品同专利产品又不存在市场竞争关系的，就不能适用第 1 项的规定来要求损害赔偿，可以考虑第2项、第3项等其他规定的适用。

专利权人单位利益额如何确定也是一个需要个案解释的问题。在日本，有很多的学者以往主张“纯利益”，但是现在“有限利益说”得到支持的程度更高。有限利益说要求扣除“追加费用”“人工费”“开发费”及“投资费用”等费用后，计算的利益作为单位利益来考量。

此外，专利产品包含有数个专利技术，而专利技术被侵权的只是期中的一部分，那么在确定单位利益额时，就要考虑该部分专利的贡献度。贡献度是由对该产品而言，该部分专利技术有多大的程度能唤起购买者的需求来确定。然而，该贡献度的确定被指出“基本接近不可能”[①]。

由于每个企业销售能力不同，如果侵权人超过了专利权人所在企业销售能力的，那么该超过部分也应当从赔偿额中扣除。但是，第1项的条文内容如果从这个角度去过分地解读的话，侵权行为人的赔偿额就会被减少，有悖于立法的初衷。然而，如果严格地对待减额的话，又会使专利权人获得比实际损害要多得多的利益，这对侵权人来说也很不公平。

专利侵权的损害赔偿额的举证困难是一个现实存在的问题，《日本发明专利法》第102条第1项的规定具有一定的可操作性，其目的还是追究侵权赔偿，但是从实际情况出发，鉴于认定赔偿额的公正公平，日本该法条专门设定了赔偿减额制度，对于该制度日本学者主张这只是起到一个缓冲装置的作用，实际上“不应当过多地强调减额[②]”。

日本法院对汽车防滑装置[③]侵权赔偿额案件认定中，就考虑了专利权人不可能实现销售额的减额比例。该案原告是一种汽车防滑装置相关实用新型专利（2件）的权利人，在生产和销售该专利产品的同时，与A签订了许可其使用该专利的普通实施许可权。A获得普通实施许可后，也开始生产该专利产品并进行销售。此后，原告与A发现被告生产的防滑装置的70 385件产品涉嫌侵害其专利权，于是向法院起诉被告，要其停止生产销售，并承担赔偿责任。

---

① 中山信弘. 特许法. 东京：弘文堂出版社，2011：343。
② 中山信弘. 特许法. 东京：弘文堂出版社，2011：346。
③ 东京地判平成11年（1999年）7月16日判决，判时1698号132页。

原告主张被告平成 5 年（1993 年）4 月 12 日至平成 8 年（1996 年）4 月 10 日期间，生产销售了涉案防滑装置 70 385 件，其间被告获得的利益就是原告遭受的损失，销售总额中 35 193 件属于原告的损失额，另外 35 193 件属于普通实施许可权人 A 的损失额。

法院判决认定被告的制造销售行为侵权，但是就损害赔偿认定中，部分支持了原告主张。法院认为“原告从平成 3 年（1991 年）起所销售的防滑装置主要集中在其集团下属的加油站，销售额为 1 件 3 500 日元。而普通实施许可权人 A 的销售主要集中在大型超市等批发市场，价格为 2 000 日元以上，其销售价格低于原告的销售价格”（因为加油站的客流量少于大型超市等批发市场，而且原告的销售价格也高于其的销售价格，虽然不清楚原告和 A 的实际销售状况，但是原告的销售额可想而知应当少于 A 的销售额）。因此鉴于上述事实，原告的销售额与 A 的销售额显然不能按照 1∶1 来计算。即使多计算原告的销售额的话，将原告和 A 的销售额定为 1∶2，这也考虑了原告的销售状况的诸多因素。

因此，法院认为 A 因被告的侵权行为遭受的损失应当占总量的三分之二，原告的损失占被告涉案防滑装置 70 385 件合计总额 53 487 063 日元的三分之一，即损害赔偿额为 17 829 021 日元。

（三）以侵权人获得的利益进行赔偿

《日本发明专利法》第 102 条第 2 项规定，专利侵权人获得利益的，推定该利益为专利权人的损失。因为专利权人遭受的损失确定起来存在举证上的困难，而确定专利侵权人获得的利益额相对而言比较容易，所以从保护专利权人的角度出发，日本发明专利法将专利侵权人获得的利益推定为专利权人的损失。

该条规定适用于专利权人很难证明自己的损失额时，而侵权人获得的利益容易证明的情形。如果专利权人没有实施专利，那么对专利权人来说理论上很难存在损失，所以该种情形下，《日本发明专利法》第 102 条第 2 项内容不能推定适用①。专利权人不实施专利技术的，可以根据《日本发明专利法》第 102 条第 3 项规定要求侵权人支付专利实施许可费相当

① 田村善之. 知识产权与损害赔偿（新版），东京：弘文堂出版社，2004：24。

的损害赔偿额。

该侵权人获得的利益是纯利润还是毛利润，在日本存在争议。以往日本学界的观点认为损害为侵权人的纯利益，因此毛利润中扣除了变动经费、一般管理费等费用，结果赔偿额特别稀少。但从保护专利权人的角度出发，也有观点①认为该利益原则上应该是毛利益。最近，日本学术界主流观点逐渐开始采用“限制利益”的做法，该做法指出从侵权人获得的利益中要扣除的费用仅限于制造侵权产品必需的费用，一般管理费用、新设备投资、雇佣费等应当排除在外。

第 2 项的损害赔偿额是推定损失，专利权人证明侵权人的毛利润即可，侵权人如果能证明现实中专利权人遭受的损害少于推定损失的，那么该推定额就会被推翻②。

《日本发明专利法》第 102 条第 1 项以专利权人的经营状况为核心考虑其遭受的损失，确定损害赔偿额。与第 1 项相比，第 2 项着重考虑侵权人的侵权状况，主要考虑侵权人退出既得利益。

此外，虽然专利权人的损失推定为专利侵权人获得的利益，但是也有特殊情况不适用上述推定规则的情形。如果专利权利人获得专利权后，并没有实施该专利权的，日本判例③认为专利权人此时不存在损害发生，因此在此种情形下不适用该推定规定。

（四）按照专利实施费用进行赔偿

《日本发明专利法》第 102 条第 3 项规定，作为专利侵权赔偿的最低额度，不论专利权人是否实施专利，专利权人至少都可以按照专利实施费用来要求侵权人进行赔偿。

专利实施费的确定可以根据多种要素来综合判定，如考虑该专利实施费用的个案状况、行业市场行情、发明专利的贡献度、专利的实施状况等具体因素。但是，专利实施费用具体是按照专利侵权时的实际状况来判定，还是按照侵权之后被发现时的已知状况来判定，在日本存在争议。

---

① 中山信弘. 工业所有权. 东京：青林书院出版社，1980：345。
② 大阪地判昭和 60 年（1985 年）6 月 28 日无体财集 17 卷 2 号，311 页。
③ 东京高判平成 3 · 8 · 29 知的裁集 23 卷 2 号，618 页（特许百选 92 案件）。

日本法院在有关电负荷装置系统案件①的损害赔偿额的认定中，确定了专利实施费的赔偿数额，并对其金额中是否应当扣除其他管理费用也给予了说明。该案件中原告是一家从事变电设备研究实验以及相关装置开发的综合性企业，获得了一种“电负荷装置系统”的发明专利权，并进行生产和加工该专利产品。被告生产了同类似的产品，并也在发电设备上进行使用。原告以被告使用其专利装置 7 次，侵害了其专利权利为由，将其起诉到法院，要求被告停止相关装置的生产和使用，废弃相关产品设备，并进行损害赔偿。

被告主张其产品并没有落入原告专利的保护范围，不构成侵权。原告认为被告的侵权对其带来了损害，并提出要求被告承担赔偿，赔偿额为“从专利使用费中扣除搭载车辆使用天数的成本费”后的利益。然而，被告认为即便构成侵权，成本中还应当包含试用期间每天的人员工资开销。

法院判决最终采纳了原告的部分诉讼请求，认定被告的行为构成专利侵权。但是，在赔偿额的认定中，法院指出“专利权人事实上正在实施专利权利，且制造专利产品时并不需要设备投资以及雇用新的员工，所以在专利使用费中仅扣除变动经费是相对适当的”。该变动经费以汽车的燃料费用计算，每日为 2 万日元。

法院认为“原告在被告使用其专利装置 7 次的期间不用进行新的投资和员工雇用，实施专利处于可能的状态当中”。针对被告主张应当扣除其使用费成本的主张，法院认为“被告没有足够的证据证明有必要的费用需要进行扣除”。

（五）根据实际损失要求赔偿

如果专利权人能够通过证据证明自身遭受的实际损失的，《日本发明专利法》第 102 条第 4 项规定，可以不根据上述推定来判定损失额，而是按照损害发生的实际状况来确定专利权人可以获得相应的赔偿额。该赔偿额度可以不受专利实施费用最低限额的限制。

如果专利侵权人不存在侵权的故意和重大过失的，法院在判定赔偿额

① 东京地裁平成 10 年（1998 年）10 月 7 日，判时 1657 号，122 页。

时，可以酌情考虑相关具体案情，确定赔偿额度。此时，侵权人可以不承担损害赔偿的责任，但是需要返还不当得利。

（六）法院对赔偿额度进行认定

有关赔偿额的计算，《日本发明专利法》第105条规定，法院对于侵害专利权或独占实施许可权的诉讼，依当事人的申诉，有权命令当事人提出为计算侵权行为带来的损害所需要的证明文件。法院在确定侵权损害额度时，如存在需要进行具体认定的事项的，可以指令其他单位进行鉴定。

实际存在侵权损害，但是举证证明损害额度存在困难的，《日本发明专利法》第105条之3规定法院根据口头辩论的主旨和证据调查，可以对损害赔偿额进行认定。

第二节　日本外观设计侵权的救济

一、外观设计侵权民事救济

日本外观设计法规定，针对外观设计侵权的救济可以通过“要求停止侵权”“损害赔偿”“恢复信誉”及“返还不当得利”来实现。关于上述救济方式，日本外观设计法的规定基本上同日本专利法以及日本商标法等知识产权保护的相关法律相同。

1. 要求停止侵权

（1）外观设计权人或独占实施许可的被许可人可以请求侵权或可能侵害自己的外观设计权或独占实施许可的行为人停止侵权或预防侵权行为的发生。

（2）在提出前款规定的请求时，外观设计权人或独占实施许可的被许可人可以请求销毁构成侵权行为的物品、拆除用于侵权行为的设备或为预防侵权采取必要的措施。

（3）如果未通过日本特许厅厅长证明的该外观设计的记载事项的文件向对方提出警告的，根据外观设计法规定，请求保密的外观设计的权利人或独占实施许可的被许可人不得向对方提出停止侵权的请求。

（4）视为侵权的行为

以制造、转让、出租或为转让或出租而进行展出，或进口生产注册外观设计或与其近似外观设计的物品为经营业务的行为，视为侵害该外观设计权或独占实施许可权的行为。

2. 要求损害赔偿

外观设计权利人或者独占实施许可权人根据《日本民法》第709条规定，可以向因故意或者过失给权利人带来损害的侵权人提出损害赔偿的请求。损害赔偿请求的举证责任原则上由遭受损害的一方承担，但日本外观设计法中规定了一些特殊举证规则。

（1）推定过失

侵害他人的外观设计权或其独占实施许可权的行为人，其侵权行为被推定为存在过失。只要存在侵权行为，不管你是否知道或如何知道自己是否侵权，都推定你主观上存在过失，造成了侵权结果的产生，因此就要承担赔偿的责任。但是，侵权行为要是根据《日本外观设计法》第14条第1款的“秘密外观设计”的规定请求保密的外观设计权或独占实施许可时，不在此限定范围之内。除非，被推定侵权人能够举证来证明，造成侵权的原因是自身存在不能获知是否侵权的正当的理由或能够证明存在相信不会涉嫌侵权的正当理由的，否则将承担损害赔偿的责任。

日本外观设计在特许厅注册登记后，按照规定需要在外观设计公报上进行公告，所以，一旦公告就证明公众已经知晓了相关外观设计的通常情况。如果仅仅因为自身没有看到相关公告，而主张不知道存在正当的理由，将不能得到法律的保护。

（2）权利人遭受的损失数额的推定

外观设计权人或独占实施许可的被许可人向故意或因过失侵害自身外观设计权利或独占实施许可权利的行为人赔偿自己因侵权所遭受到的损失时，可以将侵权人转让的侵权商品的数量与没有该侵权行为时权利人将获得的商品单价相乘，在不超过外观设计权利人或独占实施许可权人在该外观设计实施中能获得的费用为前提，核算出外观设计权利人或独占实施许可的被许可人所遭受的损失数额。这里关键是外观设计权利人或独占实施许可权利人实施该外观设计能够获得的收益，如果没有实施该权利，那么就很难确定不超过外观设计权利人或独占实施许可权利人实施该外观设计能获得的费用的最低数额。

此外，如果存在外观设计权人或独占实施许可的被许可人自身不能实现销售目标的特殊原因的，日本外观设计法还要求从上述计算的金额内扣除相关部分。

（3）以侵权行为获利数额推定损失数额

外观设计权人或独占实施许可的被许可人向故意或因过失侵害自己的外观设计权利或独占实施许可权利的侵权人请求赔偿自己因其侵害所遭受到的损失时，如果侵权人因其侵权行为而获得利益的，该获利数额将推定为外观设计权利人或独占实施许可的被许可人所遭受到的损失数额。

在日本该“利益”以往被解释为纯利益，但是现在日本东京的地方法院在处理专利、商标案件时，往往采用“限制利益说”来解决相关问题。限制利益说就是在毛利润率（销售额中扣除销售产品原价的销售金额比率）中扣除变化利润率（与销售相关的变动经费在销售额中的比率），以此作为计算利润率的基础。“限制利益说”的操作当中，日本法院并没有将开发费用、培训费用、一般管理费用、营业外费用、税费、制造设备的损耗等列在相关费用当中。

（4）外观设计实施费用相当额度的损害赔偿请求

外观设计权人或独占实施许可的被许可人向故意或过失侵害自己外观设计权利或独占实施许可权利的侵权人请求赔偿损失时，可以将相当于其注册外观设计或其近似外观设计实施许可时通常应当得到的金钱数额作为自己所受损失的数额。

（5）外观设计实施费用相当额度以上的损害赔偿请求

法院可以超出外观设计实施费用相当额度来确定请求赔偿损失的金额。在这种情况下，如果侵害外观设计权利或独占实施许可权利的侵权人为非故意或无重大过失时，法院在确定损失数额时还可以酌情考虑认定赔偿金额。

（6）法院要求提交证明文件的命令

法院在对于侵害外观设计权利或独占实施许可权利的诉讼中，依当事人的请求，有权命令其他当事人提交为核算损害所必要的文件。但是，该文件持有者有正当的拒绝理由时，不在此限定范围之内。

（7）与计算有关的鉴定

法院为计算侵权损害赔偿额度时，可以通过发出鉴定命令的形式来实现。鉴定人鉴定时，当事人应当向鉴定人进行针对必要事项的说明。

（8）相当额度损害金额的认定

在外观设计侵权金额判定中，通过上述各种形式仍然很难确定具体赔偿金额的，法院可以通过口头辩论以及提交的证据结论，对赔偿金额做出具体的认定。

3. 要求采取恢复信誉的措施

由于故意或过失给外观设计权利人的信誉带来损害的，法院根据外观设计权人或独占实施许可人提交的文件的申请，可以向侵权人要求采取措施恢复外观设计权人或独占实施许可权人的商业信誉。如通过广告的形式公开道歉等。

4. 要求返还不当得利

外观设计权人根据《日本民法》第 703 条、704 条规定，针对不当得利者可以要求其返还获得的不当利益。善意的不当得利者承担返还不当得利的现有价值，恶意的不当得利者不但要返还获得利益的相应利息，同时给对方造成损害的还要进行损害赔偿。日本法律规定不当得利返还请求权的时效为 10 年。

二、外观设计侵权刑事救济

1. 外观设计侵权罪

日本外观设计侵权罪的主体不包括被视为外观设计侵权的侵权行为，所以除了《日本外观设计法》第 38 条（具体包括：① 实施以外观设计或与外观设计近似的物品的生产、转让、进口等作为经营业务的行为，如为展示、出售等提供帮助的行为；② 以转让、转借，或者进口为目的持有注册登记外观设计或与其近似的设计的产品的行为）的侵权行为以外的侵害外观设计权或独占实施许可权的侵权者将受到10年以下刑罚或1 000万日元以下罚金。

2. 欺诈罪

《日本外观设计法》第70条规定，以欺诈行为取得外观设计注册登记或判决结果的，处1年以下刑罚或100万日元以下罚金。

3. 假冒标识罪

《日本外观设计法》第71条规定，违反《日本外观设计法》第65条（禁止假冒标识的规定）规定的，处1年以下刑罚或100万日元以下罚金。

4. 伪证罪

《日本外观设计法》第72条规定，根据外观设计法规定进行宣誓的证人、鉴定人或翻译，对特许厅或接受特许厅委托的法院进行虚假陈述、鉴定或翻译的，处3个月以上10年以下刑罚。对犯有上述罪行的侵权人于案件的审查或复审确定前坦白的，可以减刑或免刑。

5. 泄密罪

《日本外观设计法》第73条规定，特许厅职员或前职员泄露或盗用因职务而得知的正在外观设计注册申请审批中的外观设计秘密的，处1年以下刑罚或50万日元以下罚金。

此外，《日本外观设计法》第73条之2规定，根据《日本发明专利法》第105条之4第1款规定，违反该规定的行为人，将对其处以5年以下刑罚或500万日元以下罚金，或者合并处罚。《日本外观设计法》第73条之2规定的犯罪，属于自诉才处理的案件。同时，犯该罪的行为在日本国外也同样适用。

6. 双罚规定

《日本外观设计法》第74条规定，法人的代表人、法人或个人的代理人、用人单位和其雇员在从事该法人或个人的业务过程中有违反下列规定的，除处罚行为人之外，对该法人或个人也处以各条规定的罚金。

（1）违反外观设计侵权罪的，处3亿日元以下罚金；

（2）犯欺诈罪或假冒标识罪的，处3 000万日元以下罚金。

第三节　日本实用新型专利权的行使和侵权救济

一、日本实用新型专利权的行使

由于日本实用新型的权利获得不通过实质审查，所以就可能出现只要实用新型申请符合实用新型专利申请的基本条件，那么申请人就可以以实用新型专利权人自居，针对他人实施的与其实用新型专利相同的行为主张停止侵权、赔偿损失的权利。然而，此时的实用新型专利由于没有专利评审部门的实质审查，所以有可能存在该实用新型专利不符合专利成立的基本要件，出现被对方主张无效的情形。

因此，《日本实用新型法》第 12 条规定，实用新型权利人可以向特许厅提出申请，要求专利厅提供“实用新型技术评价书”。“实用新型技术评价书”是关于实用新型中权利要求的技术评价，评价涉及实用新型的创新性、新颖性，以及相同技术是否存在在先实用新型申请，是否存在同日申请，及是否存在相同的发明专利申请等具体判断依据的内容。《日本发明专利法》第 29 条之 2 规定，只有在向侵权人提示“实用新型技术评价书”的同时提出警告之后，实用新型专利的权利人才可以拥有向对方主张停止侵害，要求损害赔偿的权利。即便是实用新型专利权利已过权利保护期限的，针对实用新型权利保护期内侵权行为，实用新型的专利权人仍然可以向特许厅申请实用新型技术评价书，并针对侵权人主张损害赔偿。

如果实用新型权利人在主张权利时，没有提示实用新型评价书或者获得的实用新型评价书被专利厅赋予否定性的评价，仍然对当事人主张停止侵权，损害赔偿的，《日本发明专利法》第 29 条第 1 款规定，在当该实用新型专利被专利复审无效后，实用新型权利人如果不能提供自己尽到了注意义务并发出警告的证据，就不能免除因此给对方带来的损失进行赔偿的责任。这也表明了日本实用新型法规定，即便存在没有先向特许厅申请实用新型评价书或者向特许厅申请了实用新型评价书而特许厅给予否定意见的情形，实用新型专利权人也可以对侵权人主张损害赔偿。

但是，此时必须先向侵权人发出警告，只有在发出警告，并尽到了充分的注意义务，有证据证明的情况下，实用新型权利人才可以不承担由于过失而给他人带来的损害进行赔偿的责任。否则，在实用新型被宣告无效后，实用新型权利人不能证明自己发出过警告，并尽到了注意义务的，针对给对方造成的损失就应当承担损害赔偿的责任。

二、日本实用新型侵权救济

日本实用新型由于不进行实质审查，所以实用新型的复审多以无效审查为主。实用新型的无效复审由东京高等法院专属管辖。《日本实用新型法》第 37 条具体规定了实用新型被认定无效的具体要件，这些要件同发明专利申请中的相关规定基本相同。例如，当实用新型缺乏创新性、新颖性，以及违反权利申请具体规定，或者权利具体内容说明不明确等情形时，实用新型缺乏专利构成要件，将被认定无效。

由于日本实用新型专利采取非实质审查制度，因此权利人在主张权利时，需要提交“专利权评价报告”。专利权评价报告是专利行政部门应专利权人或者利害关系人的请求，在实用新型被授予专利权后对相关实用新型专利进行检索，并就该专利是否符合专利法及其实施细则规定的授权条件进行分析和评价。知识产权行政部门以自己名义做出专利权评价报告是一种较权威的官方“专利质量技术评价”，实务中专利权评价报告一般在专利侵权案件中出现①。

平成 12 年（2000 年）5 月 17 日东京高等法院就实用新型技术评价案件做出判决，该判决对“专利评价报告”的性质，给予了明确的解释，对实践问题解决提供了有效的参考依据。该案件原告是实用新型专利权人，平成 10 年（1998 年）4 月 30 日向专利厅申请实用新型技术评价书，专利厅平成 11 年（1999 年）6 月 18 日制作了技术评价书。专利厅在技术评价书中指出原告的实用新型缺乏新颖性和创新性。原告认为专利厅的技术评价存在错误，要求专利厅撤销该技术评价决定，被驳回后，原告以专利厅为被告提起诉讼。

---

① 东京高裁平成 12 年（2000 年）5 月 17 日判决，判工（2 期）4933，6 页。

原告在诉讼中主张：(1) 实用新型的专利权利只要没有被无效就是有效存在的，实用新型评价书如果做出否定性评价，实质上来说实用新型的权利已经被否定，具有了法律的约束力；(2) 实用新型权利人在行使其权利时必须出示专利厅的技术评价书，不管专利厅出示何种结果的评价书，都具有法律的约束力；(3) 第一审法院针对原告的主张认为技术评价书不具有法律约束力。

法院判决驳回原告诉讼请求。法院指出“行政处分行为属于公权力主体的国家或者公共团体实施的确定国民权利义务的法定许可行为，针对该行政处分行为，当事人可以提出行政诉讼”。但是，本案实用新型技术评价行为是否构成行政处分行为，法院认为“实用新型权利人在实施其权利的时候，作为必须具备的要件之一，需要提交实用新型技术评价书。然而，这只是实施权利时的要件之一，并不对实用新型专利权利带来任何影响。即便是技术评价书对实用新型专利权利人可能带来不利影响，但是这也仅是对实用新型技术事实性质上的认定。因此，专利厅的技术认定行为不构成《日本行政诉讼法》第 3 条第 2 款中所指的处分行为”。所以，日本法院最终做出判决驳回当事人的诉讼请求。

此外，实用新型权利保护期限过后，针对权利有效期间的侵权行为，有关当事人仍然可以申请实用新型的无效审查。日本实用新型法中涉及再审和诉讼的相关法律规定与日本专利法的相关规定基本一致，很多条款都沿用日本专利法的相关规定。

第四节 “专利判决案例数据平台”

“专利判决案例数据平台”由以下六个数据库组成，包含与专利、外观设计、商标、版权、实用新型和反不正当竞争法相关的判例全文。该网站的网址为 http://tokkyo.hanrei.jp/，网页如下。

(1) 专利案例数据库；

(2) 商标案例数据库；

(3) 设计案例数据库；

（4）实用新型案例数据库；

（5）版权法案件数据库；

（6）不正当竞争预防法案件数据库。

到目前为止，该数据库尚还是免费提供检索服务，对涉及知识产权的企业、律师以及其他知识产权相关从业人员而言，该平台可以很快地获取有关最新专利、外观设计、商标、版权、实用新型和反不正当竞争法方面的判决的法律信息。

参 考 文 献

[1] 半田正夫. 知识产权事典. 3 版. 东京：丸善出版社，2007.

[2] 纹谷畅男. 知识产权法概论. 2 版. 东京：有斐阁出版社，2009.

[3] 中山信弘. 专利法. 东京：弘文堂出版社，2010.

[4] 中山信弘，齐藤博，饭村敏明. 知识产权法理与建议. 牧野利秋先生伞寿纪念论文集. 东京：青林书院出版社，2013.

[5] 高林龙. 知识产权侵权与损害赔偿. 东京：成文堂出版社，2011.

[6] 永野周志，矢野敏树. 知识产权侵权诉讼中损害赔偿额计算的实务. 东京：行政出版社，2008.

[7] 中山信弘，小泉直树. 新注释专利法. 东京：青林书院出版社，2011.

[8] 竹田稔. 知识产权诉讼要论. 6 版. 东京：发明推进协会出版，2012.

[9] 三山峻司，松村信夫. 实务解说知识产权诉讼. 东京：法律文化社出版，2003.

[10] 田村善之. 知识产权法. 5 版. 东京：有斐阁出版社，2010.

[11] 大渕哲也. 知识产权法判例集. 东京：有斐阁出版社，2005.

[12] 山口直树. 知识产权与国际贸易. 东京：成文堂出版社，2010.

[13] 村林隆一等. 新专利侵权诉讼的实务. 东京：通商产业调查会出版，2000.

[14] 角田政芳，辰巳直彦. 知识产权法. 4 版. 东京：有斐阁出版社，2008.

[15] 涩谷达纪. 专利法概要. 东京：经济产业调查会，2013.

[16] 涩谷达纪. 专利法、实用新型法、种苗法. 东京：有斐阁出版社，2004.

［17］青山纮一．专利复审与口头审理、证据审查的实务．经济产业调查会出版，2003.
［18］盛冈一夫．知识产权法概说．5 版．东京：法学书院出版社，2009.
［19］田村善之．专利法的理论．东京：有斐阁出版社，世界 CEO 知识产权研究丛书，2009.
［20］木棚照一．国际知识产权法．日本评论社出版社，2009.
［21］正林真之编．知识产权法判例教室．3 版．东京：法学书院，2008.
［22］松本重敏，大濑户豪志．以均等论为核心的比较专利侵权判例研究．东京：知识产权研究所出版，1996.
［23］吉藤幸朔，熊谷健一．专利法概说．13 版．东京：有斐阁出版社，2001.
［24］杉光一成．为工科生理解知识产权的法学入门．7 版．东京：法学书院，2011.
［25］村本顕理．从研究开发的奖励与损害赔偿请求对经济损失影响的角度来分析职务发明制度．知识产权研究所出版，2016.
［26］茶园成树．知识产权法入门．东京：有斐阁出版社，2013.
［27］三山峻司，松村信夫纪念文集．最新知识产权判例集（以未评论案例为中心）．东京：青林书院出版社，2011.
［28］牧野和夫．知识产权法讲义．东京：税务经理协会出版，2007.
［29］中山信弘．知识产权政策．东京：经济产业调查会出版，2011.
［30］相泽英孝．知识产权法概说．4 版．东京：弘文堂出版社，2010.
［31］大渕哲也．知识产权与软件法制．东京：有斐阁出版社，2010.
［32］盛冈一夫，土肥一史．知识产权法．3 版．东京：法学书院出版社，2010.
［33］青山纮一．专利法．8 版．东京：法学书院出版社，2006.
［34］澀谷达纪．知识产权讲义①．3 版．东京：有斐阁出版社，2005.
［35］土田道夫．职务发明与劳动法．民商法杂志出版社，2003.
［36］末吉互著．实务知识产权法讲义．民事法研究会出版，2008.
［37］中山信弘．工业所有权法．东京：青林书院出版社，1993.

[38] 竹田和彦. 专利的知识. 8 版. 东京：钻石出版社，2006.
[39] 吉田清岩. 关于专利消尽的原则的基础研究. Patent，2001.
[40] 末吉互. 意匠法. 东京：中央经济社出版，2008.
[41] 中山信弘. 工业所有权的基础. 东京：青林书院出版社，1980.
[42] 唐广良. 知识产权. 北京：知识产权出版社，2013.
[43] 尹新天. 中国专利法详解. 北京：知识产权出版社，2011.
[44] 吴汉东. 知识产权法. 北京：北京大学出版社，2009.
[45] 程永顺. 知识产权疑难问题专家论证. 北京：知识产权出版社，2016.
[46] 李明德. 知识产权法. 北京：北京师范大学出版社，2011.
[47] 丁丽瑛. 知识产权法专论. 北京：科学出版社，2008.
[48] 刘春田. 知识产权法案例分析. 北京：高等教育出版社，2007.
[49] 李德成. 知识产权法律服务与律师实务. 北京：法律出版社，2007.
[50] 吴汉东. 知识产权法通识教材. 北京：知识产权出版社，2007.
[51] 张今. 知识产权法. 北京：中国人民大学出版社，2011.
[52] 蒋坡. 知识产权法案例教程. 北京：法律出版社，2006.
[53] 吴汉东. 知识产权法教学案例. 北京：法律出版社，2005.
[54] 程永顺. 知识产权法律保护教程. 北京：知识产权出版社，2005.
[55] 万鄂湘. 知识产权法理论与适用. 北京：人民法院出版社，2005.
[56] 李顺德. 知识产权法律基础. 北京：专利文献出版社，2005.
[57] 陶鑫良，袁真富. 知识产权法总论. 北京：知识产权出版社，2005.
[58] 蒋志培. 知识产权法律适用与司法解释. 北京：中国法制出版社，2002.

内容提要

informative abstract

本书共分七章，第一章为日本专利法律制度概述，系统地介绍了日本知识产权战略框架体系以及日本《特许法》《实用新案法》及《意匠法》制度；第二章为日本专利的客体，包括发明专利的客体、发明专利的主体以及外观设计的主体；第三章涉及日本专利的构成要件，系统地介绍了日本发明专利的构成要件及日本外观设计的授权；第四章是专利的取得，包括日本发明专利、实用新型权利的取得等内容；第五章为专利复审与复审诉讼，涉及发明专利及外观设计的复审与复审诉讼等内容；第六章为专利的权利效力，包括发明专利及外观设计的权利效力；第七章为对专利侵权的救济，涉及日本外观设计侵权的救济、日本实用新型专利权的行使和侵权救济等内容。

本书可作为高等学校知识产权相关专业高年级本科生、研究生的学习指导书，也可供专利律师、企业专利工程师参考使用。